Zu diesem Buch

«Ungebrochen suchen Bhagwans Jünger ihren Weg»,
meinte *Die Zeit* am 28. November 1986.
Also existiert die Bewegung weiter, trotz Bhagwans Ausweisung aus den USA, trotz der Auflösung der Kommune in Oregon und trotz der Verhaftung leitender
Sannyasins? Ja; wenn auch die Sannyasins im Straßenbild
kaum noch auffallen, weil sie inzwischen auf das Tragen
der roten Kleidung und der Mala mit Bhagwans Porträt
verzichten können, die Faszination Bhagwans ist nahezu
ungebrochen.
Worin besteht denn die Anziehungskraft dieses Mannes
und seiner Lehre; was macht seine ursprünglich religiöse
Bewegung auch wirtschaftlich so erfolgreich? Welche
Motive bewegen junge Menschen, sich den Sannyasins
anzuschließen?
Die Diplom-Psychologinnen Anna Thoden und Ingemarie Schmidt haben einen spannenden und kenntnisrei-
chen Report über eine religiöse Gemeinschaft geschrieben,
die wie keine andere in den achtziger Jahren Schlagzeilen
macht.

Anna Thoden
Ingemarie Schmidt

Der Mythos um Bhagwan

Die Geschichte einer Bewegung

Rowohlt

Originalausgabe
Umschlaggestaltung Jürgen Kaffer
(Foto: Hinz/Stern)

Veröffentlicht im Rowohlt Taschenbuch Verlag GmbH,
Reinbek bei Hamburg, Mai 1987
Copyright © 1987 by Rowohlt Taschenbuch Verlag GmbH,
Reinbek bei Hamburg
Redaktion: Beate Laura Menzel
Satz Bembo (Linotron 202)
Gesamtherstellung Clausen & Bosse, Leck
Printed in Germany
1080–ISBN 3 499 17957 1

Jedes Leben steht
unter seinem eigenen
Stern

Hermann Hesse

Wir danken allen Sannyasins – und ehemaligen –
für ihre Offenheit und Ehrlichkeit, mit der sie
unsere Fragen beantworteten. Ohne ihre Mithilfe
hätte dieses Buch wohl nicht entstehen können.

Für meine Mutter und meinen Vater und für
Christina Trenka-Dalton, die mich dabei
unterstützt hat, dieses Buch aufrichtig zu
schreiben und zu verstehen, was mich selbst bei
diesem Thema bewegt hat.
Anna Thoden

Meinem Lebensgefährten danke ich für seine
Unterstützung und Kritik beim Lesen einiger
Teile des Manuskripts und für die Geduld, die er
und unsere beiden Söhne hatten. Ich hoffe,
daß auch ihnen diese Arbeit zugute kommt.
Ingemarie Schmidt

Inhalt

Vorwort

Unser Interesse an der Bhagwan-Bewegung (auch: Neo-Sannyas-Bewegung) hat eine lange Geschichte.

«Im Januar 1979 fuhr ich zum erstenmal für vier Monate nach Indien. Bald nachdem ich dort angekommen war, hörte ich von anderen Reisenden so viel Interessantes, aber auch Sensationelles über den Ashram* in Poona, daß ich beschloß, nach Poona zu fahren.
Ich plante, nur einige Tage im Ashram zu bleiben, blieb aber dann doch einen ganzen Monat.
Die Zeit in Poona war für mich wegweisend: ich erfuhr dort so viel Neues über mich, erhielt so unterschiedliche Anregungen für eine positive Lebensgestaltung, daß ich lange brauchte, um alle dort gewonnenen Eindrücke zu verarbeiten. Die Atmosphäre im Ashram hatte etwas Paradiesisches, wenn auch nicht in dem Sinne, daß einem dort gebratene Tauben in den Mund flogen. Es herrschte vielmehr eine entspannte, offene Stimmung, die sehr befreiend wirkte, auch die Anlage selbst war von großer Schönheit. Der Ashram war darauf ausgerichtet, daß die Besucher sich hier selber erfahren konnten. Das bedeutete nicht, daß alle Menschen ständig glücklich waren, im Gegenteil: viele wirkten auch traurig, wütend oder unzugänglich, aber man wußte, dies alles gehört dazu. Ob sich zwei in den Armen lagen, einer den Rücken eines anderen massierte oder sie einzeln meditierten: alles war Teil des Lebens im Ashram.
Auch ich nahm an Meditationen im Ashram teil und machte ganz neue Erfahrungen: Ich war zwar manchmal traurig oder verwirrt, aber es kamen viele verschüttete Gefühle in mir hoch. Noch nie vorher hatte ich wahrgenommen, daß ich so unterschiedlich emp-

* Ashram: Ort, wohin sich Gläubige zurückziehen können, um in einer religiösen Gemeinschaft zu meditieren und zu leben.

finden konnte. Ich entdeckte in mir auch das Bedürfnis nach Nichtstun, wollte nur alles auf mich einwirken lassen; ich saß stundenlang auf einer Mauer und sah mir das bunte Treiben im Ashram an. Manchmal sprach ich mit anderen, manchmal blieb ich ganz für mich und genoß es einfach, nur dort zu sitzen, nicht aktiv zu sein und mich trotzdem wohl zu fühlen. Da ich immer sehr leistungsorientiert gelebt hatte, war diese Muße für mich eine neue Erfahrung.

Trotzdem war ich auch manchmal bedrückt, weil ich mich als Nicht-Sannyasin als Außenseiterin fühlte und mir manche Verhaltensweisen von Sannyasins, z. B. ihre Weigerung zu diskutieren, sehr fremd waren. Hinzu kam, daß ich nicht die Absicht hatte, Sannyasin zu werden, ich wollte mir nicht vorschreiben lassen, die Mala und die rote Kleidung zu tragen. Außerdem fühlte ich mich von Bhagwan nicht so positiv angesprochen wie die Sannyasins. Als ich ihn das erste Mal in einer Lecture★ erlebte, empfand ich Bhagwans Ausstrahlung nicht als liebevoll, sondern eher als dämonisch: ich hatte den Eindruck, daß er seine Zuhörer stark beeinflussen wollte. Einige Tage später, bei einem Darshan★★, wo ich ihn aus der Nähe sehen konnte, verstärkte sich dieser Eindruck noch. Bhagwan wirkte distanziert und unbeteiligt, ich hatte das Gefühl, daß ihn die bedingungslose Anbetung seiner Schüler langweilte und ungeduldig machte.

Nach einem Monat entschloß ich mich, wenn auch schweren Herzens, aus Poona abzureisen, weil ich mein ursprüngliches Ziel, Indien kennenzulernen, nicht aufgeben wollte. Zurück in Deutschland, wirkten die Eindrücke aus Indien und aus dem Ashram in Poona stark nach: Ich war dort meist zufrieden und innerlich ausgefüllt und von der einfachen Menschlichkeit der Inder tief berührt gewesen. Ich hatte die Lebensweise der Inder, die sich auf eine religiöse Haltung gründet, als so viel intensiver empfunden, daß mir bewußt wurde, daß mir manche Möglichkeiten in meinem bisherigen Leben verschlossen geblieben waren.»

Anna Thoden

★ Das waren die täglichen Vorträge Bhagwans, auch Discourses genannt.
★★ Darshan bedeutet auf Sanskrit: Anblick. Gemeint ist die Begegnung zwischen Schüler und Meister.

«Vor über zehn Jahren hatte ich zum erstenmal Kontakt zu einem Sannyasin. Damals holte ich auf einer von Schülern und Lehrern selbstverwalteten Schule das Abitur nach. Mein Lehrer in Politikwissenschaften war ein Sannyasin, der mich durch seine offene und warmherzige Art beeindruckte. Das Klima dieser Schule war sehr politisch geprägt, und ich konnte zu der Zeit seine spirituell-therapeutischen Interessen mit meinen politischen Aktivitäten, die darauf abzielten, auf gesellschaftliche Verhältnisse Einfluß zu nehmen, nicht miteinander vereinbaren. Erst einige Jahre später öffnete ich mich diesen Fragen, da ich mich selbst in einer Umbruchsituation befand. Das Studium der Psychologie empfand ich als sehr theoretisch, und mir fehlte die Unmittelbarkeit der Erfahrung. Hinzu kam die Anonymität einer Massenuniversität. Ich sehnte mich danach, mit mir selbst und mit anderen Menschen auf eine andere Art und Weise in Kontakt zu treten. Auf der Suche nach mehr ‹Authentizität› fielen mir Bücher von Bhagwan in die Hände. Sie sprachen mich auf einer tiefen Gefühlsebene an. Immer häufiger fielen mir einzelne Sannyasins durch ihre ungezwungene und fröhliche Art auf, die mich sehr anzog.

Bhagwan stand jedoch nicht im Mittelpunkt meines Interesses; auf vielen Bildern strahlte er für mich etwas Beherrschendes aus, was mich eher abstieß. Ich reiste nicht nach Indien, sondern machte Erfahrungen in verschiedenen Gruppen, die in den Centern zusammenkamen. Dort schätzte ich den persönlichen Freiraum und die liebevolle und akzeptierende Atmosphäre, in der es für mich möglich war, mich so zu verhalten, wie ich mich fühlte.

Jeden Sonntag nahm ich am Sufi*-Tanz teil. Einige Sannyasins machten Musik, und die übrigen tanzten und sangen dazu. Es machte mir Freude, in den Liedern die Natur zu verehren, jedoch fühlte ich mich unwohl, wenn Bhagwan dabei glorifiziert wurde.

Wichtig war für mich, mich im Tanzen und Singen auszudrücken und trotzdem ich selbst zu bleiben. Durch die angebotenen Medita-

---

* Der Sufismus stellt eine asketisch-mystische Richtung des Islam dar, die die mystische oder ekstatische (durch Tanz, Musik etc.) Vereinigung mit Gott anstrebt. Der Sufismus deutet den Koran allegorisch und wendet sich gegen die strenge Gesetzlichkeit des orthodoxen Islam, indem er versucht, durch besonderes kultisches Handeln zu einer mehr persönlichen Frömmigkeit zu gelangen.

tionen wurde mein Leben reicher, und ich fand wieder Zugang zu meiner Intuition. Außerdem wurde ich auf allen Ebenen sensibler und lernte immer mehr, meinen Gefühlen zu vertrauen.

An verschiedenen Therapiegruppen der Sannyasins nahm ich teil; zunächst war ich begeistert, wurde jedoch nach einem großen Sannyasinfest, «Orange Connection», zunehmend kritischer und entwickelte eine Distanz zu den Therapieformen. Mir mißfiel speziell die Härte, mit der die Teilnehmer in den Therapiegruppen aufgefordert wurden, ihre Abwehr aufzugeben und sich überstürzt in den Therapieprozeß zu begeben.

Parallel zu meinen eigenen Erfahrungen mußte ich mich auch deshalb mit der Bhagwan-Bewegung auseinandersetzen, weil Freunde und Bekannte Sannyasins wurden.»

Ingemarie Schmidt

«In mehreren Diskussionen entstand der Eindruck, daß wir trotz längerer Beschäftigung mit der Sannyas-Bewegung keine klare Einschätzung hatten; unsere Eindrücke blieben widersprüchlich. Einerseits gefielen uns die Meditationen und die lebendige und liebevolle Atmosphäre in den Centern; andererseits hatten wir große Bedenken gegen die Therapien und die Anpassung vieler Sannyasins an die Normen der Bewegung. Uns beschäftigte die Frage, aus welchen Gründen jemand Sannyasin wurde, bereit war, eine ‹Uniform› zu tragen, ein gesellschaftlicher Außenseiter zu werden und sein altes Leben so radikal aufzugeben. So wurde die Idee geboren, unsere Diplomarbeit in Psychologie über das Thema ‹Motivation zum Beitritt in die Sannyas-Bewegung› gemeinsam zu schreiben. Nach einigen institutionellen Schwierigkeiten wegen der Ungewöhnlichkeit des Themas konnten wir unsere Idee verwirklichen und eine Befragung von insgesamt 50 Sannyasins und ehemaligen Sannyasins durchführen. Sie ergab, daß viele Sannyasins zwar ähnliche Motivationen für den Eintritt hatten, daß es aber auch sehr viele Unterschiede gab, die eine Differenzierung nötig machen. So gab es z. B. Sannyasins, die nur eine kurze Zeit der Bewegung angehörten, und andere, die schon seit langen Jahren dabei waren und hier ihren Lebenssinn gefunden hatten. Unmöglich konnten wir unser gesamtes Material in die Diplomarbeit einbringen. Und so konzipierten wir ein Buch, um ausführlich und subjektiv über Bhagwan und die Sannyasbewegung berichten zu können.

Während der Arbeit an diesem Buch änderte sich unsere Haltung zur Sannyasbewegung: Es war die Zeit der großen Kommunen, in der die Freiräume für die Sannyasins durch die Leitung in Rajneeshpuram* immer stärker beschnitten wurden. Diese Entwicklung stand nach unserer Meinung den ursprünglichen Zielen entgegen; wir verfolgten die Veränderung mit Bedauern. So wurde unsere anfangs überwiegend positive Haltung zu der Bewegung allmählich immer kritischer.

Gerade als wir das Manuskript abgeschlossen hatten, überstürzten sich die Ereignisse in Rajneeshpuram: Sheela** floh, Bhagwan wurde verhaftet und bald danach ausgewiesen; die Kommune in Rajneeshpuram löste sich auf. Das hatte eine Veränderung der Bewegung zur Folge: Sie öffnete sich wieder mehr, und die hierarchischen Strukturen innerhalb der Kommunen verloren zunächst an Bedeutung.

Diese Veränderungen machten es notwendig, das Buch noch einmal völlig zu überarbeiten.

Im allgemeinen stehen sich zwei Meinungen über die Sannyasbewegung gegenüber: Die Sannyasins – auch die ehemaligen – bejahen sie überwiegend; die Öffentlichkeit dagegen nimmt oft nur die negativen Seiten wahr. So sprachen zu Poona-Zeiten die Medien oft nur von Sex-Kloster oder Liebesparadies und Disneyland der Seele; die eigentliche Berichterstattung bot meist nur wenig Information. So wurde unterschlagen, daß es in Poona nicht vorrangig um Sexualität ging, sondern um das Ausleben *aller unterdrückten Bedürfnisse*.

Als die Bhagwan-Bewegung wirtschaftlich erfolgreich geworden war und immer mehr Mitglieder gewann, stürzten sich die Berichterstatter auf die wirtschaftliche Expansion der Gruppe. Sie vergaßen dabei den therapeutisch-religiösen Bereich, der bei der Ein-

* Rajneeshpuram liegt in Oregon/USA. Nach Poona entstand hier eine religiöse Kommune, die von 1981–1985 die Zentrale der Sannyasbewegung bildete.
** Ma Anand Sheela war die persönliche Sekretärin Bhagwans. Sie hatte nach Bhagwan die größte Macht in der Bewegung.

schätzung der Bewegung keineswegs außer acht gelassen werden darf. Heute wird die Sannyasbewegung in der Presse fast totgeschwiegen, so als würde sie kaum noch existieren. Doch das ist ein Irrtum; sie existiert sehr wohl noch, wenn auch in veränderter Form.

Uns scheint, daß die zum Teil sehr einseitigen Reaktionen der Öffentlichkeit darauf zurückzuführen sind, daß es nur wenig wirkliche Information zum Thema Bhagwan und Sannyasins gibt. Wir wollen deshalb in erster Linie über das gesamte Spektrum der Vorstellungen und Aktivitäten der Sannyasbewegung referieren und erst danach ihre Vor- und Nachteile diskutieren.»

Ingemarie Schmidt
Anna Thoden

Einleitung

Die westlichen Industrieländer stecken in einer tiefen Krise. Ihre äußere Verfassung wird bedroht durch Phänomene wie Bevölkerungsexplosion, zunehmende Vergiftung und Zerstörung der Umwelt, Wirtschaftsstagnation, Arbeitslosigkeit und die Gefahr von kriegerischen Auseinandersetzungen durch unaufhaltsames Wettrüsten.

Dieser äußeren Verfassung entspricht die innere Verfassung der Gesellschaft. So gibt es eine wachsende Anzahl von psychischen Erkrankungen und Selbstmorden, von Alkohol- und Drogenabhängigen. Die Menschen leiden immer stärker unter einem Sinnverlust, was sich in Identitätskrisen und in zerstörerischen Aggressionen gegen sich selbst und andere äußern kann. Der wachsende materielle Reichtum hat zu einer Übersättigung geführt. Viele Menschen, die in den westlichen Industrienationen leben, haben entdeckt, daß materieller Besitz nicht das Glücklichsein garantiert.

Diese Entwicklung hatte die verschiedensten Gegenbewegungen zur Folge. So werden zum Beispiel durch gemeinsames Leben und Arbeiten Alternativen zu den üblichen Lebensformen erprobt. Eine andere Reaktion auf die beschriebenen äußeren Verhältnisse zeigen die Aussteiger, die sich weigern, in dieser Gesellschaft zu leben und sie mitzugestalten.

Da sich die meisten Menschen von den traditionellen Religionen nicht mehr angezogen fühlen, suchen sie nach einer persönlichen Religion, nach einer direkten Verbindung mit dem Spirituellen. Viele Menschen sind auf der Suche nach einer tieferen Bedeutung ihres Lebens, die über Konsumieren und bloßes Existieren hinausgeht. Immer mehr Menschen stellen Fragen nach dem Sinn menschlicher Existenz, nach einer anderen Wirklichkeit. Die Antworten darauf sind vielfältig: Es gibt viele Wege, die den Suchenden angeboten werden.

Der Sinnsuchende wird nicht nur durch religiöse, sondern auch durch therapeutische Bewegungen angezogen. Auch im Bereich der Psychotherapie wird sehr intensiv mit neuen Verfahren und Methoden experimentiert.

Die Bhagwan-Bewegung faßt beides zusammen. Sie bietet sowohl umfassende therapeutische Wege an als auch alle Arten von Meditation, um ein spirituelles Wachstum zu erfahren. Bhagwans Programm umfaßt das ganze Spektrum der westlichen humanistischen Psychologie und verbindet sie mit alten asiatischen Meditationstechniken.

Mit ihrer Mischung aus intellektuellen Vorstellungen und dem Angebot, durch gezielte Therapietechniken einen Zugang zu den Gefühlen herzustellen, wirkte die Bhagwan-Bewegung gerade auf die Menschen aus den westlichen Zivilisationen so anziehend. So fuhren Tausende von Menschen erst nach Poona, später nach Oregon zur «Annual World Celebration», zum jährlichen Weltfestival.

Was macht die Bhagwan-Bewegung für ihre Anhänger denn nun so attraktiv? Weshalb übt diese Bewegung auch nach dem Zusammenbruch ihres Zentrums und der Ausweisung ihres Meisters aus den USA noch immer eine solche Faszination aus, daß sie noch neue Anhänger gewinnen kann?

Wie war es möglich, daß sich eine Bewegung, die sich die Selbstverwirklichung des einzelnen zum Ziel gesetzt hatte, innerhalb weniger Jahre so verändern konnte, daß dort genau das Gegenteil praktiziert wurde und nur noch das Interesse der Gemeinschaft und Machtbedürfnisse ihrer Leiter im Vordergrund standen? Wie konnte es geschehen, daß in einer religiösen Kommune, in der Gewaltfreiheit das oberste Prinzip war, einige ihrer Führer zu Kriminellen wurden?

Und Bhagwan selbst: Ist er nur ein Scharlatan oder der erleuchtete Meister, als der er sich ausgibt – schon zu Lebzeiten jenseits von dieser Welt?

1. Wer ist Bhagwan?

In der «Rajneesh Times» vom 11. Januar 1985 lesen wir, daß Bhagwan von den Redakteuren Oregons von UPI[1] zum «Mann des Jahres 1984»[2] ernannt wurde. Wer ist dieser Mann, dessen Porträt fast 400 000 Menschen an einer Kette um den Hals trugen?

Früher wurde er von der «Bild Zeitung» als «Sex-Guru» bezeichnet; er befürwortete die freie Sexualität und wandte sich gegen die Unterdrückung sexueller Bedürfnisse. Heute tritt er als Warner vor AIDS auf und befürwortet teilweise die völlige sexuelle Enthaltsamkeit.

Sannyasins feiern ihn enthusiastisch als «Mann ihres Herzens»; seine Gegner halten ihn für einen Scharlatan, für den Leiter eines Konzerns, der die Hingabebereitschaft seiner Anhänger ausnutzt und sich auf ihre Kosten bereichert. Er selber versteht sich als materialistischen Spiritualisten, der eine Vereinigung von Körper, Seele und Geist anstrebt. Als Symbol wählte er Buddha und Zorba den Griechen: Seine Schüler sollen diese beiden Personen in sich vereinigen, sie sollen «Zorba – der Buddha» sein, d. h., sie sollen sowohl dem Weltlichen als auch dem religiös-meditativen Leben zugetan sein.

Bhagwan ist ein brillanter Intellektueller, der sich in seinen Vorträgen über eine Vielzahl von Themen äußert. Er spricht über Geburt, Tod, Sexualität und Liebe, über spirituelle Führer wie Buddha, Mahavir und Jesus. Er widerlegt Marx und das kommunistische Weltbild, er kritisiert Freud und Jung und macht sich über Politiker und den Papst lustig.

Zweifellos kann man ihn als schillernde Persönlichkeit bezeichnen, die sich nicht so leicht etikettieren läßt. Er ist ein Mensch, der meist extreme Gefühle erzeugt; entweder wird er total abgelehnt oder uneingeschränkt bewundert.

Wer also ist nun dieser Bhagwan?

Kindheit und Jugend

Auf Grund mangelnder objektiver Informationen mußten wir uns mit der Biographie «Der Erwachte» von Vasant Joshi auseinandersetzen. Joshi war Schüler Bhagwans und wurde von ihm persönlich zum Schreiben einer Biographie autorisiert. Joshi tendiert dazu, die Person Bhagwans zu verherrlichen, trotzdem bietet sein Buch eine Fülle von Informationen und Details über Bhagwans Leben an.

Bhagwan wurde am 11. Dezember 1931 in dem indischen Dorf Kutchwada in Madhya Pradesh, einem der ärmsten Bundesstaaten Indiens, geboren. Er war der älteste von sieben Brüdern und hatte noch sieben Schwestern; sein Vater war Tuchhändler; der Religion nach war die Familie Jain. Den Jains wird nachgesagt, daß sie fanatisch fromm seien, ihre asketische Einstellung jedoch durchaus mit weltlichem Reichtum verbinden können.

Bhagwans richtiger Name ist Rajneesh Chandra Mohan; den Namen Bhagwan ließ er sich erst mit vierzig Jahren von einem Schüler geben. Bhagwan heißt wörtlich übersetzt Gott: diese Übersetzung ist jedoch für westliche Menschen irreführend, da sie nicht mit dem Gottesbegriff der Inder vertraut sind. In der indischen Glaubensvorstellung jedoch hat jeder Mensch etwas Göttliches; ein Bhagwan ist jemand, der sich selbst als göttlich erkannt hat. In diesem Sinne übersetzte Bhagwan seinen Namen mit «der Gesegnete»[3], und bezeichnete sich damit als jemanden, der das Glück hatte, das Göttliche seines Wesens erkannt zu haben.

Bhagwans Vater muß von seinem Wesen her sehr liebenswürdig und freundlich, vor allen Dingen aber sehr großzügig gewesen sein. So lud er jeden Tag Gäste zum Abendessen ein, selbst wenn er dafür Geld borgen mußte. Das Wichtigste im Leben schien für ihn das Miteinander-Teilen zu sein, Bhagwan erzählte:

> «Einmal erlitt er einen großen Verlust. Ich fragte ihn, ob er einen solchen Verlust verkraften könne: Er sagte: ‹Ich kann niemals einen Verlust machen, weil mein Vater mir nur 700 Rupien hinterlassen hat. Solange die in Sicherheit sind, brauche ich mir keine Sorgen zu machen – der Rest mag kommen und gehen. Diese 700 werde ich niemals verlieren› – dessen war er sicher. Ich bat ihn, seine Ausgaben einzuschränken, aber ohne jeden Erfolg. Die

Abendgesellschaften und die Einladungen zum Essen fanden weiter statt wie zuvor. An dem ständigen Teilen mit anderen änderte sich nicht das Geringste.»[4]

Bhagwans Vater war ein sehr religiöser Mensch, er ging oft in den Tempel, fastete und las religiöse Schriften. In seinen letzten zehn Lebensjahren soll er von 3 bis 6 Uhr morgens meditiert haben; manchmal vergaß er die Zeit und versank in eine fünf- bis sechsstündige Meditation. Während seiner letzten Lebensjahre war er Schüler seines Sohnes und lebte mit seiner Frau im Shree Rajneesh Ashram in Poona.

Auch Bhagwans Mutter wird von seinen Biographen als sehr freundlich charakterisiert; auch sie war bekannt für ihre liebevolle Gastfreundschaft. Als Einzelkind scheint sie sehr an ihren Eltern gehangen zu haben, denn sie überließ ihr erstes Kind – Bhagwan – ihren Eltern. Ihr Vater liebte seinen Enkel so sehr, daß er nicht erlaubte, daß sie ihn mit nach Timarni nahm, wo sie mittlerweile mit ihrem Mann und dessen Familie lebte. Bhagwans Großvater gab seinem Enkel spontan den Namen «Raja» (das bedeutet König), und in diesem Sinne scheint er von seinen Großeltern auch aufgezogen worden zu sein. Er wurde zwar manchmal von seinen Eltern nach Timarni mitgenommen, aber seine wirklichen Eltern waren für ihn seine Großeltern, bei denen er bis zu seinem siebten Lebensjahr blieb.

Schon in frühester Jugend machte Bhagwan Erfahrungen mit dem Verlust geliebter Menschen. Als er fünf Jahre alt war, starb seine jüngere Schwester Kusum, die er sehr geliebt hatte. Ihr Tod erschütterte ihn so, daß er zunächst jede Nahrung verweigerte. Er zeigte auch ein merkwürdiges Verhalten. So bestand er darauf, wie ein Mönch zu leben, trug ein Lendentuch und erbettelte von seiner Familie Essen in einer Schale. Nach Aussagen seines Biographen Joshi nahm er sein normales Leben erst nach langem Zureden wieder auf.

Zwei Jahre später traf ihn ein Schicksalsschlag, der sein ganzes Leben bestimmen sollte: Sein über alles geliebter Großvater starb. Bhagwan erlebte seinen Tod aus nächster Nähe:

«Der erste Angriff des Todes kostete meinen Großvater die Sprechfähigkeit. Vierundzwanzig Stunden lang warteten wir im Dorf darauf, daß etwas geschehe. Es stellte sich jedoch keine Besserung ein. Ich erinnere mich daran, daß er einmal mit aller Kraft zu sprechen versuchte, aber es ging nicht. Er wollte etwas sagen, konnte es aber nicht. Daher mußten wir ihn auf einem Ochsenkarren in die Stadt bringen. Langsam verließen ihn seine Sinne. Er starb nicht sofort, sondern langsam und voller Schmerzen. Anfangs konnte er nicht mehr sprechen, dann nicht mehr hören. Dann schloß er auch seine Augen. Auf dem Ochsenkarren beobachtete ich alles sehr genau, und wir hatten annähernd fünfzig Kilometer zurückzulegen... Als wir in die Nähe der Stadt kamen, war er schon halb tot. Zwar atmete er noch, aber alle anderen Funktionen hatten schon ausgesetzt. Danach kam er nicht mehr zu Bewußtsein, aber er atmete noch drei Tage lang. Er starb, ohne das Bewußtsein wiedererlangt zu haben. Der allmähliche Verlust seiner Sinne und sein langsamer Tod prägten sich meinem Gedächtnis tief ein.»[5]

Bhagwan hing sehr an seinem Großvater, deshalb erschütterte ihn dessen Tod zutiefst. Er glaubte, es wäre Verrat zu essen, blieb drei Tage im Bett und wollte sterben. Für ihn fiel seine ganze Welt in Scherben; der erste Mittelpunkt, der sich für ihn gebildet hatte, ging verloren.

Der Tod des Großvaters löste in Bhagwan eine innere Wandlung aus; seitdem war er sich seines Alleinseins bewußt. Er vergaß nie, daß ein Mensch, dem er sich heute noch eng verbunden fühlte, morgen bereits fort sein konnte: Joshi meint, daß das für Bhagwans inneres Wachstum von entscheidender Bedeutung war; ihm wurde klar, daß er sich zunehmend auf sein eigenes Selbst konzentrieren mußte.

«Es gab nur den einen Weg, nämlich mich meinem eigenen Selbst zuzuwenden. Ich wurde sozusagen auf mich selbst zurückgeworfen. Im Laufe der Zeit fühlte ich mich dabei immer glücklicher. Später begriff ich, daß diese nahe Beobachtung des Todes in einem zarten Alter sich für mich als heimlicher Segen erwies.»[6]

Bhagwan geht davon aus, daß die Erwartung der Menschen, durch andere glücklich zu werden, völlig falsch ist. Glück könne niemals von anderen kommen. Da er es sehr früh aufgegeben hatte, Glück von anderen zu erwarten, war er auf sich selbst zurückgeworfen – der Beginn seiner Reise in die Religiosität, wie er meint. Er schuf sich einen Zustand inneren Abstands, der ihn sogar mitten unter

Menschen und Aktivitäten unberührt ließ. Er berichtet: «Ich wurde zu meinem eigenen Universum.»[7]

Mit 16 erlebte Bhagwan einen weiteren Verlust: Seine Jugendfreundin Shashi starb an Typhus. Sie lebte in der Nähe eines alten Tempels, in dem Bhagwan meditierte, und war sehr in ihn verliebt. Oft, wenn er zum Meditieren kam, folgte sie ihm zum Tempel, was Bhagwan manchmal ärgerte, weil er allein sein wollte. Dennoch erwiderte er ihre Liebe, und an ihrem Sterbebett versprach er ihr, daß er niemals eine andere Frau nehmen oder heiraten würde. Nach ihrem Tod sprach er tagelang mit niemandem, er schien abwesend und nicht mehr in der Realität zu sein. Er vertraute sich in seinem Schmerz niemandem an, sondern ging zum Fluß und meditierte dort. Auch sonst blieb er anderen Menschen gegenüber reserviert. Bhagwan meint, er könnte sich nicht erinnern, je etwas für eine Freundschaft getan zu haben,

> «obwohl es viele gab, die meine Freunde sein wollten. Viele Leute freundeten sich mit mir an, und sie hatten Freude daran, weil es unmöglich war, mich zum Feind zu haben. Aber ich erinnere mich nicht, jemals von mir aus zu jemandem gegangen zu sein, um ihn zum Freund zu gewinnen. Es ist nicht so, daß ich etwa Freundschaft abgelehnt hätte. Wenn jemand mich zu seinem Freund machte, begrüßte ich das aus ganzem Herzen. Aber selbst dann konnte ich kein Freund im üblichen Sinne des Wortes werden, ich blieb immer distanziert.»[8]

Nach dem Tod seines Großvaters kam Bhagwan zu seinen Eltern, die inzwischen nach Gardawara gezogen waren. Gardawara – ca. 90 km von der Stadt Jabalpur entfernt – war damals eine Kleinstadt mit 20000 Einwohnern. Bhagwan kam hier zur Schule, aber erst nach zwei Jahren erklärte er sich bereit, regelmäßig am Unterricht teilzunehmen; die Schule machte ihm keinen Spaß. Er fand den Lehrstoff langweilig und sinnlos und lehnte das gesamte Schulsystem ab. Er konnte auch keine persönliche Beziehung zu einem seiner Lehrer herstellen, weil er glaubte, von seinen Lehrern nichts lernen zu können:

> «Ich traf keinen Lehrer, den ich spontan hätte achten können, weil ich niemals das Gefühl hatte, daß irgend jemand etwas wisse, das von so unumstößlicher Wahrheit war, daß das Leben ohne dies Wissen sinnlos wäre.»[9]

Bhagwans Interesse war schon in diesem Alter auf die *Entwicklung seiner religiös-spirituellen Fähigkeiten* ausgerichtet; das normale Schulwissen löste bei ihm nur Abneigung aus. Trotzdem scheint er in einigen Schulfächern gute Leistungen gezeigt zu haben. Er zeigte Begabung zum Malen, im Schreiben von Gedichten, Kurzgeschichten und Artikeln und im Fotografieren. In der 2. Klasse begann er, Zeitungen und Zeitschriften zu lesen und war Mitglied der öffentlichen Bibliothek – übrigens das jüngste Mitglied, das es dort je gegeben hatte.

Bhagwans Einstellung Autoritäten gegenüber brachte ihm Schwierigkeiten; viele hielten ihn für egoistisch, unhöflich und unbescheiden, teils sogar für aufsässig.

Er wurde Mitglied einer Bande, die in dem Städtchen wegen ihrer waghalsigen Unternehmungen bekannt war; selbst die Diebe und Mörder am Ort sollen nach Aussagen seiner Freunde einer Konfrontation mit ihnen aus dem Wege gegangen sein. Die Streiche der Jungen fanden entweder bei Tage, aber auch in Vollmondnächten statt.

Bhagwan rebellierte gegen die Heuchelei der Bürger in Gardawara; es machte ihm Spaß, sie bloßzustellen. So gab es dort einen Arzt, der auf seinem Türschild seine sämtlichen akademischen Titel aufgeführt hatte. Bhagwan und seine Freunde lasen immer dann, wenn der Arzt in seiner Praxis war, von der gegenüberliegenden Straßenseite aus laut seinen Namen und seine sämtlichen Titel. Als der Arzt das bemerkte, wurde er wütend und beschwerte sich bei den Eltern. Diese konnten darin jedoch nichts Beleidigendes sehen und fanden den Streich eher lustig. Diese Geschichte verbreitete sich in dem ganzen Städtchen, schließlich erkannte der Arzt die eigene Eitelkeit und entfernte das Schild.

Bhagwans Rebellionsgeist zeigte sich auch in der Schule: Als er einmal zu spät in die Schule kam, ließ ein Lehrer ihn zur Strafe um das Schulgebäude laufen. Er kam nun weiterhin zu spät und hatte Tag für Tag seinen Spaß an der Übung, bis der Lehrer schließlich die Strafe aufgab. In der siebenten Klasse lehnte er sich zum erstenmal gegen die Schulordnung auf: Der Direktor, ein äußerst autoritärer, auf Regeln pochender Mann, hatte die Verordnung erlassen, jeder müsse eine Tuchmütze tragen. Eines Tages erklärte ihm Bhagwan, daß in Zukunft keiner mehr diese Mützen tragen werde, andernfalls würden die Schüler streiken. Der Direktor gab nach, das Tragen der Mützen war seit diesem Tag nicht mehr Pflicht.

Auch danach leitete Bhagwan immer wieder Protestaktionen gegen übertriebene Disziplin, sinnentleerte Regeln und heuchlerisches Verhalten der Lehrer.

Auch gegen seinen Vater setzte sich Bhagwan durch. Seinen Vater störten die Klagen über die Streiche seines Sohnes normalerweise wenig, aber eines Tages wurde es ihm doch zuviel. Er sperrte ihn in der Toilette ein. Er hatte vor, Bhagwan erst rauszulassen, wenn dieser nachgegeben hätte, aber sein Sohn machte ihm einen Strich durch die Rechnung. Er blieb stundenlang eingesperrt, ohne sich zu rühren oder einen Laut von sich zu geben. Schließlich erkundigte sich der besorgte Vater nach seinem Befinden und erhielt die kühle Antwort, daß es keinen Grund zur Sorge gäbe und daß er gerne noch länger bleiben wolle, wo er wäre.

Bei einem anderen Vorfall ging es um Bhagwans lange Haare: Als Kind liebte er lange Haare, und sein Vater mußte häufig die Frage beantworten, ob sein Sohn ein Mädchen oder ein Junge sei. Schließlich ging das dem Vater auf die Nerven, und er verlangte von ihm, sich die Haare schneiden zu lassen. Bhagwan weigerte sich, und sein Vater gab ihm eine Ohrfeige, für die er sich hinterher allerdings entschuldigte. Bhagwan ging trotzdem sofort aus dem Haus und kam völlig kahlrasiert zurück. Sein Vater war schockiert bei seinem Anblick, denn nach indischem Brauch läßt sich ein Sohn den Kopf nur beim Tod des Vaters kahlscheren. Bhagwan stellte seinen Vater vor die Alternative: entweder langes oder völlig abrasiertes Haar, woraufhin dieser nachgab, damit die Leute nicht mehr glaubten, er sei tot. Nach diesem Vorfall begriff sein Vater, daß er Bhagwan nicht so einfach seinen Willen aufzwingen konnte.

Auch gegen seine Mutter konnte Bhagwan sich sehr gut durchsetzen, wobei er manchmal psychologisch sehr geschickt vorging:

«Eines Nachts kam sie an mein Bett, setzte sich und fragte, was ich vom Heiraten hielt. Da sagte ich: ‹Ich habe noch nicht geheiratet, folglich habe ich damit keine Erfahrung. Du mußt es wissen, du hast die Erfahrung, also sag es mir. Nimm dir vierzehn Tage Zeit: Denk darüber nach, beschäftige dich innerlich damit, und wenn du das Gefühl hast, daß du durch die Ehe etwas Besonderes erreicht hast, dann kannst du es mir befehlen. Ich werde deinem Befehl folgen. Frag mich nicht nach meiner Meinung. Ich habe keine, weil mir die Erfahrung fehlt. Du hast die Erfahrung. Wenn du noch mal vor der Wahl stündest, würdest du heiraten?›

Sie sagte: ‹Du versuchst mich zu verwirren.›

Ich sagte: ‹Nimm dir so viel Zeit, wie du willst. Ich werde zwei Wochen lang warten, dann befiehl. Ich werde einfach folgen, denn ich weiß es nicht.›

Zwei Wochen lang grübelte sie also. Sie konnte nicht schlafen, denn wenn sie sagte, ich solle heiraten, dann wußte sie, daß ich es tun würde. Dann trüge sie die Verantwortung, nicht ich.

Daher sagte sie nach Ablauf der zwei Wochen: ‹Ich werde gar nichts sagen, denn wenn ich in meine eigene Erfahrung schaue, dann würde ich nicht wollen, daß du ein solches Leben aufnimmst. Aber ich kann jetzt gar nichts sagen.›

So blieb ich also unverheiratet. Aufrichtig und ehrlich gesagt, war ich nicht bereit zu heiraten, ich hatte keinerlei Absicht.»[10]

Der junge Bhagwan hatte eine Vorliebe für Experimente. Er stellte Versuche mit dem Schlafen an, ging zu ungewöhnlichen Zeiten ins Bett und stand zu ebenso ungewöhnlichen Zeiten wieder auf; er experimentierte mit Fasten und aß zu ungewöhnlichen Zeiten. Er meditierte im Fluß stehend, im Wald, im strömenden Regen und versuchte sich in Atemkontrolle, in Magie und Hypnose. Er bezog in diese Experimente auch häufig seine Freunde mit ein. Ein Jugendfreund Bhagwans berichtet, daß Bhagwan beispielsweise beim gemeinsamen Bootfahren einen Nichtschwimmer in den Fluß stieß. Er paßte zwar auf, daß sein Freund nicht ertrank, ließ ihn aber auch kämpfen. Manchmal tauchte er den Kopf eines Schwimmers für einige Sekunden tief unter Wasser und fragte ihn hinterher: Wie war es? Wie intensiv war die Erfahrung, unter Wasser zu sein, ohne zu atmen? Bhagwan rechtfertigte diese Experimente, indem er erklärte, daß die Suche nach Gott erst beginnt, wenn man an einen Punkt von solcher Intensität gelangt, wo es ums Überleben geht:

Er selbst hatte unter ähnlichen Bedingungen schwimmen gelernt: Er wurde zu einem Meisterschwimmer geschickt, der ihm erklärte, daß es keinen Weg gäbe, schwimmen zu lernen; er könne ihn nur ins Wasser werfen, dann würde er von allein schwimmen. Und so kam es dann auch. Er warf Bhagwan ins Wasser, der zunächst wild um sich schlug, das Gefühl hatte, fast zu ertrinken, dann aber auf einmal schwimmen konnte. Bhagwan war von dieser Lehrmethode sehr begeistert:

> «Wenn das Leben auf dem Spiel steht, tu das, was Du kannst, und wenn Du das, was Du tun kannst, total tust, passiert es. Ich konnte schwimmen. Ich war begeistert. ‹Das nächste Mal›, sagte ich, ‹brauchst Du mich nicht hineinzuwerfen, ich werde von alleine springen. Jetzt weiß ich, daß sich der Körper von alleine trägt. Man muß gar nicht schwimmen, man muß nur ganz mit dem Element des Wassers mitgehen. Wenn Du erst mal fühlst, was das Wasser will, dann beschützt es Dich!›»[11]

Andere Experimente, die Bhagwan mit seinen Freunden machte, waren mitternächtliche Balanceakte über Klippen: Sie gingen dabei nachts den Fluß entlang, stiegen auf hohe Hügel und gingen dann auf den Klippen entlang. Ein Freund erinnert sich, daß alle dabei Todesangst hatten, denn bei einem falschen Schritt wären sie in die Tiefe gestürzt und zerschmettert worden. Doch er wußte, daß es Bhagwan darum ging, daß sie mit Furchtlosigkeit experimentierten, sie sollten dadurch wachsam und bewußt werden.

Eine besondere Bedeutung für Bhagwan hatte der Fluß Shakkar, der durch Gardawara fließt. Wenn er traurig war – so z. B. beim Tod seiner Freundin –, ging er dorthin und meditierte. Der Fluß und seine Umgebung waren für Bhagwan der ideale Ort, um zu meditieren.

Genauso wesentlich war für ihn *die Auseinandersetzung mit dem Tod*. Schon als Kind hatte er die Angewohnheit, Menschen zu folgen, die einen Leichnam zum Verbrennungsplatz trugen. Er hörte dann zu, wie sie über den Tod eines Verstorbenen philosophierten. Oft ging er auch alleine zu dem Verbrennungsplatz und lag dort nachts viele Stunden lang einfach nur da. Als seine Eltern ihn einmal fragten, warum er so oft bei der Verbrennung von Fremden dabei sei, antwortete er ihnen:

> «Es ist nicht der Mensch, was mich daran interessiert, sondern der Tod – er ist etwas so Schönes und so geheimnisvoll. Man darf sich das nicht entgehen lassen.»[12]

Bhagwans Eltern machten sich Sorgen über diese seltsame Neigung ihres Sohnes, besonders auch deshalb, weil ein Astrologe prophezeit hatte, daß Bhagwan alle sieben Jahre dem Tod begegnen würde und mit größter Wahrscheinlichkeit im Alter von 21 Jahren sterben würde.

Als Bhagwans vierzehntes Lebensjahr näher rückte, sagte er seiner Familie, daß er sich auf seinen prophezeiten Tod vorbereiten wollte, er wollte ihm bewußt begegnen. Seine Familie war schockiert, mischte sich jedoch nicht ein. Bhagwan ging zum Schuldirektor, bat um sieben freie Tage und erzählte ihm von der astrologischen Prophezeiung. Er erklärte ihm, daß er sich für sieben Tage zurückziehen wolle, um den Tod zu erwarten, da er ihm bewußt begegnen wolle, damit daraus eine Erfahrung werden könne. Der erstaunte Direktor erklärte sich mit der Freistellung einverstanden, und Bhagwan ging in einen alten Tempel in der Nähe seines Dorfes, um dort auf seinen Tod zu warten. Er starb zwar nicht, machte aber intensive Erfahrungen, die er so beschrieb:

«Der Grundton war dieser – daß Du, wenn Du das Gefühl hast zu sterben, ruhig und still wirst. Wenn man den Tod akzeptiert, gibt es keine Angst. Wenn man sich an das Leben klammert, kommen die Ängste.» [13]

Bhagwan suchte auch die Konfrontation mit dem Tod. Er kletterte z. B. auf eine 25 Meter hohe Brücke und sprang von dort in den reißenden Fluß. Eine intensive Erfahrung verschaffte er sich durch das Hineintauchen in einen Strudel:

«In der Regenzeit, besonders bei Hochwasser, entstehen in den Flüssen oft mächtige und klare Strudel. Das Wasser kreiselt wie eine Schraube. Wenn man in einen solchen Strudel hineingerät, wird man gewaltsam nach unten gerissen, und je weiter man in die Tiefe gezogen wird, desto stärker wird der Strudel. Die instinktive Reaktion des Ego ist es natürlich, dagegen anzukämpfen, weil es aussieht wie der Tod, und das Ego hat große Angst vor dem Tod. Das Ego versucht gegen den Strudel anzukämpfen, und wenn du in einem Fluß bei Hochwasser oder in der Nähe eines Wasserfalls, wo es viele Strudel gibt, dagegen ankämpfst, dann bist du verloren, weil der Strudel zu stark ist. Du kannst nicht gegen ihn ankämpfen.

Und dies ist das Phänomen des Strudels: An der Oberfläche ist er großflächig; je tiefer man kommt, desto enger und immer enger wird der Strudel – stärker, aber enger. Und fast am Grund des Wassers ist der Strudel so eng, daß du einfach, ohne jeden Kampf, aus ihm herauskommen kannst. Ja, der Strudel spuckt dich in der Nähe des Grundes von selbst aus. Aber so lange mußt du warten. Wenn man schon an der Oberfläche zu kämpfen beginnt, ist man erledigt, man kann nicht überleben. Ich habe schon viele Strudel ausprobiert; die Erfahrung ist wunderschön.»[14]

Bhagwan konnte schon sehr früh seine Ideen logisch und klar zum Ausdruck bringen. Ab der 6. Klasse fing er an, Reden zu halten und an Debatten teilzunehmen, bei denen er seine Gegner regelmäßig besiegte. Er war bekannt für seine Fähigkeit, in einer Debatte beliebig Partei zu ergreifen; er wurde auch schon als Heranwachsender gelegentlich zu öffentlichen Debatten mit bekannten Gelehrten, Priestern und Schriftgelehrten eingeladen.

Bhagwan las Bücher zu allen nur denkbaren Themen; Bücher über Politik, Philosophie, Wissenschaft und Religion bis hin zu schöner Literatur und Detektivgeschichten interessierten ihn. Oft verbrachte er ganze Nächte mit Lesen; morgens ging er dann zum Fluß und schwamm. Er trieb auch Sport, spielte Hockey, Fußball und Volleyball, aber am wichtigsten waren für ihn Bücher, darüber vergaß er auch oft die Schule.

Da er außerdem noch als Kommunist verschrien war, drohte man ihm den Verweis von der Schule an. Sein Interesse am Kommunismus hing mit seiner Sorge um das Schicksal der Armen zusammen; er träumte davon, ein zweiter Robin Hood zu werden. Er begründete auch eine kleine Bibliothek mit überwiegend kommunistischer Literatur und einen Gesprächskreis über die kommunistische Ideologie. Trotz dieser Beschäftigung mit kommunistischen Ideen neigte er jedoch mehr zum Sozialismus, der für ihn die Antwort auf Indiens wirtschaftliches Elend war.

In diesen Jahren war Bhagwan Atheist; er kritisierte die religiösen Rituale und das blinde Vertrauen in die heiligen Schriften:

«Alles, was sie über jeden Zweifel erhoben glaubten, das bezweifelte und verdächtigte ich am meisten. Ihr Gott, ihre

Seele und ihre Erlösung waren für mich nur Zielscheiben von Spott und Spaß.»[15]

Dennoch hörte er nie auf zu meditieren, da Meditation für ihn nicht Teil eines religiösen Rituals war.

Während seiner letzten Schuljahre interessierte er sich zwar immer noch für den Sozialismus, aber seine Haltung wurde kritischer: Er wandte sich stärker religiösen Fragen zu und kam zu der Einsicht, daß die Wurzeln des menschlichen Unglücks sich nicht in irgendeinem wirtschaftlichen oder politischen System begründeten, sondern durch den unterschiedlichen Bewußtseinsstand des Menschen bedingt waren.

Studienzeit

Mit 19 Jahren schloß Bhagwan das Gymnasium in Gardawara ab, danach ging er nach Jabalpur und immatrikulierte sich am Hitkarini-College im Fach Philosophie. Er lebte dort mit seinem etwa gleichaltrigen Cousin Arvid und seiner Cousine Kranti. Alle drei unterstützten sich gegenseitig und verdienten so viel Geld, daß sie ein angenehmes Leben führen konnten. Bhagwan z. B. arbeitete als Journalist für diverse Zeitungen und Zeitschriften.

Bhagwan verhielt sich auf dem College genauso kompromißlos wie in der Schule. In den Philosophie- und Logikseminaren stellte er z. B. alles, was der Professor sagte, in Frage. Er begann lange, aber logisch einwandfreie Streitgespräche, die dazu führten, daß der Professor mit seinem Stoff nicht mehr vorankam. Das ging so weit, daß der Professor dem Direktor das Ultimatum stellte, entweder Bhagwan oder er müsse das College verlassen. Bhagwan wechselte schließlich auf das D. N. Jain College in Jabalpur über, sollte aber dazu verpflichtet werden, die Professoren in Ruhe zu lassen. Bhagwan entgegnete darauf, daß das für ihn unmöglich sei, dann wolle er lieber zu Hause bleiben. Der Direktor erklärte sich damit einverstanden und setzte durch, daß Bhagwan nur zu den Prüfungen zu erscheinen hätte.

Auch für den Armeedienst setzte Bhagwan eine Extraregelung durch. In Indien mußte damals jeder Student eine zweijährige Armeezeit nachweisen, um sein Examenszeugnis zu bekommen. Bhagwan erzählte, daß er sich geweigert hätte, an der Ausbildung in der Armee teilzunehmen, und deshalb auch bei der Zeugnisverleihung nicht dabei war. Doch der Rektor der Universität brachte ihm später persönlich das Examenszeugnis vorbei.[16]

Während seiner Collegezeit war für Bhagwan nicht die Ausbildung das Wichtigste, sondern die spirituelle Suche, die ihn in die schwierigste Phase seines Lebens führte. Er war von tiefer Schwermut befallen, die für ihn um so schwerer erträglich war, als er sich niemandem anvertrauen konnte:

> «Ich befand mich in einem Zustand völliger Finsternis. Es war, als wäre ich in ein tiefes, schwarzes Brunnenloch gefallen.»[16]

Er war auf der Suche nach der Existenz Gottes, konnte sie jedoch nicht annehmen, ohne sie persönlich erfahren zu haben. Da er auch die heiligen Schriften ablehnte und die Existenz heiliger Männer in Frage stellte, war er in seiner Suche ganz auf sich gestellt. Diese bedrückende Situation dauerte ein Jahr. In dieser Zeit spürte er sich selbst kaum noch; er mußte sich zum Essen und Trinken zwingen. Um nicht vollständig den Kontakt mit sich selbst zu verlieren, lief er jeden Morgen und jeden Abend 5 bis 8 Meilen. Meist lag er nur auf dem Fußboden und starrte die Decke an, zählte von eins bis hundert und dann wieder rückwärts von hundert bis eins. In dieser Zeit kümmerte sich seine Cousine Kranti um ihn, konnte ihm aber auch nicht helfen. Da Bhagwan außerdem noch von heftigen Kopfschmerzen geplagt wurde, schickte ihn seine Familie jetzt von Arzt zu Arzt. Bhagwan wußte, daß ihm kein Arzt helfen konnte, machte aber alles mit, um seine Familie zu beruhigen.

Während dieser Zeit meditierte er ständig. Oft saß er dabei auf einem Baum und erlebte dabei mehrmals, daß er seinen Körper von außen sah, und erfuhr Körper und Geist als voneinander getrennt. Einmal fiel er während der Meditation vom Baum; dabei sah er sich selber auf dem Baum sitzend und seinen Körper am Boden liegend. Bei Tagesanbruch kamen zwei Frauen am Baum vorbei, sahen seinen Körper dort liegen und berührten seine Stirn: Erst in diesem Moment kehrte Bhagwan, so erzählte er, in seinen Körper zurück.

Nachdem sich Bhagwans seelischer Zustand nicht gebessert hatte, hörte er schließlich auf, aktiv an sich selbst zu arbeiten. Er glaubte, alles Menschenmögliche getan zu haben, resignierte und tat nun gar nichts mehr. Und genau diese Haltung, die in einem einfach Geschehenlassen bestand, betrachtete er später als wesentlich für das nun folgende Ereignis: Er erlebte sieben Tage lang einen Zustand außergewöhnlichen Glücks. Er fühlte sich heiter, gesammelt, in sich ruhend und reich. Am siebenten Tag spürte er eine so starke Freude in sich, daß er meinte, vor Seligkeit außer sich zu sein. An diesem Tag war er so erschöpft, daß er schon früh einschlief. Er fühlte, daß irgend etwas unmittelbar bevorstand, er wußte nicht was, vielleicht sogar sein Tod, aber er hatte keine Angst. Er war bereit zu sterben, denn die sieben Tage waren für ihn so erfüllend gewesen, daß ihm der Tod, falls er kommen sollte, willkommen war.

Es passierte jedoch etwas anderes. Gegen Mitternacht wurde er wach, weil er eine überwältigende Gegenwart im Zimmer spürte. Er fühlte ein pulsierendes Leben, eine Schwingung, fast wie ein Orkan, es war ein Wirbelsturm von Licht, Freude und Ekstase. Dieses Erlebnis war so stark, daß er Angst hatte zu ersticken und aus dem Zimmer flüchtete. Er ging zu einem nahegelegenen Garten; als er ihn betrat, leuchtete alles, überall war Licht. Er konnte zum erstenmal total die Bäume – ihr Grün, ihren Lebenssaft – sehen. Ein bestimmter Baum, der in ein überwältigend schönes Licht getaucht war, zog ihn so an, daß er sich daruntersetzte. Als er dort saß, beruhigte sich alles, und er empfand das Universum als ein einziges Glück. Er saß ca. vier Stunden dort, aber er verlor dabei jeden Zeitbegriff, für ihn war es eine Ewigkeit.

Dieser Zustand, den Bhagwan Erleuchtung nennt, verließ ihn seit der Nacht des 21. März 1953, er war 21 Jahre alt, nicht mehr:

> «In jener Nacht öffnete sich mir die Tür zu einer anderen Wirklichkeit, eine neue Dimension tat sich mir auf. Plötzlich war sie da – die andere Wirklichkeit oder wie immer man es nennen mag. Nenne es Gott, nenne es Wahrheit... In jener Nacht wurde ich leer und wurde ich voll. Ich wurde nichtexistentiell und wurde die Existenz. In jener Nacht starb ich und wurde wiedergeboren.»[17]

Bhagwan sprach nur mit ganz wenigen Menschen über sein Erlebnis, erst zwanzig Jahre später gab er bekannt, daß er ein Erleuchteter sei. Als Grund für sein Schweigen gibt er an, daß er Angst hatte, dadurch in Gefahr zu geraten. Er offenbarte sein Geheimnis erst, als er genügend Menschen um sich versammelt hatte, die für sein Erlebnis Verständnis aufbringen würden.

Dennoch veränderte Bhagwans Erleuchtungserlebnis seinen Lebensstil nicht. Er beschäftigte sich weiterhin überwiegend mit Lesen und Schreiben, allerdings unter anderen Voraussetzungen: War er früher auf der Suche nach der göttlichen Existenz gewesen, so war es nun Teil seines Bemühens, denjenigen zu helfen, die noch auf dieser Suche waren. Deshalb machte er sich mit dem Stand des gegenwärtigen Denkens vertraut, um anderen seine Erfahrungen auf zeitgemäße Art und Weise mitteilen zu können. Er schrieb auch für diverse Zeitungen und Zeitschriften und wurde oft als Redner und Diskussionsteilnehmer angefordert.

1955 machte er seinen B. A. (Bachelor of Arts) ★ in Philosophie und fing an, sich an der Universität von Saugar auf sein Magisterexamen vorzubereiten. Auch dort blieb Bhagwan seinem rebellischen, kompromißlosen Wesen treu:

«In meinem letzten Unterrichtsjahr hatte ich mit einem Professor zu tun, der wie die meisten Philosophieprofessoren starrsinnig und exzentrisch war. So war er z. B. fest entschlossen, keine Frau anzusehen. Unglücklicherweise gab es in seinem Seminar nur zwei Studenten: ... mich und ... ein junges Mädchen. Daher mußte der Professor mit geschlossenen Augen unterrichten.

Das war für mich ein sehr glücklicher Umstand, da ich, während er seine Vorlesung hielt, schlafen konnte. Weil es in dem Seminar ein junges Mädchen gab, konnte er die Augen nicht öffnen. Mit mir jedoch war der Professor sehr zufrieden, weil er der Meinung war, auch ich hielte mich strikt an das Prinzip, keine Frauen anzusehen, und daß es an der ganzen Universität wenigstens einen Menschen außer ihm gäbe, der keine Frauen ansah. Daher beteuerte er mir häufig, wenn er mich alleine traf, ich sei der einzige Mensch, der ihn verstehen könnte. Aber eines Tages änderte er diese Meinung. Denn er hatte eine zweite Angewohnheit. Er hielt nichts von der Begrenzung seiner Vorlesung auf eine Stunde. Sein Grundsatz war: ‹Es liegt bei mir, eine Vorlesung zu beginnen, aber es liegt

★ unterster akademischer Grad

nicht bei mir, sie zu beenden.› Daher konnte seine Vorlesung nach sechzig, achtzig oder erst nach neunzig Minuten zu Ende sein; ihm war das ganz egal ...

Zwischen dem jungen Mädchen und mir gab es eine Abmachung, daß sie mich jedesmal kurz vor Ende der Vorlesung weckte. Eines Tages jedoch hatte man sie wegen einer dringenden Arbeit mitten aus der Stunde herausgerufen. Ich schlief weiter, und der Professor setzte seine Vorlesung fort. Als die Stunde vorbei war und der Professor seine Augen öffnete, fand er mich schlafend. Er weckte mich und fragte, warum ich schlafe. Ich sagte zu ihm: ‹Jetzt, da Sie mich schlafend gefunden haben, möchte ich Ihnen sagen, daß ich jeden Tag hier geschlafen habe und auch kein Problem mit jungen Frauen habe und daß es sehr angenehm ist zu schlafen, während Sie die Vorlesung halten.›»[18]

Professorentätigkeit und Reisejahre

1957 erhielt Bhagwan seinen Magistertitel in Philosophie, danach bemühte er sich um eine Lehrtätigkeit. Er tat dies in der für ihn typischen Art und Weise. In einem Bewerbungsgespräch mit dem Erziehungsminister bat ihn dieser um eine Charakterbeurteilung durch den Rektor der Universität, was Bhagwan jedoch ablehnte. Er bot dem Erziehungsminister statt dessen an, mit ihm einige Tage zusammenzuleben, damit dieser seinen Charakter kennenlernen könne. Der Minister bestand aber auf der Beurteilung, woraufhin sich Bhagwan selbst eine im Namen des Universitätsrektors ausstellte. Anschließend ging er zu ihm und bat ihn um seine Unterschrift:

«Er sah die Beurteilung an und lachte, weil ich in das Gutachten geschrieben hatte, der Mensch sei Freiheit und der Charakter gehöre immer der Vergangenheit an und die Zukunft bleibe immer offen. Ich mag bis jetzt ein guter Mensch gewesen sein. Im nächsten Augenblick? Niemand weiß das!»[19]

Diese Erklärung wirkte beeindruckend, und er erhielt eine Stelle am Sanskrit College in Raipur. Schon am ersten Tag überwarf er sich mit dem Direktor der Universität, weil dieser seine Studenten sehr streng reglementierte und sie – nach Ansicht Bhagwans – zu einer geheuchelten Frömmigkeit zwang. Der Direktor veranlaßte daraufhin die Behörde, ihn an eine andere Universität zu versetzen, da er seinen Einfluß auf die Studenten für gefährlich hielt. Ein Jahr später wurde er der philosophischen Fakultät der Universität in Jabalpur zugewiesen, wo er schon 1960 Professor für Philosophie wurde.

Bhagwan soll ein brillanter und großartiger Lehrer gewesen sein. Er förderte die Neugier seiner Studenten und ermutigte sie, nach eigenen Lösungen zu suchen.

1960 fing Bhagwan an, im ganzen Land Vorträge zu halten. Dabei richtete er es so ein, daß er jeweils drei Wochen reiste und dann für einige Tage nach Jabalpur zurückkehrte, wo er in völliger Abgeschiedenheit lebte. Jabalpur war für ihn so etwas wie eine Einsiedelei. Diese häufigen Reisen und seinen ungewöhnlichen Charakter wollte die Universitätsverwaltung nicht akzeptieren, aber da er sehr beliebt war, konnte sie nichts unternehmen. 1966 kam es dann doch zum Eklat: Bhagwan trug schon seit mehreren Jahren einen Lungi (ein langes, um Taille und Unterleib geschlungenes Tuch) und einen Chardar (ein langes um den Oberkörper geschlungenes Tuch). Als er von einer Reise zurückkehrte, forderte ihn der Direktor auf, diese Kleidung abzulegen. Bhagwan hielt diesen Einspruch des Rektors für ungerecht, da er meinte, auch niemals Einwände gegen die Kleidung des Rektors gemacht zu haben, und reichte seine Kündigung ein.

Jetzt, wo er gänzlich unabhängig war, verstärkte sich die Intensität seiner Vorträge noch, er äußerte sich öffentlich über so umstrittene Themen wie Mahatma Gandhi, Sexualität, orthodoxen Hinduismus und Sozialismus. Dabei sprach er durchaus in kleinem Kreis in Privathäusern, aber auch zu fünfzehn- bis fünfzigtausend Menschen in der Öffentlichkeit. Besonderes Aufsehen erregten seine für die indische Gesellschaft revolutionären Reden über Gandhi und über Sexualität. Er kritisierte Gandhi, da er dessen Beurteilung der indischen Gesellschaft und seine Lösungsvorschläge für zu unwissenschaftlich und primitiv hielt. Die Reden über Gandhi lösten in ganz Indien, speziell jedoch in seinem Heimatstaat Gujarat, einen Sturm der Entrüstung aus; viele von Bhagwans Bewunderern kehrten sich von ihm ab.

Doch Bhagwan gab nicht auf. Im Sommer 1968 wurde er von Freunden zu einer Vortragsreihe in einem Kultur- und Erziehungszentrum in Bombay eingeladen. Er entwickelte dort seine Vorstel-

lung von Sexualität als etwas Göttlichem, das man nicht unterdrük-
ken sollte; damit stellte er alle orthodoxen indischen Glaubenssätze,
Tabus und Einstellungen zur Sexualität in Frage. Aber er erregte
auch viel Interesse; einen Monat später wurde er wieder eingeladen
und sprach diesmal vor 15 000 Zuhörern.

Bhagwan scheute sich auch nicht, auf der zweiten «World Hindu
Religion Conference» in Patna seine Meinung über die organisierten Religionen und deren Heuchelei laut zu äußern. Der höchste
Priester der Hindus, der Shankaracharya von Puri, der auch anwesend war, geriet so in Wut, daß er am ganzen Leibe zitterte und
beinahe vom Rednerpult fiel.

Durch seine provokativen Reden gewann Bhagwan viele Bewun-
derer, aber er machte sich auch viele Feinde. Lief sein Zug in einen
Bahnhof ein, dann ließ ihn die Menge oft nicht aussteigen. In der
Regel entbrannte dann ein Kampf zwischen seinen Gegnern und
seinen Anhängern.

Zeit des Aufbaus der Neo-Sannyas Bewegung

Gegen Ende der 60er Jahre schränkte Bhagwan seine Reisen ein, da
er erkannte, daß er die rückständige indische Gesellschaft nicht verändern konnte. Bhagwan erklärt diese Veränderung so:

«Mit Jüngern zu sprechen ist eine Sache. Zur Menge zu
sprechen eine andere. Daher mußte ich aufhören, zu Massen
zu sprechen. Ich mußte mir eine eigene Gruppe von
Sannyasins – hier sind Jünger gemeint. Leitet sich von dem
indischen Wort Sannyas ab, das Entsagung bzw. Freiheit von
allem bedeutet – schaffen, mit denen ich die Kommunion des
Herzens praktizieren konnte.

Am Anfang redete ich zu Massen. Das war eine gänzlich
andere Arbeit: Ich suchte nach Jüngern. Wenn ich zur Masse
redete, bediente ich mich ihrer Sprache. Zur Masse zu
sprechen hieß, zu einer Grundschulklasse zu sprechen. Da
kann man nicht in die Tiefe gehen; man muß oberflächlich
reden. Man darf nicht vergessen, zu wem man spricht.
Dann entwickelten sich ganz allmählich ein paar Schüler zu
Jüngern. Damit veränderte sich auch meine Methode. Nun
war es möglich, auf einer höheren Ebene miteinander in

Kommunikation zu treten. Die Anhänger wurden zu Sannyasins – sie fingen an, sich zu verpflichten, sie schlossen sich mir enger an, verknüpften ihr Schicksal mit meinem Schicksal. Mein Lebensstil wurde zu ihrem Lebensstil, mein Sein wurde zu ihrem Sein.»[20]

Bhagwan zog sich nun stärker von seiner Arbeit mit den Massen zurück und fing an, mit einzelnen zu arbeiten. Auf seinen Reisen hatte er viele Anhänger gewonnen, einige davon wurden nun zu seinen Jüngern. Beim Aufbau einer Gemeinschaft um ihn herum spielten seine Meditationstechniken eine wichtige Rolle. Während eines zehntägigen Meditations-Camps in den Bergen von Rajasthan führte er seine Anhänger erstmals in verschiedene Meditationstechniken ein, die sie am frühen Morgen, tagsüber, abends und vor dem Schlafengehen praktizieren konnten.

Nach dieser Veranstaltung hielt er öfter Meditationscamps im ganzen Land ab – gewöhnlich in einer natürlichen Umgebung, in Entfernung von den Massen und dem Lärm der Städte. 1970 stellte Bhagwan in Bombay erstmals eine eigene Meditationstechnik vor: die sogenannte «dynamische Meditation», die speziell auf die Bedürfnisse seiner Schüler zugeschnitten war. Denn er hatte festgestellt, daß seine Schüler sich nach den üblichen Methoden nicht so einfach entspannen konnten; die dynamische Meditation erzeugte zunächst Anspannung und führte erst dann zur Entspannung.

Im Jahre 1970 entschloß sich Bhagwan, Jabalpur zu verlassen und nach Bombay zu gehen, wo er bis 1974 lebte. Diese Zeit verbrachte er hauptsächlich in der persönlichen Arbeit mit seinen Schülern. Im März 1974 zog Bhagwan nach Poona; angeblich wurde er durch eine publizistische Kampagne – wegen seiner Äußerungen zur Sexualität – aus Bombay vertrieben. In dieser Zeit litt er unter Diabetes und akutem Asthma und war empfindlich gegen Allergien. Er erholte sich dann zwar allmählich, aber sein Rückzug aus der Öffentlichkeit setzte sich fort. Seit Juni 1974 leitete er die Meditationen nicht mehr persönlich; statt dessen wurde ein leerer Stuhl hereingetragen.

Gelegentlich wurde Bhagwan in Poona von seinen Eltern besucht; seine Mutter hatte sich schon 1971 von ihm als Sannyasin einweihen lassen. Sein Vater entschloß sich vier Jahre später zu diesem Schritt:

«Bhagwan kam ins Zimmer. Ich bat ihn, vor mir stehenzubleiben, und ich berührte seine Füße. Dann berührte er meine Füße, und ich sagte zu ihm: ‹Dies ist das letzte Mal, daß du meine Füße berührst. Denn von jetzt an werde ich dein Jünger sein.›»

Drei Jahre nach seiner Einweihung als Jünger zogen Bhagwans Eltern zusammen mit dem größten Teil der Familie in den Ashram von Poona. Als Bhagwans Vater dort eintraf, war er sehr krank, er hatte schon mehrere Herzanfälle hinter sich. Nach einem längeren Krankenhausaufenthalt starb er dann im Herbst 1979. Da Bhagwan die Einstellung hatte, daß der Tod eines Menschen nicht betrauert, sondern gefeiert werden sollte, gab es am Abend des Todes von Bhagwans Vater ein großes Fest: Die Sannyasins weinten, tanzten und sangen. Bhagwan selber schien über den Tod seines Vaters keinen Schmerz zu empfinden; er lächelte wie immer.

Im Frühjahr 1981 zog sich Bhagwan fast vollständig von seinen Schülern zurück; am 1. Mai 1981 trat er in eine Phase des Schweigens ein. In dieser Zeit hatte sich sein Gesundheitszustand sehr verschlechtert. Er hatte so starke Rückenschmerzen, daß er kaum noch gehen konnte und sich einer Spezialbehandlung im Westen unterziehen mußte. Deshalb verließ er Poona am 1. Juni und flog in die USA – begleitet von seinen engsten Schülern. Er wurde dort in das «Chidvilas Rajneesh Meditation Center» in Montclair / New Jersey gebracht.

Einige Monate später zog Bhagwan nach Rajneeshpuram in Oregon, wo seine Schüler damit begonnen hatten, eine Kommune aufzubauen. Im November 1985 mußte er die USA verlassen und ging nach Nordindien. Als dort Ende Dezember seine engsten Vertrauten ausgewiesen wurden und die indische Regierung ein generelles Einreiseverbot für seine Schüler aussprach, verließ er Indien wieder und zog für mehrere Wochen nach Katmandu in Nepal. Hier plante er eine Weltreise, um seine Schüler zu besuchen. Die erste Station seiner Reise war Agios Nikolaos auf Kreta. Auf Druck des griechisch-orthodoxen Klerus wurde er dort jedoch schon nach knapp drei Wochen ausgewiesen.

Danach versuchte er, in mehrere europäische Länder einzureisen, die ihm jedoch ausnahmslos die Einreise verweigerten. Nur in Irland durfte er zehn Tage bleiben, weil sein Gesundheitszustand sehr kritisch war. Allerdings hatte er die Auflage, sein Hotel nicht zu verlassen.

Mitte März erhielten Bhagwan und seine Begleiter eine Einreisegenehmigung für Uruguay, die auf drei Monate befristet wurde. Danach hielten sie sich kurz auf Jamaika auf, aber auch dort waren sie unerwünscht, und es wurde ihnen nahegelegt, so schnell wie möglich wieder abzureisen. Danach hielt er sich einige Wochen in Portugal auf. Ende Juli 1986 kehrte er nach Indien – nach Bombay – zurück, nachdem seine Bemühungen gescheitert waren, im Ausland eine ständige Aufenthaltserlaubnis zu bekommen.

2. Die Schüler Bhagwans: Sannyasins

Bhagwan gab 1970 während eines von ihm geleiteten Meditationscamps bekannt, daß er diejenigen in Sannyas – d. h. in seine Jüngerschaft – einweihen wolle, die sich ihm innerlich verbunden fühlten. Hier weihte er vom 25. September bis 4. Oktober zum erstenmal sechs Anhänger in Sannyas ein; damit war offiziell das «Neo-Sannyas-International-Movement» begründet. Der Zweck dieser Bewegung war, weltweit eine spirituelle Kommune derjenigen zu gründen, die auf der Suche nach innerer Veränderung waren, unabhängig von Rasse, Nation, Kaste, Glauben und Religion. Aus dieser Bewegung entstanden anfangs der Ashram in Poona, dann die Kommune Rajneeshpuram im US-Bundesstaat Oregon und viele Kommunen und Meditationszentren auf der ganzen Welt.

Für Bhagwan ist «Neo-Sannyas» eine revolutionäre Form des traditionellen «Hindu-Sannyas» Indiens. Die Hindu-Sannyasins sind Mönche, die zurückgezogen in völliger Askese leben. Nach Bhagwans Meinung akzeptiert das traditionelle Sannyas nur einen Teil des Lebens und leugnet den Rest; es nehme den Geist an, lehne jedoch den Körper ab; es akzeptiere die Liebe, lehne aber die Sexualität ab; es würde Gott preisen und verurteile die Welt. Für ihn gehört jedoch alles zusammen; wichtig sei es, zur Ganzheit des Lebens zu finden. *Sannyasin zu sein heißt für ihn, aus dem Augenblick heraus spontan zu handeln, also ohne Konditionierungsmuster,* ohne Vergangenheit und ohne Zukunft «eine von keiner Disziplin eingeengte Freiheit»[1] zu leben. Sein Sannyas soll keine Schuldgefühle erzeugen; jeder Mensch soll sich selbst und andere voll akzeptieren.

Während die traditionelle Form des Sannyas Entsagung von der Welt bedeutet, ist Neo-Sannyas lebensbejahend und beinhaltet ein uneingeschränktes Annehmen des Lebens und der Welt.[2] Bhagwan meint, daß man bisher immer Gott als Widerpart zum Leben verstanden habe. Seinen Jüngern rät er, das Leben so tief, intensiv und leidenschaftlich wie nur möglich zu leben, um überhaupt die Möglichkeit der Gotteserfahrung zu erlangen.[3]

Seine Vorstellungen von Neo-Sannyas stellten die religiösen Traditionen Indiens in Frage. Folglich stellten er und seine Anhänger in Poona eine große Provokation für die indische Bevölkerung dar. Während im traditionellen Hindu-Sannyas die Initiation erst nach jahrelangem Warten und hingebungsvoller Bemühung erfolgt, gibt Bhagwan sein Neo-Sannyas jedem, der danach verlangt. Er hält es deshalb für wichtig, möglichst viele Menschen in Sannyas einzuweihen, da er davon überzeugt ist, daß nur durch eine Bewußtseinsveränderung vieler Menschen das Leben auf der Erde erhalten werden kann:

> «. . . der letzte Teil dieses Jahrhunderts wird entscheidend sein. Der letzte Teil dieses Jahrhunderts wird über das Schicksal der folgenden Jahrhunderte entscheiden. Die vor uns liegende Periode ist bestimmend, bestimmend in dem Sinn, daß der Glaube, der Mensch sei nur eine Maschine, eine natürliche mechanische Apparatur, vielleicht die Oberhand gewinnt. Sollte dieser Glaube die Oberhand gewinnen, wird es schwierig werden, den Kontakt zum Strom des Lebendigen wiederzugewinnen... Mit jedem Tag gibt es weniger Menschen, die den Strom des Lebendigen überhaupt noch kennen, die die innere Wirklichkeit, das Bewußtsein, das Göttliche kennen. Dieses Jahrhundert, das Ende dieses Jahrhunderts wird entscheiden. Daher werde ich alle, die irgendwie bereit sind anzufangen, initiieren. Wenn Zehntausend initiiert werden und nur einer davon das Ziel erreicht, ist das schon die ganze Mühe wert...»[4]

Einige Elemente des Hindu-Sannyas wurden im Neo-Sannyas beibehalten: *die orangene Kleidung, der neue indische Name und die sogenannte Mala,* eine Kette, die aus 108 Rosenholzperlen besteht – als Symbol für die 108 Techniken der Meditation.

Mit der Initiierung zum Neo-Sannyasin hatte der Schüler folgende Regeln zu beachten:

o Er kleidete sich in orangefarbene oder rote Kleidung, wobei er Stil und Farbschattierung frei auswählen konnte.

o Er trug die Mala – die Rosenholzperlenkette – um den Hals, und zwar über der Kleidung, für jeden sichtbar. An der Kette hing ein Medaillon mit einem Foto von Bhagwan.

o Der Sannyasin benutzte seinen Sannyasnamen, den er bei der Sannyasnahme empfangen hatte.

o Er meditierte täglich eine Stunde, wobei er sich eine passende – von Bhagwan entwickelte – Meditationsübung aussuchte.

Bhagwan hat die Bedeutung dieser äußeren Zeichen eingehend erklärt: Die Farbe Orange wählte er nach der Farbe der Morgensonne aus. Diese Farbe schafft eine lebendige Atmosphäre; sie soll dem Sannyasin helfen, mit dem Göttlichen mitzuschwingen, vom Göttlichen belebt zu sein; für Kummer und Traurigkeit soll kein Raum dasein; Orange sei eine «tanzende Farbe»[5]. Diese Erklärung Bhagwans kann man sehr leicht mißverstehen. Sie negiert nicht, daß auch Kummer zum Leben gehört; man sollte jedoch nicht in Traurigkeit versinken, sondern auch diese Gefühle genau anschauen und reflektieren. Dann würden sie von selbst verschwinden und der Freude Platz machen.

Die Mala verkörpert nach Bhagwans Interpretation das Leben und stehe damit im Gegensatz zum Kreuz, dem Todeszeichen: «Die Mala steht für die Kunst, aus dem Leben eine Blumengirlande zu machen.» Und:

> «Solange Euer Leben noch nicht weiß, was Ewigkeit ist, wird Euer Leben nur ein Haufen von Holzperlen oder von Blumen sein, aber keine Girlande, keine Mala. Es wird keinerlei innere Harmonie aufweisen. Die Perlen werden nicht miteinander verbunden sein. Es wird ein Wirrwarr und kein Kosmos sein. Es wird keine Ordnung, keine Disziplin enthalten. Aber die Disziplin sollte unsichtbar sein wie der Faden... Die Mala stellt in den Perlen die Zeit dar – das Sichtbare – und im Faden die Ewigkeit – das Unsichtbare.»[6]

Das Foto Bhagwans im Medaillon soll jeden Sannyasin an sich selbst erinnern, soll ihm helfen, die Entfaltung seines inneren Potentials zu verfolgen. Bhagwan betont jedoch, daß dieses Foto ihn eigentlich nicht darstelle:

«Wäre es ein Bild von mir, so hätte ich gezögert, es hineinzu-
tun ... Das Bild ist scheinbar ein Bild von mir, in Wirklichkeit
ist es das nicht. Wirklich, kein Bild von mir ist möglich. Im
Augenblick, da man sich selbst erkannt hat, hat man etwas
erfahren, das sich nicht abbilden läßt, das nicht zu beschreiben
und in keinen Rahmen zu fassen ist. Ich existiere als eine Leere,
die nicht abbildbar ist, nicht fotografiert werden kann. Nur
darum konnte ich das Bild dort hineintun.»[7]

Die Namensänderung soll die Identifikation mit dem alten Namen
aufheben. Erst wenn alle Identifikationen aufgehoben seien, so
auch die Identifikation mit dem Denken und dem Körper, könne
der Mensch erfahren, wer er wirklich sei.

Während der Poona-Zeit leitete Bhagwan noch persönlich die Ein-
weihungszeremonie während des sogenannten «Darshans». Darshan bedeutet «schauen»; in manchen religiösen Traditionen des
Ostens versteht man darunter die Begegnung von Meister und
Schüler. Diese Begegnung sollte dem Schüler die Möglichkeit geben, durch den Meister in eine andere Wirklichkeit zu schauen, um
diese auch in sich selbst zu finden. Bhagwan legte dem neuen Sannyasin bei der Einweihung die Mala um den Hals, drückte den rech-
ten Daumen für ungefähr eine halbe Minute auf die Stirnmitte, den
Sitz des Bewußtseins, und überreichte dann die Sannyasurkunde
mit dem neuen Namen. Danach erklärte er meist die Bedeutung des
Namens.
Sannyasins, die noch die Möglichkeit gehabt hatten, Bhagwan ge-
genüberzusitzen, berichten, *schon auf Grund seines Anblicks oder seiner Berührung eine tiefe Erschütterung empfunden* zu haben, fast jeder
fühlte sich «in seinem tiefsten Wesen» erkannt. Sie hielten es für
nahezu unmöglich, die Initiierung zu beschreiben oder verständlich
zu machen; Begriffe wie Ekstase, Verschmelzung, Auflösung, andere Dimension und höhere Realität wurden zwar genannt, aber als
unzureichend bezeichnet:

«Ich saß vor Bhagwan und wollte ihm eigentlich Fragen
stellen, jedoch bekam ich kein Wort über die Lippen.
Bhagwan fragte: ‹Was willst du?› Ich antwortete: ‹Sannyas›.
Ich fühlte mich vollkommen aufgelöst. Durch den Blick und
die Namensgebung fühlte ich mich im Tiefsten erkannt. Mir

wurde durch den neuen Namen ein Weg gewiesen, der richtig war. Es war ein Schlüsselerlebnis für mich. Chimén war der Name – übersetzt: Schnee. Bhagwan meinte dazu: ‹Du mußt im Hintergrund bleiben und deine Stärke daraus holen, wie der Schnee, der auf den Bergen liegt und langsam schmilzt, damit im Tal die Pflanzen wachsen können.› Ich fühlte mich erkannt, da ich bisher sehr vordergründig tätig war, viel organisierte, oft Menschen um mich versammelte und mich verausgabte.»

Bhagwan gab Namen wie etwa «Lied der Meditation», «Tor der Liebe» oder «Adler der Glückseligkeit». Es war jedoch auch möglich, den eigenen Namen beizubehalten, wobei ihm Bhagwan dann in der Regel zusätzlich einen der drei Vornamen gab: Anand (Glückseligkeit), Prem (Göttliche Liebe) oder Dhyan (Meditation). Die Aufgabe eines «Prem» war es, durch liebende Verehrung eines Erleuchteten zu seinem innersten Wesenskern zu gelangen, ein «Anand» sollte dazu durch ein rauschhaft ekstatisches Erleben gelangen und ein «Dhyan» über die meditative Schau nach innen. Durch den Vornamen wird dem Sannyasin also ein Weg gewiesen, wie er zu seinem inneren Wesen gelangen kann.

Während die Sannyas-Bewegung zu Poonas Zeiten eine undogmatische spirituelle Bewegung war, die dem einzelnen Sannyasin einen großen Spielraum ließ, entwickelte sie sich *nach dem Umzug nach Oregon zu einer Religionsgemeinschaft mit festen Regeln* und Riten: Der sogenannte «Rajneeshismus» wurde als Religion installiert. Danach trat jeder, der Sannyas nahm, dieser Religion bei, neben der Bezeichnung Sannyasin wurde auch häufig die Bezeichnung Rajneeshie verwendet.

Diejenigen, die nun Sannyas nehmen wollten, mußten einige Zeit regelmäßig meditiert und orangene Kleidung getragen haben. In Rajneeshpuram wurden sie durch von Bhagwan ernannte Priester (Archaryas) eingeweiht. Aber es war auch möglich, in einer der Sannyaskommunen außerhalb Rajneeshpurams eingeweiht zu werden. Die Kommune schickte dann den Antrag mit dem Foto des Betreffenden zu Bhagwan, der den Sannyasnamen erteilte. Traf der Brief mit der Mala ein, so bekam die betreffende Person meist in einer Zeremonie, genannt «Celebration», die Mala, den Namen und eine schriftliche Sannyasurkunde mit Bhagwans Briefkopf, die auch den neuen Namen in Englisch und Sanskrit sowie Datum und Unterschrift Bhagwans enthielt.

Die Celebration wurde von ausgewählten Sannyasins in den Meditations-Centern geleitet, wobei andere Sannyasins zu feierlicher Musik tanzten. Ein Sannyasin innerhalb einer Sannyaskommune lebte nach den Vorstellungen des Rajneeshismus; es war aber seine freie Entscheidung, ob er Kommunemitglied wurde oder nicht.

Für ein Kommunemitglied begann und endete der Tag mit dem Singen von Gebeten, den sogenannten «Gachchhamis». Dieses Gebet war angeblich von der Gemeinschaft der «Bhikkus», der Schüler Buddhas, gesprochen worden, die sich vor 25 Jahrhunderten um ihn versammelt hatten.[8]

> Buddham Sharanam Gachchhami
> Ich gehe zu den Füßen des Erwachten
> Sangham Sharanam Gachchhami
> Ich gehe zu Füßen der Kommune des Erwachten
> Dhammam Sharanam Gachchhami
> Ich gehe zu Füßen der letzten Wahrheit des Erwachten

Bhagwan zeigte in diesem Gebet den Prozeß der Entwicklung zum authentischen, vollbewußten Menschen auf, so wie er ihn für notwendig hielt. Mit dem ersten Vers drückt er aus, daß das innere Wachstum eines Menschen ohne die vertrauensvolle Hand eines erleuchteten Menschen nicht möglich sei. Im zweiten Vers erklärt er die Notwendigkeit des Aufbaus einer Kommune, der Schaffung einer alternativen Gesellschaft, in der das Leben bewußt und mit Ziel gelebt werden könne. Der dritte Vers sagt aus, daß der Erleuchtete die Wahrheit verbal und nonverbal verkörpere. Seien die verbalen Formen der Kommunikation nicht mehr nötig, so ließe sich leichter eine Einheit mit dem Meister herstellen.

Nach dem Singen dieses Gebetes *begann die tägliche Arbeit*, die als Meditation, als Dienst am Göttlichen verstanden wurde. Sie wurde deshalb auch «Worship» – Andacht – genannt. Die Arbeit sollte mit Freude verrichtet werden; jegliche Arbeit mit tiefer Liebe zu tun galt als kreativer Akt und wurde als Ausdruck einer bewußten Persönlichkeit angesehen. In der Regel «worshippten» Kommunemitglieder zwischen 12 und 14 Stunden täglich an den sieben Tagen der Woche. Im Gegensatz etwa zu den Zeiten in Poona, wo Sannyasins zwischen verschiedenen Meditationsformen wählen konnten, blieb ihnen in Oregon nur die Arbeitsmeditation.

Entschied ein Sannyasin, Kommunemitglied in Rajneeshpuram zu werden, mußte er etwa 6000 DM Einstand zahlen, wenn das 14tägige Sommerfestival in Rajneeshpuram vor der Tür stand. Flug, Unterkunft und Verpflegung in Oregon waren für 14 Tage inbegriffen. Die Probezeit dauerte in jeder Kommune drei Monate. Bevor Sannyasins Kommunemitglieder wurden, verkauften sie in der Regel ihr Hab und Gut und gaben den Erlös teilweise der jeweiligen Kommune. Hier gab es kein Privateigentum mehr.

Die große Mehrheit der Sannyasins – ca. 90 % – lebte jedoch außerhalb der Kommunen und führte ein formal unabhängiges Leben. Sie übten ihren Beruf aus, wobei es ihnen offenstand, ob sie ihr Geld für sich selbst ausgeben oder der Kommune spenden wollten. Sie besuchten in der Regel die Meditationen oder die Therapie- und Selbsterfahrungsgruppen in den Kommunen; manche arbeiteten auch nach Feierabend unentgeltlich mit.

Nachdem der Rajneeshismus zur Religion erhoben worden war, war es nicht erlaubt, die Mala und die rote Kleidung abzulegen; das galt bis Oktober 1985. Dann hob Bhagwan die Pflicht zum Tragen der Mala und der roten Kleidung auf; damit fiel das äußere Kennzeichen von Sannyas weg. Heute ist alles offen. Manche Sannyasins kleiden sich in allen möglichen Farben und tragen keine Mala; andere legen auf die äußeren Kennzeichen von Sannyas wert. Verbindlich für einen Sannyasin ist nach wie vor die Meditation, wobei ihm freigestellt ist, wie und wann er sie praktiziert.

Gebete sind nicht mehr vorgeschrieben, und die Voraussetzungen für die Sannyasnahme wurden abgeschafft. Auch die Verleihung des Sannyasnamens und der Mala wird heute jeweils aus der Situation heraus praktiziert, manchmal im Rahmen einer Feier, ein anderes Mal wird die Sannyasurkunde auch einfach formlos überreicht. Tatsache ist, daß die Situation heutzutage so offen ist, daß selbst Sannyasins unsicher sind, was Sannyas eigentlich bedeutet.

Die Gesamtzahl aller Sannyasins betrug 1985 angeblich 350000, wobei der Anteil der deutschen Sannyasins im Jahre 1983 laut «Zitty» bei 70 % lag. Inzwischen wird sich dieser Anteil verändert haben, genaue aktuelle Angaben liegen uns leider nicht vor. Innerhalb der Sannyas-Szene gibt es beachtlich viele Akademiker: In unserer Diplomarbeit hatten wir – ausgewählt nach dem Zufallsprinzip – mit insgesamt 60 Sannyasins gesprochen. 82,5 % davon hatten einen Hochschulabschluß, 72,5 % eine akademische Ausbildung – überwiegend im pädagogisch-therapeutischen Bereich. Diese Zahlen entsprachen in etwa den Ergebnissen einer Untersuchung der psychologischen Fakultät der Universität Oregon aus dem Jahre 1983, die dem Durchschnittsbürger von Rajneeshpuram folgende Kennzeichen zuschrieb: Alter 34 Jahre, College-Erziehung hinter sich, hohe Qualifikationen, vorher Berufserfolg und gutes Gehalt.[9] Das Durchschnittsalter lag 1983 – ausgehend von den Daten unserer Arbeit – zwischen 26 und 35 Jahren.

Offizielle Sannyasin-Kreise nannten uns das Geschlechterverhältnis: 75 % Frauen stehen 25 % Männern gegenüber.

Seit der Auflösung der Kommune in Rajneeshpuram Ende 1985 haben viele Sannyasins die Bewegung verlassen, gleichzeitig sind aber auch viele neue Mitglieder hinzugekommen; im Berliner Meditationscenter soll es heute noch genausoviel Anträge auf Sannyas geben wie in den Jahren zuvor, überwiegend von durchschnittlich jüngeren Interessenten. In Köln dagegen sind verstärkt ältere Menschen an Sannyas interessiert.

3. Von der ursprünglichen Lehre Bhagwans zum Rajneeshismus als neuer Religion

Die Lehre Bhagwans

Bhagwan Shree Rajneesh würde den Begriff «Lehre» zurückweisen, da seine Vorstellungen sich nur schwerlich auf einen Begriff festlegen lassen. Für viele seiner Aussagen läßt sich ein Zitat finden, in dem er das Gegenteil behauptet. Diese Widersprüchlichkeit ist beabsichtigt. Bhagwan hat den Anspruch, daß seine Worte jeweils nur für den Augenblick gelten; was er heute sagt, muß morgen keine Gültigkeit mehr haben. Bhagwan geht bei allen Erscheinungsformen des Lebens von einer Gegensätzlichkeit aus. Einheit kann nur durch das Vorhandensein von Gegensätzen entstehen:

> «Stelle Dir einfach eine Welt vor, wo es kein Übel mehr gibt.
> Oder denke Dir eine Welt, wo es keine Sünder gibt. Glaubst
> Du, daß dort alle Heilige sein werden? Der Heilige kann ohne
> den Sünder nicht existieren. Der Heilige braucht den Sünder.
> Der Sünder kann nicht existieren ohne den Heiligen. Der
> Sünder braucht den Heiligen. Es gibt da eine Harmonie, eine
> verborgene Harmonie – sie sind Polaritäten.»[1]

Bhagwan verkündet die Geburt eines neuen Menschen, da er davon ausgeht, daß sich das Schicksal der Menschheit bis zum Ende dieses Jahrhunderts entscheiden wird. Der alte Mensch hätte den Bogen überspannt, er sei bereit, globalen Selbstmord zu begehen. Der 3. Weltkrieg könne nur noch vermieden werden, wenn eine neue Art von Mensch erschaffen würde. Diese Veränderung soll nicht auf politischem Weg stattfinden; Bhagwan glaubt, daß die Veränderung der ökonomischen und gesellschaftlichen Verhältnisse lediglich zu neuen Klassen führen wird:

«Das Proletariat mag verschwinden, die Bourgeoisie mag verschwinden, aber Herrscher und Beherrschte wird es weiter geben. Genau das ist in Rußland passiert, neue Unterschiede, neue Klassen sind entstanden.»[2]

Für ihn stellt der Kommunismus keine politische, sondern eine religiöse Vision dar, er meint, es käme nicht darauf an, die ökonomische Struktur der Gesellschaft zu verändern, sondern das Bewußtsein der Menschen. Diese Bewußtseinsentwicklung könne in einer religiösen Kommune gefördert werden; durch das Leben in einem sogenannten «Buddhafeld» soll die Selbsterkenntnis von Schülern mit der Hilfe ihres Meisters entwickelt werden. Dort entstünde ein meditativer Raum, in dem eine schnellere Bewußtseinsveränderung als in der normalen Gesellschaft möglich sei, da hier die üblichen gesellschaftlichen Tabus außer Kraft gesetzt würden. Bhagwan glaubt, daß in einem Buddhafeld der schlafende «Buddha» in jedem einzelnen geweckt werden könne; es entsteht dort ein Energiefeld, in dem ein Buddha die Menschen zum Wachsen und Reifen bringt, das ihre ganze wache Aufmerksamkeit erfordert, weil jeden Augenblick ein Angriff auf ihre festgefahrenen Verhaltensmuster erfolgen kann. Das geschah z. B. dann, wenn ein Professor in der Küche Gemüse putzen mußte und von ihm erwartet wurde, daß er seinen Widerstand gegen eine untergeordnete Tätigkeit überwinden konnte und diese Arbeit gerne tat, da sie nach Ansicht Bhagwans für die ganze Gemeinschaft genauso sinnvoll war wie jede andere auch.

Bhagwan glaubt, daß der Sannyasin in einer solchen Situation bestimmte Eigenschaften bewußt wahrnimmt – z. B. Hochmut, Eitelkeit etc. – und sie dadurch überwinden kann. Ein solches Energiefeld dient nicht dazu, sich dort ein möglichst bequemes Leben zu machen, sondern soll die Menschen wachrütteln und verändern, was oftmals ein sehr schmerzhafter Prozeß ist. Alles, was dort geschieht, dient dem Wachstumsprozeß des einzelnen; wenn er das annimmt, kann er gerade in unangenehmen oder überraschenden Situationen sich selbst und die ihn beherrschenden Verhaltensmuster besser kennenlernen.

Die religiöse Kommune sollte einen Raum zur Verfügung stellen, der die Entstehung eines vieldimensionalen neuen Menschen möglich macht, der mit alten Traditionen brechen kann. Das Ziel dieser

Bewußtseinsentwicklung ist die Erleuchtung oder Buddhaschaft, die prinzipiell von jedem Menschen erlangt werden kann, da sie in jedem einzelnen angelegt ist.

Der «alte» Mensch war lebensverneinend; in der Kommune soll dagegen eine lebensbejahende Religiosität entstehen. Ihr Motto soll sein: «Dieser Körper – der Buddha, diese Erde – das Lotusparadies.»[3] Bhagwan trennt die Schöpfung nicht in Diesseits und Jenseits, er fordert vielmehr, daß das Leben im Hier und Jetzt gelebt werden soll, ohne Vertröstung auf das Jenseits. Er lehrt seine Schüler, so ekstatisch wie möglich zu leben, sie sollen aus jedem Augenblick alle Genüsse und Glückserlebnisse herauspressen, die möglich sind, damit sie später nichts bereuen:

> «Und denkt nicht an die Zukunft, an ein anderes Leben, an ein
> Reich Gottes – alles barer Unsinn. Morgen existiert überhaupt
> nicht, es ist immer heute. Immer und immer heute. Es ist
> dieser Augenblick. Also drückt ihn aus. Laßt keinen Saft darin
> zurück. Sobald ihr lernt, allen Saft aus ihm herauszudrücken,
> werdet ihr niemals mehr an die Vergangenheit denken.»[4]

Beispielhaft ist für Bhagwans Lehre die Geschichte eines Meisters, der im Sterben liegt. Alle Jünger sind um ihn versammelt, und einer der Jünger fragt ihn nach seiner letzten Botschaft. Der Meister sagt lächelnd: «Hört ihr das Eichhörnchen, das auf dem Dach läuft?»[5] Die Jünger sind verwirrt, sie verstehen die Botschaft ihres Meisters nicht, aber für Bhagwan gibt es nur eine Interpretation: Der Meister lebte total im Augenblick, er genoß es, das Eichhörnchen auf dem Dach zu hören, er kümmerte sich nicht um seinen Tod oder die Frage des Jüngers nach seiner letzten Botschaft. Bhagwan stellt allerdings klar, daß so eine Reaktion nur möglich ist, wenn ein Mensch ungeheuer intensiv gelebt hat und die ungelebten Augenblicke seiner Vergangenheit ihn nicht überwältigen.

Für den heutigen Menschen ist diese Reaktion eher untypisch, Bhagwan glaubt, daß alte Menschen oft deshalb so unzufrieden sind, weil ihre ungelebte Vergangenheit ihnen Schmerzen bereitet: Sie spüren, daß sie etwas Wesentliches im Leben versäumt haben, das sie nie mehr nachholen können.

Die traditionelle hinduistische Vorstellung fordert Weltverzicht: Religiöse Menschen fliehen aus dem Getriebe der Welt in Klöster oder in die Höhlen des Himalajas, weil sie glauben, so Gott näher zu kommen. Bhagwan kritisiert diesen Gottesbegriff, der von einem Konflikt zwischen Gott und der Welt ausgeht. Er glaubt, daß die Welt durch Gott existiert, sonst könne es die Welt schon längst nicht mehr geben:

> «Die Welt atmet, sie lebt – und Leben ist Gott! Der Baum ist göttlich, weil er lebt, und der Fels ist göttlich, denn auch der Fels wächst auf seine Weise. Die gesamte Schöpfung ist voller Leben. Gott ist nicht gegen die Welt! Wie kann der Maler gegen sein eigenes Gemälde sein? Wie kann der Dichter gegen sein Gedicht sein? Wie kann der Musiker gegen seine Musik sein? Die Welt ist Gottes Gedicht, Gottes Gemälde, Gottes Musik. Sie ist sein Tanz.»[6]

Auf Grund dieser Einstellung kommt Bhagwan zu dem Schluß, daß Menschen mit einer asketischen religiösen Einstellung in der Verneinung leben, sie haben Angst vor dem Leben und sind jederzeit bereit zu sterben. Er kritisiert, daß in der Vergangenheit die falschen Leute geachtet wurden; wenn z. B. jemand fastete, wurde er dafür noch mit Achtung belohnt. Er glaubt, daß ein solcher Mensch gegen sich selbst Gewalt anwendet; ihn zu respektieren hieße, diese Gewalt zu respektieren, d. h. masochistische und selbstmörderische Instinkte zu unterstützen. Für ihn ist ein solcher Mensch anormal und geisteskrank, er braucht psychotherapeutische Hilfe.

Gegen diese Vorstellung von einem religiösen Menschen setzt er die eines natürlichen Menschen: *Nicht der Fastende, der seinen Körper quält, wird geachtet, sondern der kreative Mensch,* der Maler, der Tänzer, der Musiker. Sie sind für ihn die wirklich religiösen Menschen:

> «Der wahrhaft religiöse Mensch muß etwas zur Welt beitragen. Er muß sie ein kleines bißchen schöner machen, als er sie bei seiner Geburt vorgefunden hat. Er muß sie ein wenig freudiger machen, er muß ihr etwas mehr Aroma geben. Das wird sein Beitrag sein.»[7]

Der neue Mensch wird das Leben lieben. Seine religiöse Haltung zeigt sich an seiner Lebensfreude; er darf tanzen, lachen, singen und überschwenglich sein. Durch seine innere Haltung verwandelt er die gewöhnlichsten Dinge in etwas Religiöses; Arbeit wird für ihn zur Meditation, das ganze Leben wird für ihn zum Tempel.

Eine wesentliche Bedeutung bei der Geburt eines neuen Menschen liegt für Bhagwan in der Ost-West-Synthese:

> «Ich bringe Euch eine Synthese von Ost und West, von
> Wissenschaft und Religion, von Intellekt und Intuition, von
> männlich und weiblich, von Kopf und Herz, von rechts und
> links. Ich versuche jedenfalls auf allen erdenklichen Wegen
> eine große Harmonie herzustellen, denn nur eine solche
> Harmonie kann uns retten.» [8]

Er meint, daß der Osten zwar innerlich reich geworden sei, aber äußerlich arm; als Beispiel führt er Gandhis Kommune an. Menschen wie ihn macht er für die Armut in der Welt verantwortlich. Einmal – nach Gandhis Tod – besuchte er die kleine Kommune, die damals von Gandhis Sohn Ramdas geleitet wurde. Er empfand alles als traurig und armselig und fragte Ramdas, warum er die Leute so quäle:

> «Das hier ist reinster Masochismus, nichts anderes. Im
> Namen der Armut, im Namen der Einfachheit hast du diese
> Leute einfach völlig vom Leben abgeschnitten.» [9]

Bhagwan hält Reichtum für eine wichtige Qualität des Lebens. Befürworter der Armut und des einfachen Lebens hält er schlichtweg für dumm, da es ohne Reichtum keine entwickelte Kultur oder Gesellschaft geben könne; ohne Geld wäre das Leben sehr langweilig. Allerdings wendet er sich gegen eine Geld- und Besitzmanie; Geld und Besitz seien dazu da, benutzt und in Umlauf gebracht zu werden. Seine Kommune sollte deshalb die reichste Kommune werden, die es jemals auf der Erde gegeben hat. Viele Kommunen seien deshalb gescheitert, weil sie ein asketisches Ideal hatten und glaubten, daß Wohlstand etwas Schädliches sei.

Im Gegensatz zum Osten *sei der Westen nun zwar äußerlich reich, jedoch innerlich arm*; häufig wüßten westliche Menschen nicht, wozu das Leben überhaupt da sei. Sie sterben, ohne gelebt zu haben. Bhagwan schwebt eine Synthese beider Vorstellungen vor; nur wenn man im Inneren wie im Äußeren reich sei, könne man ein erfülltes Leben führen. Der Osten müsse mit Hilfe der westlichen Technologien materiell reicher werden, und der Westen brauche die religiöse «Technik» des Ostens, um innerlich reicher zu werden:

> «Ich möchte, daß die Menschheit in jeder erdenklichen
> Hinsicht reich wird. Reich an Wissenschaft, reich an
> Technologie, reich an Kunst, reich an Musik, reich an

Meditation, reich an Mystik. Das Leben muß in seiner ganzen Vielschichtigkeit gelebt werden, man muß sich Gott auf allen Wegen nähern.»[10]

Bhagwans Vorstellung von einer religiösen Kommune liegt die von ihm entwickelte sogenannte «Dritte Psychologie» oder auch «Psychologie der Buddhas» zugrunde. Die aus der Psychoanalyse entwickelten psychologischen Ansätze, die sich hauptsächlich mit psychischen Störungen beschäftigen, bezeichnet er als «Erste Psychologie». Als «Zweite Psychologie» sieht er die humanistische Psychologie an, die sich mit dem Wachstum und der Weiterentwicklung der integrierten Persönlichkeit beschäftigt.

In seiner projektierten «Dritten Psychologie» will er zwischenmenschliche Prozesse jenseits der Persönlichkeit erforschen. Das Ziel einer solchen transpersonalen Psychologie ist eine spirituelle Entwicklung, die zur Erleuchtung führen soll. Bhagwan geht dabei vom östlichen Gottesbegriff aus. Während der westliche Gottesbegriff sich auf den nach außen verlagerten einen Gott bezieht, gehen die östlichen Religionen (Buddhismus, Hinduismus) davon aus, daß jeder Mensch das Göttliche in sich trägt; je bewußter er lebt, um so stärker kann er es entfalten. Wenn er vollkommen bewußt lebt, gilt er als erleuchtet. Dieser Zustand beinhaltet das Einssein mit der Existenz; Bhagwan beschreibt ihn als andauernde Seligkeit oder auch als einen «permanenten kosmischen Orgasmus».[11]

Der Zustand der Erleuchtung ist ein höherer Bewußtseinszustand, der in der östlichen Religionsphilosophie als Tatsache hingenommen wird – in unserem westlichen Denken gibt es dafür kein Äquivalent. Man kann sich diesen Zustand wie ein plötzliches Bewußtwerden vorstellen, wie ein jähes Erkennen, daß das Selbst und die Schöpfung eins sind.

Der spirituelle Entwicklungsprozeß vollzieht sich nach Bhagwan durch De-Identifizierung mit Vergangenem und der Aufgabe von falschen und unrealisierbaren Zukunftshoffnungen. In Bhagwans Sicht sind Vergangenheit und Zukunft Projektionsfelder für Wünsche und Hoffnungen der durch das sogenannte «Ego» begrenzten Natur des Menschen. Unter dem Ego versteht er das Selbst, die Persönlichkeit, aber auch die Identität des Menschen, die von der Anpassung an die Gesellschaft geprägt ist. Bhagwan fordert die

Aufgabe des Ego; nur so könne der Mensch mit dem Kosmos eins werden und *die Spaltung in Subjekt und Objekt überwinden*. Er glaubt, daß die ganze westliche Erziehung auf die Stärkung des Ego abzielt. Dies führt zu einer grundlegenden Entfremdung des Menschen; er vergeudet seine Kraft in Wettstreit und Kampf, was wiederum Angst und Frustration nach sich zieht. Statt seinen eigenen Vorstellungen zu folgen, macht der Mensch das, was von ihm erwartet wird. Er spaltet sich in zwei Teile: Sein echtes Leben bleibt unterdrückt, statt dessen spielt er sich selbst und anderen etwas Unechtes vor: «Jeder ist etwas anderes, niemand ist das, was er sein könnte.»[12]

Der Mensch lebt fern von seinem wahren Selbst, abgetrennt von seiner Liebesfähigkeit und seinen körperlichen Bedürfnissen: Er ist von Repressionen und Vorurteilen der Gesellschaft geprägt, in familiäre und gesellschaftliche Rollen gezwängt und dadurch zur Unterdrückung seiner wahren Gefühle und Bedürfnisse gezwungen:

> «Genau deswegen ist die Welt zu einem Irrenhaus geworden. Es kann keine Liebe aufkommen. Wie kann in einer so gewalttätigen ehrgeizigen Welt, wo sich alle gegenseitig an die Gurgel springen, Liebe aufkommen? (...) Meine Sicht von Erziehung ist, daß das Leben nicht als ein Überlebenskampf genommen werden darf, das Leben muß als Fest verstanden werden. (...) – und Erziehung sollte euch darauf vorbereiten, ihr selbst zu sein.»[13]

Bhagwan schlägt vor, daß *der Mensch sich in seiner Ganzheit akzeptiert* und nicht Teile seines Wesens unterdrückt. Schlechtes Gewissen und Sünde sind von der Gesellschaft aufgezwungene Vorstellungen, die er überwinden muß. Er plädiert dafür, Gefühle wie Wut und Schmerz auszuleben, um sie dadurch zu transzendieren. Das gilt auch für die Sexualität; er glaubt, daß der Kampf des Menschen mit seiner Sexualität, die er als etwas Heiliges ansieht, aufgegeben werden muß:

> «Empfangt sie in Dankbarkeit und geht immer tiefer in sie hinein. Ihr werdet überrascht sein, daß die Sexualität eine solche Heiligkeit offenbaren kann. (...) Und je voller ihr die Sexualität mit offenem Herzen und offenem Geist annehmen könnt, desto freier werdet ihr davon sein. Aber je mehr ihr sie unterdrückt, um so mehr werdet ihr an sie gekettet sein.»[14]

Nach Bhagwan darf keine Dimension menschlicher Erfahrung aus dem Leben ausgeschaltet werden, am wenigsten die beiden Urkräfte Sexualität und Tod. Er meint, diese beiden grundlegenden Tabus der menschlichen Gesellschaft müßten gebrochen werden; erst dann könne der Mensch wirklich leben. «Ein Mensch lebt erst dann in der Wahrheit, wenn er fähig ist, Sex und Tod ohne jede Hemmung zu erleben.»[15]

Dennoch warnt Bhagwan seine Schüler vor einer zu großen Nachgiebigkeit den eigenen Wünschen gegenüber. Sein Konzept der Freiheit ist nicht grenzenlos, wie ihm seine Kritiker vorwerfen, da es eine grundlegende Einschränkung enthält. So fordert er: «Ich gebe euch vollkommene Freiheit, alles zu erfahren – mit der einen Bedingung: Tut nichts unbewußt, seid wachsam, paßt auf.»[16]

Wenn ein Mensch bewußt ist, kann er sich seiner Meinung nach nicht anders als verantwortlich verhalten. Bhagwan ist also nicht pauschal gegen Verantwortung, sondern er lehnt nur eine Verantwortlichkeit des Menschen anderen gegenüber ab. Die Verantwortung des Menschen für sich selbst und seine Entwicklung fordert er sogar; nur dadurch könne er frei werden.

Laut Bhagwan wird der westliche Mensch durch seine emotionalen Konflikte behindert – er kann deshalb keine Offenheit für seine religiösen Bedürfnisse entwickeln: Bevor er sich dem Spirituellen zuwenden kann, muß er mit seinen inneren Problemen fertig werden. Bhagwan entwickelte deshalb spezielle Therapie- und Meditationstechniken, die *den westlichen Menschen dabei unterstützen, seine verdrängten Gefühle auszuleben*. Er verschmolz dabei das gesamte Arsenal westlicher Gruppentherapieformen mit frei interpretierten buddhistischen und hinduistischen Techniken im Sinne seiner Gesamtkonzeption. Sein Ziel ist dabei, daß der Mensch seine unterdrückten Gefühle überwindet, sie transzendiert und letztlich zum unbeteiligten Beobachter wird. Dabei geht er davon aus, daß nur das, was erfahren wird, auch transzendiert werden kann:

> «Unterdrückung ist nicht der richtige Weg. Eine radikale
> Umwandlung wird durch Verstehen herbeigeführt, und
> Verstehen kommt aus der Erfahrung.»[17]

In der ersten Phase der Therapien und Meditationen werden oft Blockierungen angegangen; speziell die Meditationstechniken beginnen mit Körperübungen, um die vielen physischen Verspannungen und Blockierungen aufzuheben, die eine Öffnung – d. h. eine losgelöste Beobachtung – verhindern. Danach tritt der subtilere Teil der Meditationstechnik in Aktion; dann können die Energien frei auf der emotionalen und geistigen Ebene fließen; erst dann kann echte Meditation möglich werden. In diesem Zustand ist der urteilende Verstand ausgeschaltet. Der Mensch wird zum Zeugen, er beobachtet unbeteiligt und ohne Vorurteile:

> «Meditation ist ein einfacher Prozeß. Du mußt nur den
> richtigen Knopf kennen. Die Upanishaden* nennen ihn
> ‹Beobachten› – den richtigen Knopf. Beobachte nur, was in
> Deinem Kopf vor sich geht, mache sonst überhaupt nichts.
> Es muß nichts getan werden. Sei einfach nur Zeuge,
> Beobachter, der dem Hin und Her zuschaut – Gedanken
> ziehen vorbei, Wünsche, Erinnerungen, Träume, Phantasien.
> Bleib frei davon – beobachte sie, schau sie Dir an, ohne
> Verurteilung, ohne Verdammung. Sage nicht, ‹Das ist gut,
> das ist schlecht›. Bringe nicht Deine Moral mit hinein, sonst
> wirst Du nie fähig sein zu meditieren.» [18]

Im Prozeß der Bewußtwerdung während der Meditation löst sich die Identität zunehmend auf. Nach indischer Vorstellung (siehe Upanishaden) wird sich die erkennende Einzelseele (Atman) zunehmend ihrer Identität mit der Weltseele (Brahman) bewußt. Für den westlichen Menschen ist das eine fremde Vorstellung, denn ein entwickelter Mensch muß nach seiner Vorstellung eine starke Identität haben. Bhagwan wendet sich gegen diese Auffassung; bei den westlichen Therapieansätzen vermißt er die Transzendierung des Ego, seine Überschreitung in einen religiösen Bezug hinein. Er meint, daß die ganze westliche Psychologie den Zustand des Nicht-Ego nicht erreicht habe, sie denke immer noch in den Begriffen des Ego, wie man es stärkt, verwurzelt und integriert. Der Osten dagegen halte das Ego selbst für die Krankheit:

> «Der ganze Geistesapparat ist die Krankheit. Es geht nicht um
> die Anpassung an die Gesellschaft, sondern um die Anpassung
> an die Existenz selbst. Für den Suchenden ist seine Auflösung

---

* Die Upanishaden stellen eine Gattung altindischer theologisch-philosophischer Texte dar. Sie enthalten die frühesten philosophischen Betrachtungen der Inder.

– das heißt die Verflüchtigung dieser falschen individuellen Getrenntheit – das einzige Ziel.»[19]

Bhagwan geht davon aus, daß ein Mensch, der eine meditative Lebenshaltung hat, äußerst sensibel ist; für ihn werden auch die trivialsten Dinge des Lebens spirituell. Die Meditation hilft ihm dabei, das Leben so zu akzeptieren, wie es ist, was automatisch ein Verschwinden der Wünsche nach sich zieht. Sobald es nun keine Wünsche mehr gibt, stellt sich ein Zustand grundloser Freude ein. Wenn ein Mensch dagegen weiter Wünsche hat, will er immer mehr; er kann nie genug kriegen und ist unzufrieden. Wenn ein Mensch aber keine Wünsche hat, wird er äußerst sensibel, ist viel aufmerksamer, sieht mehr, hört mehr und liebt mehr. Die kleinsten Dinge machen ihm Freude. Bhagwan führt Beispiele an wie Holzhacken, Wasser vom Brunnen holen, die Hand eines Freundes halten, eine Kirschblüte sehen.

Ein spiritueller Mensch ist für ihn also kein Mensch, der außerhalb dieser Welt lebt. Er lebt genauso wie vorher, *lediglich seine innere Einstellung hat sich gewandelt.* Ein solcher Mensch kann sich selber akzeptieren, er ist authentisch und trägt keine Masken. Je mehr der Mensch sich und alles ihn Umgebende akzeptieren kann, desto stärker befindet er sich im Einklang mit dem Kosmos, und seine Aussicht, «erleuchtet» zu werden, nimmt zu. Nach Bhagwan ist die «Erleuchtung» die Endstufe in der Entwicklung eines jeden Menschen. Diese Entwicklung zieht sich über Millionen von Jahren hin, über eine große Anzahl von Reinkarnationen: Der Mensch wird immer wieder geboren und fängt in seiner Entwicklung dort wieder an, wo er im vorigen Leben stehengeblieben ist. Nach der Erleuchtung wird der Mensch nicht mehr wiedergeboren, sondern geht im kosmischen Bewußtsein auf, d. h., er existiert nun auf einer geistigen Ebene weiter.

Bhagwan glaubt auch an Karma★ und meint, daß er vor sieben Jahrhunderten ein großer tibetischer Meister gewesen war, der nun wieder seine damaligen Jünger um sich versammelt, um sein Werk zu vollenden.

★ Karma bedeutet im Buddhismus, daß die Lebenssituation eines Menschen von seinem Verhalten in früheren Leben bestimmt ist.

Im Zusammenhang mit der Erleuchtung spielt der Tod eine besondere Rolle. Bhagwan glaubt, daß ein Mensch, der bewußt und in einem meditativen Zustand ins Jenseits einkehrt, mit seinem Tod erleuchtet werden kann. Deshalb fordert er von seinen Schülern, so bewußt zu leben, daß sie selbst noch im Tod wach bleiben:

> «... dann werdet ihr selbst den Tod in Meditation erfahren, dann bleibt ihr wach, während der Tod eintritt. Das Licht der Bewußtheit sollte am Brennen bleiben, während man vom Körper befreit wird. Wer immer bewußt zu sterben vermag, der braucht nie wiedergeboren zu werden oder zu sterben. Dann erreichst Du das Ewige.»[20]

Der Tod nimmt in Bhagwans Vorstellungen einen sehr wichtigen Raum ein. Er kritisiert, daß die westliche Einstellung zum Tod bis heute bei einer negativen Hinnahme stehengeblieben ist; er wird nur mit Angst und Widerwillen betrachtet, als etwas vom Leben Abgetrenntes. Die westlichen Menschen möchten den Tod am liebsten verdrängen und ewig leben. Im Osten dagegen möchten die Menschen so gründlich sterben, daß sie nicht mehr wiedergeboren werden. Er hält beide Einstellungen für unrealistisch, da sie den Menschen aus dem Gleichgewicht bringen. Für ihn ist der Tod vielmehr ein fundamentaler Teil des Lebens:

> «Denn er ist Teil der Existenz. Die Existenz hat Dich geboren. Die Existenz bemuttert Dich. Und wenn Du stirbst, dann gehst Du nur einfach zurück zu Deiner ursprünglichen Quelle...»[21]

Auf Grund dieser Einstellung zum Tod fordert Bhagwan auch von seinen Sannyasins, daß sie beim Tod eines anderen Sannyasins keine Trauerfeier veranstalten, sondern ein Fest daraus machen, mit Tanz und Gesang. Jeder Tod könne eine Gelegenheit für einen Sannyasin sein, richtig leben und richtig sterben zu lernen, denn das Verstehen des Todes führe ihn mitten ins Leben hinein.

In der östlichen Vorstellung *braucht ein religiös Suchender einen erleuchteten Meister*, der ihm hilft, den richtigen Weg zu gehen. Bhagwan selber hatte keinen Meister, vielleicht ist seine Haltung dazu deshalb so widersprüchlich. Einerseits kritisiert er, wenn jemand die Verantwortung für sein Leben abgeben will, und erklärt, daß jeder für sich selbst allein verantwortlich sei. Er meint, viele Menschen suchten ihr Heil in Gurus, damit sie nicht zu ihrer eigenen

Entwicklung stehen müßten. Andererseits behauptet er, daß die spirituelle Entwicklung viel einfacher mit der Unterstützung eines Meisters gelänge:

> «Solange Deine Hände nicht in den Händen eines Menschen ruhen, dem Du vertrauen kannst, dem Du Dich hingeben kannst, mußt Du zwangsläufig in die Irre gehen. Der Meister ist eine so magnetische Kraft, daß Dir Deine bloße Hingabe an den Meister zum Schutz wird.»[22]

Um Bhagwans Hilfe als Meister annehmen zu können, muß ein Sannyasin also volles Vertrauen zu ihm haben und ohne Vorbehalte alles akzeptieren, was von ihm kommt. Diese von Bhagwan geforderte «Hingabe» (surrender) entspricht dem Bhakti-Yoga, dem Yoga-Weg der Hingabe. In der östlichen Vorstellung bedeutet Hingabe nicht blinde Unterwerfung. Bhagwan meint, daß der Westen eine völlig falsche Vorstellung von dem Begriff «surrender» hätte. Es bedeute nicht, daß man von jemandem beherrscht würde, das Wort würde völlig falsch interpretiert, fast politisch:

> «Die Nazis haben sich hingegeben, sich unterworfen. So wurde das Wort mit Politik in Verbindung gebracht. Derjenige, der sich hingibt, ist der Unterlegene. Im Orient dagegen wird Selbstaufgabe, Hingabe als eine Technik benutzt, und man gibt sich nur einem Menschen hin, der kein Ego mehr hat, so daß niemand mehr da ist, der einen beherrschen kann.»[23]

Selbstaufgabe in diesem Sinn bedeutet also kein Aussteigen aus der Selbstverantwortlichkeit, sondern bezeichnet das Aufgeben alter Vorstellungen und Werte. Nach Meinung Bhagwans ist es die Vergangenheit, die «hingegeben» werden muß. Wenn ein Sannyasin durch ihn der Erleuchtung nähergekommen sei, würde er ihn nicht mehr als Meister brauchen und könne die Mala ablegen. Die Basis des Meister-Schüler-Verhältnisses ist also Vertrauen; im Osten hat diese Vorstellung eine gute Tradition, während sie dem westlichen Menschen eher fragwürdig erscheint. Der Grundgedanke ist, daß der Meister klarer erkennt als der Schüler, welche Schritte dieser unternehmen muß, um sich aus den Verstrickungen seiner Psyche zu befreien.

Rajneeshismus als neue Religion
Anfang und Ende

Seit dem Umzug der Kommune in den Westen gab es eine gravierende Veränderung innerhalb der Bewegung durch das Aufstellen einer offiziellen Lehrmeinung und die Etablierung des Rajneeshismus als Religion. Offiziell wurde die neue Religion in Berlin im November 1981 proklamiert. Eine führende Sannyasin – Ma Prem Arup – erklärte bei der Eröffnungsveranstaltung des ‹Orange Connection Festivals› im Internationalen Congreß Centrum in Berlin, daß eine neue Religion mit dem Namen Rajneeshismus geboren sei.

In seinen Morgenvorträgen in Poona hatte Bhagwan immer wieder die Starrheit und Unlebendigkeit von Religionen angeprangert:

«Alle Religionen sind gegen Gott, weil alle Religionen Ideologien, Ideale hervorgebracht haben. Kein Ideal und keine Ideologie ist nötig, man sollte ein einfaches, gewöhnliches Leben führen.»[24]

An anderer Stelle sagt er, daß jede Religion tot sei, es gäbe nur lebendige Religiosität. Die Institutionalisierung bringe es mit sich, daß Dogmen aufgestellt würden und daß Religiosität verwaltet werde – damit entstünde Religion.

Nach diesen Aussagen erstaunte es, daß Bhagwan eine Religionsgemeinschaft mit Regeln, festgelegten Riten und einer hierarchischen Struktur installierte. Wie erklärte die Bhagwanbewegung diesen Wandel? In der Broschüre «Rajneeshismus. Bhagwan Shree Rajneesh und seine Religion» wurde argumentiert, daß die Meister in der Vergangenheit keine Religion errichtet hätten, und wohlmeinende, aber unerleuchtete Jünger hätten dann feste Dogmen aus ihren Lehren gemacht, die die Botschaft des Lehrers verfälscht hätten. Aus diesen Gründen hätte sich Bhagwan zu folgendem Vorgehen entschlossen:

«Aus Einsicht in die Unvermeidbarkeit solcher Prozesse gibt Bhagwan Shree Rajneesh denjenigen Jüngern seine spirituelle Anleitung, die jetzt eine Religion schaffen – eine Religion, die seine Lehren schon zu Lebzeiten unverfälscht widerspiegeln wird.»[25]

Ein weiterer Grund wurde uns von Sannyasins genannt: Dies sei *eine Anpassung an die heutige westliche Gesellschaft, die solche Normen brauche.* Nach Klosinski* dürfte der Hintergrund dieser Wende sein, daß eine Bewegung, die sich als neue Religion versteht, auch einen gewissen Schutz- und Rechtsanspruch genießt, da die Religionsfreiheit in den westlichen Demokratien grundrechtlich verankert ist.

Zentrum der Lehre war Bhagwan:

«Das Herz des Rajneeshismus ist Bhagwan Shree Rajneesh,
der durch sein Dasein und durch seine Lehre über 350000
Jünger in aller Welt inspiriert.»[26]

In der spirituellen Anleitung sollten keine persönlichen Daten von Bhagwan stehen, da es für ihn unerheblich sei, wann und wo seine Geburt, seine Erleuchtung etc. stattgefunden hätten. Für ihn sei eine solche Form der Orientierung unbedeutend und kindisch, da er keine Person mehr sei, sondern nur noch reine Präsenz – verschmolzen mit allem, was um ihn herum existiere. Der einzige Weg, seine Religion einzuschätzen, läge in der Art und Weise, wie seine Sannyasins in seiner Umgebung und in aller Welt leben würden – seine Sannyasins wären seine Biographie. Um so erstaunlicher ist, daß sich drei von vier verbindlichen Feiertagen unmittelbar auf Bhagwans persönliche Daten bezogen:

21. März: Erleuchtungstag von Bhagwan.
6. Juni: Tag des Meisters – Teil des sechstägigen alljährlichen Weltfestivals in Rajneeshpuram und eine Gelegenheit für alle Jünger, das Dasein ihres Meisters zu feiern.
8. September: Mahaparinirvana-Tag – Feier für alle Sannyasins, die ihren Körper verlassen haben, und für alle, die ihren Körper noch verlassen werden. An diesem Tag starb Bhagwans Vater 1979 – angeblich erleuchtet.
11. Dezember: Bhagwans Geburtstag.

---

* Gunther Klosinski, Psychotherapeut und Oberarzt an der Abteilung für Kinder- und Jugendpsychiatrie der Universität in Tübingen veröffentlichte 1985 das Buch: Warum Bhagwan?

Die Organisation der Rajneesh-Religion unterstand der Leitung der Akademie des Rajneeshismus in Oregon. Es gab auch Priester, die je nach ihrer jeweiligen individuellen Energie drei verschiedenen Kategorien zugeordnet wurden.

In dem Buch «Rajneeshismus» wurde der Versuch unternommen, die widersprüchlichen Aussagen von Bhagwan zu filtern und zu einer einheitlichen Lehre umzumodeln. So sei der Rajneeshismus die einzige Religion, die auch in der Zukunft überleben würde, ja, der Rajneeshismus sei die einzige, die erste Religion in der Geschichte der Welt; alle anderen Religionen seien nur verfrühte Experimente, die gescheitert wären. Im Gegensatz zu anderen Religionen, die immer nur Teilaspekte der Wahrheit wahrgenommen hätten, sei die Wahrheit der Vorstellungen des Rajneeshismus absolut:

> «Ich bin alle Wege gegangen und habe die Wahrheit durch alle Fenster gesehen. Das, was ich heute sage, wird immer gültig bleiben, weil ihm nichts mehr hinzugefügt werden kann.»[27]

Dieser hier von Bhagwan vertretene Absolutheitsanspruch steht in Widerspruch zu seinen früheren Aussagen, die gerade vor dem Festhalten an überlebten Vorstellungen warnten und dafür plädierten, jeweils aus dem Moment heraus zu leben.

Auch eine andere Aussage Bhagwans wurde im Buch des Rajneeshismus zurückgenommen: Hatte er sich früher gegen die Institution der Ehe ausgesprochen, so wurde sie jetzt wieder eingeführt. Allerdings, so wurde eingeschränkt, setze die Ehe eine große Bewußtheit voraus und sei Ausdruck einer tiefen und liebevollen Vereinigung zwischen Mann und Frau. Mann und Frau sollten sich zwar verbinden und ihr Glück teilen, dabei aber unabhängig bleiben. Ihre Entscheidung zur Ehe sollte aus Liebe und aus dem Augenblick kommen; ein Versprechen für die Zukunft könne es nicht geben.

Trotz der Befürwortung der Ehe lehnte der Rajneeshismus weiter die Institution der Familie ab und sprach sich für die Kommune, d. h. eine lose Großfamilie, aus. Die Kinder fühlten sich nicht nur den Eltern zugehörig, so hätten sie Gelegenheit, sich in der Gemeinschaft mit vielen verschiedenen Menschen zu entwickeln, und würden nicht auf die Lebensweise ihrer Eltern fixiert sein. Es gab keinen persönlichen Besitz, auch nicht zwischen Mann und Frau: Sie lebten zusammen, weil sie es im Augenblick wollten. Wenn sie sich nicht mehr liebten, würden sie voll Dankbarkeit und Freundschaft auseinandergehen und sich jemand anderen suchen. In der Familienkonstellation der Vergangenheit hätten sich durch die Kinder Probleme ergeben, aber in einer Kommune wäre das Problem nicht existent, da die Kinder allen gehörten.

Im Rajneeshismus wurde die Gemeinschaft der Menschen nicht durch Familie, Rasse, Nation etc. strukturiert, sondern sie stellte ein Zusammenleben vieler unabhängiger Individuen dar.

Angesichts der heutigen Situation der Erde – Überbevölkerung, drohende atomare Zerstörung – erklärte der Rajneeshismus, zum jetzigen Zeitpunkt sei der beste Schutz des Lebens, keine Kinder in die Welt zu setzen; Abtreibung sei keine Sünde, sondern eine Tugend. Der Welt sei nicht damit geholfen, daß weiterhin wahllos Leben produziert würde, sondern damit, daß die Weltbevölkerung reduziert würde.

Ende Oktober 1984 brach Bhagwan sein dreijähriges Schweigen in der Öffentlichkeit und begann – wie in der Poona-Zeit – jeden Abend Vorträge zu halten. Diese wurden «The Rajneesh Bible» genannt; warum, erklärte Bhagwan in der für ihn typischen doppeldeutigen Art:

> «Sie heißen ‹Die Bibel›, nur um der ganzen Welt klarzumachen, daß Bibel einfach das Buch heißt, es heißt nicht das heilige Buch... Es ist wirklich nur das Buch, und ich will, daß der ganzen Welt klar ist, daß ‹Bibel› nichts mit Heiligkeit zu tun hat.»[28]

Unklar bleibt hier, warum er dann seine Vorträge nicht einfach «Das Buch» genannt hat.

Anfang Oktober 1985, zwei Wochen nachdem Bhagwans persönliche Sekretärin, Ma Anand Sheela, Rajneeshpuram verlassen hatte, *hob Bhagwan seine eigene Religion wieder auf.* Er distanzierte sich nachdrücklich von dem Buch des «Rajneeshismus», für das er alleine Sheela verantwortlich machte, und kehrte zu seinen alten Lehren zurück.

4. Von der kleinen Gruppe religiös Suchender in Bombay zur Großkommune in Oregon

Aufbauzeit der Sannyas-Bewegung in Bombay

Die Arbeit der Bewegung «Neo-Sannyas-International» (NSI) knüpfte an die Vorstellungen des «Life-Awaking-Movement» (LAM) an, einer unorthodoxen spirituellen Gruppe, die sich in Bombay während der 60er Jahre gebildet hatte. Sie galt als Forum kritischer junger Intellektueller; auch Bhagwan hatte ihr einige Zeit angehört. Einige reiche und traditionskritische Familien förderten diese Bewegung, weil sie hofften, «daß die jungen rebellischen Intellektuellen an der rückständigen sozialen und religiösen Verfassung Indiens rütteln würden»[1].

Nachdem sich Bhagwan von der Gruppe LAM gelöst und sich voll der Bewegung NSI zugewandt hatte, änderte sich seine Arbeitsweise. Während er früher häufig auf Reisen ging, Vorträge hielt und an Diskussionen teilnahm, konzentrierte er sich jetzt stärker auf die Arbeit mit seinen Sannyasins. In zunehmendem Maße wurde er zum Ansprechpartner für einzelne Suchende, und der Kontakt zu westlichen Suchenden verstärkte sich. Er versammelte seine Jünger in kleinen Gruppen um sich, ging also nicht mehr auf die Menschen zu, sondern empfing Interessierte, die von ihm lernen wollten.

Am 1. Juli 1970 bezog er seine Wohnung in Bombay, in der er auch Veranstaltungen durchführen konnte. Mittlerweile nahmen ungefähr 50 Leute an seinen allabendlichen Vorträgen über religiöse Fragen teil. Im Anschluß an jeden Vortrag ging er auf Fragen ein, und so kam ein intensiver Dialog zustande. Während dieser Zeit hatten seine Schüler einen sehr persönlichen Kontakt zu ihm.

Allmählich aber kamen immer mehr Suchende, vor allen Dingen aus den westlichen Ländern, zu ihm, so daß die tägliche Arbeit aufgeteilt werden mußte. Seine erste Sannyasin, Ma Yoga Laxmi, war für die organisatorischen Fragen zuständig, während Swami Yoga Chinmaya für die Yoga- und Meditationsgruppen verantwortlich war. Beide ernannte er zu Assistenten.

Mittlerweile ließen sich einige Anhänger aus dem Westen initiieren und erzählten nach ihrer Rückkehr in ihre Heimatländer von ganz ungewöhnlichen Erfahrungen. Viele meinten, in Bhagwan einen lebendigen Christus erkannt zu haben. Einige Jünger gingen in den Westen zurück, um ihre persönlichen Angelegenheiten zu klären, und bereiteten sich darauf vor, in Bhagwans Sinne weiterzuarbeiten. Sie gründeten später auch im Westen Meditations- und Therapiezentren auf der Basis seiner geistigen Lehre.

Bhagwan kümmerte sich jetzt ausschließlich um seine Jünger. Im Mai 1971 bat er seinen Assistenten Chimmaya darum, ihm einen neuen Namen zu geben, da seine Arbeit in die Tiefe gegangen sei und eine neue Dimension bekommen habe. Der Name sollte für Qualitäten wie Liebe und Hingabe stehen. Sein Assistent schlug ihm einige Namen vor, aus denen er sich den Namen «Bhagwan» auswählte. Bhagwans Hauptinteresse bestand jetzt nicht mehr darin, den Intellekt vieler Menschen anzusprechen, wie er es vorher als Acharya-Lehrer-Rajneesh getan hatte, sondern er wollte als Bhagwan Shree Rajneesh auf einer gefühlsmäßigen Ebene «von Herz zu Herz»[2] mit denen kommunizieren, die ihn liebten.

In Bombay hatte Bhagwan begonnen, alle möglichen Methoden, Ansätze und Techniken zu entwickeln, die eine Umwandlung im Leben seiner Anhänger bewirken sollten. Eines der früheren Experimente war die Gemeinschaft Keilash, eine Farm im westlichen Indien mit 35 männlichen und weiblichen Mitgliedern, die im Auftrag von Bhagwan dort Selbstaufgabe und Hingabe lernen sollten. Hier in der Einsamkeit, fernab von der nächsten Stadt wohnten sie in kleinen Hütten auf den Feldern und mußten unter schwierigen Bedingungen arbeiten und miteinander auskommen. Sie hatten sich vorher nicht gekannt und kamen aus verschiedenen Ländern und den unterschiedlichsten Milieus. Die meisten kannten nur ein unabhängiges Leben im Überfluß.

Der Begriff Selbstaufgabe (surrender) wird im Westen allzu leicht mißverstanden. Er bedeutet nicht, sich einem Tyrannen auszuliefern und seine Selbstverantwortung abzugeben, sondern das Ego-Verhaftetsein an Besitz, Menschen und Lebensbedingungen sehr bewußt zurückzustellen und aufzugeben, um Freude und inneres Freisein zu erfahren (siehe auch Seite 56).

Das Experiment Kailash war eine Art Vorläufer für die Kommune in Poona. Kailash bestand 10 Monate lang, bis zum August 1974. Als Bhagwan nach Poona zog, verließen die Kommunemitglieder allmählich Kailash und folgten ihm.

Der Ashram in Poona

Bhagwans Wohnung in Bombay konnte die Vielzahl der Anhänger nicht mehr aufnehmen. So suchte und fand Ma Yoga Laxmi 120 km südlich von Bombay ein geeignetes Grundstück von 6 Hektar Land – in einem Villenviertel von Poona auf einer Hochebene –, um einen großen Ashram aufzubauen. Freunde von Bhagwan gründeten eine Treuhandgesellschaft, die Rajneesh Foundation (RF), und kauften dieses Grundstück. So zog Bhagwan am 21. März 1974 mit sieben Jüngern nach Poona, um einen neuen Abschnitt in seiner Arbeit zu beginnen. Das neue Anwesen wurde Shree Rajneesh Ashram genannt.

Der Ashram in Poona bestand aus mehreren umgebauten Villen im britischen Kolonialstil. Zusätzlich errichtete die Foundation noch Häuser in Leichtbauweise oder aus Bambus. Das Hauptgebäude war das «Krishna-House»; es enthielt das Wohnhaus für die Ashramiten, den Sitz des Hauptbüros, die Ashramverwaltung und -geschäftsführung, die Telefonzentrale und die Besucherrezeption. In verschiedenen Anbauten waren außerdem die Küche und das Restaurant für Besucher, Tonstudios, eine Versandabteilung, Post- und Bankschalter, das Gruppenbuchungsbüro, eine Zahnarztpraxis, eine Erste-Hilfe-Station und Teile des Pressebüros untergebracht. Im Keller fanden in besonders eingerichteten Räumen Gruppen- und Einzeltherapien statt, auf dem Flachdach tagten Großgruppen bis zu 200 Teilnehmern.

Bald aber waren die Häuser des Ashrams auch wieder zu klein, so daß die Ashramiten z. T. zu dritt oder zu viert in kleinen Räumen leben mußten, z. T. auch auf Dächern, in Zelten und in Anbauten, die am Tag anderweitig genutzt wurden. Ein wichtiges Gebäude war die Buddhahalle, in der Bhagwans Lectures, die Gruppenmeditationen, offene Großgruppen und verschiedene andere Aktivitäten wie z. B. Hatha Yoga-Sitzungen stattfanden. Später wurden auch rund um diese Halle Unterkünfte gebaut.

Im Laufe der Zeit wurden vier weitere Häuser angemietet, in denen Gruppentherapieeinrichtungen, ein Gesundheitszentrum, ein Restaurant, eine Bäckerei, eine Spezial-Seifen-Produktionswerkstätte, eine Tischlerei und ein Kinderwohnhaus eingerichtet wurden. Später kam noch eine freie Schule, die «No-School School» hinzu.

Obwohl der Ashram übervoll belegt war, wirkte er sehr ansprechend und einladend, was sicher stark an den vielen Gärten mit ihren hohen Bäumen und ihren üppig wuchernden Pflanzen lag. Die gesamte Anlage war sauber und gepflegt; man sah ständig Sannyasins, die putzten und Blumen und Rasen pflegten. Zum äußeren Bild des Ashrams gehörte auch, daß in allen Räumen – auch in den Toiletten – Fotos von Bhagwan hingen, was ein starkes Gefühl seiner ständigen Präsenz vermittelte. Bhagwan selbst lebte inmitten eines Areals in zwei vollklimatisierten Marmorräumen; in seiner unmittelbaren Umgebung wohnten seine engsten Jünger. Sein Garten durfte nur mit besonderer Genehmigung betreten werden.

Das Hauptbüro war die übergeordnete Entscheidungszentrale für die gesamte Ashram-Organisation. Ma Yoga Laxmi trug die Verantwortung für die Geschäftsführung des Ashrams und die RF. Sie arbeitete mit einer indischen Assistentin für indische Fragen und einer Holländerin zusammen. Sämtliche Arbeiten im Ashram wurden von Abteilungen – Departments – arbeitsteilig ausgeführt. Innerhalb dieser Gruppen hatten fast ausschließlich Frauen die leitenden Stellungen inne. In den Departments setzte sich die Hierarchie konsequent fort. Die Arbeitsgruppenleiterin bestimmte, was wo zu tun war. Jeder einzelne Ashramarbeiter war für eine bestimmte Arbeitsaufgabe verantwortlich. Für alle internen Konflikte war Bhagwan die letzte Entscheidungsinstanz, was jedoch wenig überprüfbar war. Das behauptet jedenfalls Klaus-Peter Horn, ein Sannyasin und interner Kenner der Bewegung, der einen guten Zugang zu den Vorgängen im Ashram hatte.*

* Horn lebte monatelang in Poona und veröffentlichte danach eine Dissertation über die Vorgänge im Ashram.

Die Arbeit im Ashram wurde als Arbeitsmeditation verstanden, d. h. als Arbeit an sich selber; deshalb verrichteten die Sannyasins ihre Arbeit freiwillig und gratis. Jedoch wurden sie vom Ashram sowohl materiell als auch immateriell entlohnt:

Vom ersten Arbeitstag an waren Frühstück und Tee frei, nach 4 Wochen bekamen sie einen Lecturepaß, der zur kostenlosen Teilnahme an Bhagwans Discourses, an den Meditationen und offenen Gruppen in der Buddhahalle berechtigte, nach 3 Monaten gab es eine – einmalige – kostenlose Benutzung der Sauna, dazu zusätzlich einen kostenlosen Haarschnitt. Außerdem bekamen sie alle 8 Wochen einen vorderen Sitzplatz im Discourse und im Darshan. Nach einem Jahr, in Einzelfällen auch eher, bekamen die Ashramarbeiter einen Essenspaß, mit dem sie in der Ashramkantine zu Mittag und Abend essen durften. In der Regel erhielten sie dann auch einen Schlafplatz im Ashram oder in einem angemieteten Haus. Bis dahin hatten sie meist in einfachsten Verhältnissen außerhalb in Bambushütten unter unhygienischen Lebensbedingungen gelebt und wurden deshalb häufig krank. Hepatitis und Darminfektionen waren an der Tagesordnung.

In der Regel arbeiteten die Sannyasins bis zu 12 Stunden täglich. Wer dabei nachlässig und lustlos war, wurde von seinem unmittelbaren Vorgesetzten angesprochen und konnte vom zuständigen Gruppenleiter entlassen werden.

Im Ashram wurde für westliche Vorstellungen unökonomisch gearbeitet, denn es ging dort in erster Linie nicht um den wirtschaftlichen Profit. Die Haupteinnahmequelle der RF waren die im Ashram angebotenen Therapien, die Eintrittsgelder für den Discourse, der Verkauf von Büchern, Kassetten, Fotos und kunsthandwerklichen Produkten. Dazu gab es die Einnahmen der Restaurants, der Boutique und von Dienstleistungen aus der Arztpraxis, der Bank und der Post; hinzu kamen hohe Spenden. Fast alle Arbeiten wurden von Arbeitern des Ashrams verrichtet. Es ist anzunehmen, daß die RF im Laufe der Zeit über ein beachtliches Gesamtvermögen verfügte, da der Bau eines geplanten neuen Ashrams für 10000 Einwohner angeblich finanziell gesichert war. Steuern und Abgaben an indische Behörden fielen nach Aussagen Joshis nicht an.

Die entspannte Atmosphäre beeindruckte die meisten Besucher, die aus dem hektischen, streßgeplagten Westen nach Poona kamen.

Das Leben floß geruhsam vor sich hin, und der Umgang miteinander war sehr offen und zärtlich. Man sah oft Menschen, die sich lange wortlos umarmten. Diese offensichtliche Harmonie wirkte auf viele Besucher deshalb so anziehend, weil sie nichts Gekünsteltes an sich hatte.[3]

Ein typischer Tag im Ashram begann morgens um 6.00 Uhr mit der Dynamischen Meditation – auch «chaotische Meditation» genannt. Es ist eine Methode, die dazu bestimmt ist, die Menschen von angestauten Frustrationen und Aggressionen zu befreien und den Körper bioenergetisch zu beleben, damit meditative Erfahrungen möglich werden können. Darauf folgte der tägliche Vortrag Bhagwans. Er dauerte jeweils etwa 90 Minuten und fand monatlich alternierend entweder in Hindi oder in Englisch statt.

In diesen von ihm meist frei gehaltenen Vorträgen bezog er sich entweder auf eine religiöse Vorlage oder auf Fragen von Schülern und Besuchern. Sein Vortragsstil wirkte auf westliche Zuhörer anfangs fremdartig: Er begleitete seine Worte mit einem starken mimischen Ausdruck, oft machte er Pausen, schaute herum oder blickte einen einzelnen Menschen an. Er schien die Fähigkeit zu haben, sich schnell auf eine Situation einstellen zu können; dabei trat er in eine direkte Kommunikation mit den Zuhörern ein, d. h., er kommunizierte auch auf einer nonverbalen Ebene mit ihnen. Bei schläfriger Stimmung des Auditoriums steigerte er manchmal seine Stimme, machte Witze oder wechselte das Thema. Obwohl er täglich sein intellektuelles Wissen weitergab, sollte seine Lecture eigentlich dazu dienen, Dimensionen zu offenbaren, die jenseits von Worten lagen. Das Eigentliche sollte im Schweigen, in den Pausen geschehen. Bhagwan formulierte es so: «Ich rede zu Euch nur, um Euch eine Erfahrung von Stille zu vermitteln.»[4]

Nach der Lecture gab es verschiedene Möglichkeiten, den Tag zu gestalten: Manche machten einen Gruppentanz mit – den Sufi-Dance –, andere nahmen an Einzel- oder Gruppentherapien teil, wieder andere genossen den einladenden Ashramgarten. Beliebt war es auch, in der Einkaufsstraße Poonas «shopping zu gehen», dort gab es viele kleine Läden, die sich auf den Geschmack der Besucher aus dem Westen eingestellt hatten. Abends gab es dann Darshan vor Bhagwans Haus, und man sang und tanzte miteinander. Jeden Monat wurde ein 10tägiges Meditationscamp veranstaltet, das fünf Gruppenmeditationen pro Tag einschloß und für Sannyasins und Besucher aus aller Welt gedacht war. In dieser Zeit fielen die Gruppenaktivitäten aus.

Tausende von westlichen Besuchern kamen nach Poona, darunter auch einige bekannte Gruppentherapeuten, die das spirituelle Element kennenlernen wollten. Der wohl bekannteste unter ihnen war Swami Anand Teertha, früher Paul Lowe, der Gründer von «Quaesitor», dem ersten und größten Wachstumszentrum in Europa. Ein anderer englischer Therapeut aus Oxford, Swami Anand Rajen, früher Alan Lowen, beschrieb die Bedeutung, die Bhagwan für ihn als Therapeut hatte:

> «Ein guter Therapeut hält immer Ausschau nach einem, der die menschliche Psyche besser versteht als er selbst. In diesem Sinne ist ein erleuchteter Meister wie Bhagwan der endgültige Therapeut. Indem ich Sannyasin werde und unter seiner Anleitung Therapie praktiziere, gestatte ich ihm, mich über die Grenzen meines bisherigen Verständnisses hinauszuführen.»[5]

Bhagwan betont, daß Therapie für den Menschen der Neuzeit ein Bedürfnis sei, um nach dieser Reinigung religiös werden zu können. Ziel seiner Arbeit in Poona war die Geburt eines neuen Menschen, und zwar auf dem Wege der Transformation des Bewußtseins. Das Schlüsselwort aller «poonascher» Therapie und Lebenshaltung war «awareness», d. h. Bewußtheit. Eine wichtige Bedingung dieser Bewußtseinsveränderung lag in der Schaffung eines meditativen Raumes. So wurde dem gesamten Alltagsleben eine transformierende Kraft zugeschrieben; keine Alltagshandlung sollte als Selbstzweck geschehen, sondern sollte als «Device», d. h. als Mittel zur Selbsterkenntnis genutzt werden. Die wichtigsten Devices waren Selbsterfahrungsgruppen, Meditationen, Arbeit und Beziehung. Für viele Sannyasins wurde die Liebesbeziehung weniger wichtig. Es gab zwar viele Liebesbeziehungen, aber sie hielten oft nicht lange. In Poona war die Lösung einer Beziehung leichter, weil hier viele Probleme entfielen, die normalerweise im Westen mit einer Trennung verbunden sind. Hinzu kam, daß die starke Beziehung zu Bhagwan für viele Sannyasins die Bedeutung ihrer Liebesbeziehung verringerte.

Das Therapieangebot im Ashram war sehr umfassend, sowohl an Grup pen- als auch an Einzeltherapien. Die meisten orientierten sich an den Konzepten und Methoden der humanistischen Psychologie; östliche Meditationsweisen wie Zazen, Vipassana und Tai Chi Chuan ergänzten die Therapien.[6] Es gab rund einhundert verschiedene Therapiegruppen in Poona, teilweise nahmen über 1000 Menschen daran teil – der Ashram wurde zum größten Zentrum für Gruppentherapie in aller Welt.

In der ersten Therapiephase beschäftigte man sich meist mit Blokkierungen, damit unterdrückte Gefühle wie Zorn, Eifersucht, Furcht und Lust ungehindert freiwerden konnten. Das ging z. B. in der sogenannten «Encounter»-Gruppe nicht ohne psychische und physische Gewalttätigkeiten ab. Nach einem Skandal um die deutsche Schauspielerin Eva Renzi, die in einer Encounter-Gruppe angeblich mißhandelt worden war und daraufhin fluchtartig den Ashram verlassen hatte, wurden physische Gewalttätigkeiten in allen Gruppen untersagt.

Entsprechend Bhagwans Vorstellung von der Bedeutung der Sexualität war sie in einigen Gruppen zentrales Thema, so z. B. in der sogenannten «Tantra»-Gruppe. In diesen Gruppen wurde Sexualität auch ausgelebt; die Kritiker übersahen dabei leicht, daß das Ziel solcher Methoden die Integration bzw. sogar Transzendierung sexueller Bedürfnisse war. Die letzte Phase war rein meditativer Art; oft saßen die Teilnehmer ruhig zusammen und meditierten in der buddhistischen Vipassana- oder Zen-Tradition. Die Berichte vieler Zeitungen, das Leben und Treiben in Poona sei eine einzige sexuelle Orgie gewesen, sind auf jeden Fall nicht zutreffend. *Die Atmosphäre in Poona war nicht sexuell aufgeheizt, sondern sehr ruhig, meditativ und liebevoll.* Man konnte spüren, daß hier Menschen lebten, die mit ihrem inneren Wachstum beschäftigt waren.

In manchen Gruppentherapien wurden östliche Meditationsformen mit westlichen Therapieformen verknüpft. So verband z. B. die Gruppe «Enlightment-Intensive» stark strukturierte Kommunikationssituationen mit der Meditation über die Frage «Wer bin ich?». In dieser Therapiegruppe wurde die Selbsterkenntnis der Teilnehmer drei Tage lang intensiv gefördert. Dazu ein Auszug aus dem Erfahrungsbericht eines Teilnehmers:

«‹Wer bin ich?› Das ist die Frage, die in einer der

Einstiegsgruppen mit dem großen Namen ‹Enlightment-Intensive› drei Tage lang von morgens früh bis abends spät von immer neuen Partnern immer wieder gestellt und beantwortet wird. Schon hier wird den meisten am eigenen Leib deutlich, wie die sozialen Charakteristiken, Eigenschaften und Etiketten, aus denen sich unser Selbstbild zusammensetzt, für die soziale Umwelt sicherheitsspendend wirkt. Denn dadurch wird der einzelne eingeordnet und festgelegt und in seinem Verhalten voraussagbar, kein ‹Unsicherheitsfaktor› mehr. Und natürlich fühle ich mich mit meiner festen sozialen Selbst-Identität auch auf den ersten Blick sicher. Gleichzeitig wird den Gruppenmitgliedern aber auch deutlich, welchen Preis sie für diese soziale Sicherheit zu zahlen haben: Ihre Festschreibungen hindern sie daran, sich in jedem Augenblick neu zu erleben, neu zu sein, das eine zu sein und wenige Augenblicke später auch das Gegenteil, immer mehr aufzublühen, nicht nach der Logik des Verstandes, sondern nach der des Lebens mit allen Widersprüchlichkeiten, Spaß zu entwickeln, hinter die Fassaden zu schauen, sich selbst zu erforschen, ‹aha, das bin ich auch›, tiefer auf den Grund des eigenen Seins zu tauchen und zu merken, daß die Verunsicherung und Angst, die entsteht, wenn ich auch auf meine bekannte und deshalb liebgewonnene Außenhaut verzichte, ein Signal für erwachendes neugieriges Leben darunter ist. Ich, das unbekannte Wesen, keine sozial berechenbare Nummer.»[7]

In vielen Poona-Therapiegruppen spiegelte sich dieses Therapiekonzept, das auf Selbsterkenntnis beruhte, wider, so z. B. in den Gruppen: «Centering», «Insight», «Early-Life», «Inner Journey», «Awareness and Expression», «Contact Dance», «Energy», «Zazen», «Vipassana», «T'ai Chi», «Breath Awareness», «Breath Therapy», «Bioenergetic», «Encounter» und «Tantra».

Daneben bestand die Möglichkeit zu therapeutischer Einzelarbeit mit Hilfe verschiedener ganzheitlicher Methoden wie Akupunktur, Shiatsu, Rolfing-Alexander-Technik, Massage. Und natürlich war jeder eingeladen, bei den über den Tag verteilten einstündigen «Bhagwan-Meditationen» mitzumachen: «Dynamische Meditation», «Kundalini», «Nadabrahma», «Nataraj» u. a.

Während es in Bombay noch möglich gewesen war, Bhagwan zu jeder Tageszeit zu sehen, so zog er sich in Poona immer mehr zurück; selbst im Darshan begegnete er seinen Schülern nur noch auf der Ebene des «Energiekontaktes». Früher traf er sich jeden Abend zum Darshan mit einer kleinen Gruppe von Sannyasins und Nicht-Sannyasins, die aus allen Teilen der Welt kamen. Diese Darshans boten die Möglichkeit zu einer persönlichen Unterhaltung mit Bhagwan, der bei dieser Gelegenheit auch Sannyas gab und die Bedeutung der neuen Namen erklärte. Er plauderte mit Sannyasins auf eine freundliche und mitfühlende Art und Weise und half ihnen, wenn sie irgendwelche Probleme oder Fragen hatten. Bei den sogenannten «Energiedarshans» nun konnten die Sannyasins ihm jetzt nur noch brieflich Fragen stellen. Die Antworten wurden dann von Ma Yoga Laxmi übermittelt. Die Ankunfts- und Abschiedsdarshans wurden zu «Blessingdarshans», in denen Bhagwan die Sannyasins segnete, jedoch nicht mehr zu ihnen sprach. Dabei drückte er seinen Daumen oder Zeigefinger auf die Mitte der Stirn, das sogenannte «dritte Auge» – hier befindet sich nach spiritueller Ansicht der Sitz des höheren Bewußtseins –; der neue Sannyasin schloß die Augen, während er die Energie von Bhagwan empfing. Dies führte oft zu ekstatischen Ausbrüchen. Dabei tanzten andere Sannyasins im Halbkreis um den neuen Sannyasin herum, und die anderen Anwesenden bewegten sich wiegend zur Musik.

Durch den zunehmenden Besucherstrom war der Ashram so überfüllt, daß die Ashramführung sich gezwungen sah, zweihundert Hektar Land, 30 km von Poona entfernt, im Jadhavwadi-Tal zu kaufen. Am 11. Dezember 1979 wurde dort mit dem Aufbau einer Kommune begonnen. Es waren 49 verschiedene Abteilungen vorgesehen, darunter Therapieräume, Meditationshallen, eine Universität und ein Hotel. Die zukünftige Kommune sollte «Rajneeshdham» heißen.
In seinen Morgenvorträgen kritisierte Bhagwan sehr direkt verschiedene politische und religiöse Führer und machte sich dadurch viele Feinde. Während eines Morgenvortrags im Mai 1980 wurde sogar ein Attentat auf ihn verübt. Ein Mitglied einer extremistischen Hindu-Organisation in Poona hatte aus einiger Entfernung mit einem Messer nach ihm geworfen, traf ihn jedoch nicht. Nach

diesem Zwischenfall wurden die Sicherheitsmaßnahmen im und um den Ashram verstärkt.

Parallel zu Bhagwans Rückzug aus der Gemeinschaft verbreiteten die Sannyasins mehr und mehr seine Botschaft in anderen Ländern. Die größte Feier, die Sannyasins jemals außerhalb von Poona gefeiert hatten, fand in Londons angesehenem Café Royal statt, unter dem Namen «The March Event» – das März-Ereignis. Über tausend Menschen nahmen zwei Tage lang an Meditationen und Gruppentherapien teil, die von Poona-Gruppentherapeuten geleitet wurden. Da diese Initiative erfolgreich war, plante man ähnliche Selbsterfahrungswochenenden in anderen Großstädten Europas, den USA und Australien.

Wenige Tage nach dem «March Event», am 23. März 1981, gab Bhagwan seinen letzten Darshan. Einen Tag später hielt er seinen letzten Morgenvortrag. Danach fanden in der Buddhahalle wochenlang stille Musikmeditationen ohne Bhagwans Anwesenheit statt. Schon 1978 hatte Bhagwan prophezeit, bald mit seinen Jüngern nur noch durch Schweigen zu kommunizieren, doch die Sannyasins hofften trotzdem, daß er an dem bevorstehenden Meditationscamp teilnehmen würde. Bhagwan erschien jedoch nicht, sondern ließ durch Ma Anand Sheela bekanntgeben, daß er in die letzte und endgültige Phase seiner Arbeit eingetreten sei und nunmehr schweigen wolle. Ma Yoga Laxmi und Swami Anand Teertha wurden zu Medien seiner Arbeit erklärt; seitdem hielten sie die Darshans ab.

Erst ab Mai 1981 konnten die Sannyasins Bhagwan wieder täglich sehen, jedoch als «schweigenden Weisen». An Stelle der verbalen Kommunikation gab es nunmehr «Satsang», eine «stille Kommunion von Herz zu Herz»[8] mit meditativer Musik. Am Anfang und Ende des Satsangs sangen alle das Gebet: «Ich gehe zu den Füßen des Erwachten, ich gehe zu den Füßen der Gemeinschaft des Erwachten, ich gehe zu den Füßen der letzten Wahrheit des Erwachten.»

Die Auflösung des Ashrams
in Poona

Im Mai 1981 geriet der Ashram zunehmend in Schwierigkeiten. Drohende Briefe und Anrufe richteten sich gegen Bhagwan und einzelne Sannyasins. Am 27. Mai wurde ein Feuer in Rajneeshdham gelegt; am nächsten Tag steckte jemand ein Bücherlager der RF in der Nähe von Poona in Brand, und etwa um die gleiche Zeit explodierte eine Bombe im Gesundheitszentrum.

In dieser Zeit herrschte – laut «Spiegel» – im Ashram eine Art Untergangsstimmung; es kursierten alle möglichen Gerüchte über die Verlegung des Ashrams und eine Krankheit Bhagwans. Viele Sannyasins reisten ab.

Bhagwans ohnehin schwache körperliche Konstitution – er litt an allergischem Asthma und Diabetes – wurde durch ein Rückenleiden noch verschlimmert. Nach Angaben der Rajneesh Foundation verschlechterte sich sein Gesundheitszustand derartig, daß er sich einer Spezialbehandlung im Westen unterziehen mußte. Am 1. Juni 1981 hielt er mit seinen Schülern den letzten Satsang und flog noch am Nachmittag des gleichen Tages in die Vereinigten Staaten.

Nach Bhagwans überstürztem Abflug in die USA wurde der Ashram schnell und diszipliniert aufgelöst; täglich reisten weitere Mitglieder der Stammbesetzung ab. Die Sannyasins, die in den verschiedenen Abteilungen des Ashrams gearbeitet hatten, erfuhren, daß es für sie nichts mehr zu tun gäbe. Auch das Ashramorchester und die Therapiegruppen wurden aufgelöst; die Therapeuten wurden aufgefordert, Tourneen durch die vielen Meditationszentren in Europa und Nordamerika zu machen, die inzwischen gegründet worden waren. Die Sannyasins wurden gebeten, sich in alle Winde zu zerstreuen, Urlaub zu machen oder Geld zu verdienen und in ihren Heimatländern einige Monate geduldig abzuwarten, bis eine neue Stätte für den Ashram gefunden worden sei. Im Ashram kursierte das Gerücht, daß Bhagwan nach seiner Genesung in einen neuen Ashram in der Nähe von Simla im Vorgebirge des Himalaya ziehen wollte; hier sollte allerdings zunächst nur Platz für 200 Menschen sein. Niemand wußte, wie und wo es weitergehen würde.

Trotz dieser Unsicherheit gab es keine Panik unter den Sannyasins. Die plötzliche Abreise Bhagwans löste bei vielen kein Mißtrauen aus, vielleicht auch deshalb, weil sie den gesundheitlichen Verfall Bhagwans aus nächster Nähe miterlebt hatten; zum Schluß wurde Bhagwan von seinem Rückenleiden so geplagt, daß er kaum noch gehen konnte und vor Schmerzen gekrümmt in seinem Sessel saß.

Inwieweit die Sannyasins Bhagwans Weggang und die Auflösung des Ashrams in Poona innerlich akzeptieren konnten, ist schwer zu beurteilen. Wir hörten, daß einige Sannyasins ratlos waren; andere spürten eine tiefe Enttäuschung und glaubten sich von Bhagwan allein gelassen. Die meisten Sannyasins ließen sich nach außen hin jedenfalls nichts anmerken. Ein Sannyasin meinte, Bhagwan hätte immer gesagt: «Ihr müßt auf eigenen Füßen stehen, ich bin nicht eure Krücke.» Ein anderer Sannyasin sagte: «Er weiß schon, was er tut, und wir lassen es auf uns zukommen.»[9]

Auch Satyananda – der «Stern»-Reporter Andrees Elten – konnte sich scheinbar gleich auf die neue Situation einstellen und ihr sogar noch gute Seiten abgewinnen: Nicht zu wissen, was kommen würde, sei ein wunderbarer, spannender Zustand. Außerdem sei die Ungewißheit ein pädagogisches Prinzip von Bhagwan, um Abhängigkeitsgefühle zu zerstören und das Selbstvertrauen zu stärken. Er war sicher, mit Bhagwan auf einer anderen Ebene kommunizieren zu können; irgendwo würde es weitergehen. Ihn beeindruckte besonders, daß der Betrieb im Ashram mit eiserner Disziplin weiterging, daß die Toiletten weiterhin total sauber waren und die Kantine ohne Einschränkung arbeitete: «Der Chef ist weg, aber die Kommune funktioniert.»[10]

Am 24. August 1981 wurde der Ashram in Poona geschlossen, allerdings blieb er als Zentrum für indische Sannyasins erhalten. In diesem Ort, der 500 Menschen beherbergt hatte, blieben nur ca. 60 Sannyasins zurück. Teilweise waren bis zu 7000 Menschen täglich in Poona gewesen, davon ein Drittel Deutsche. 1980 hatten insgesamt 50000 Menschen den Ashram besucht, 15000 von ihnen kamen aus der BRD.[11]

Für einige Wirtschaftszweige in Poona brachte die Auflösung des Ashrams einen großen finanziellen Verlust. Kneipen und Restaurants mußten schließen. Rikschafahrer wurden arbeitslos, Hotels standen plötzlich leer. Abgesehen von Händlern, Restaurantbesitzern, Hoteliers, Wohnungsmaklern und Rikschafahrern soll die Mehrheit der indischen Bevölkerung jedoch aufgeatmet haben.

Bhagwans Vorstellungen von Sexualität und der freie Lebensstil im Ashram kollidierten mit der Wirklichkeit der indischen Sexualmoral, die schon einen Kuß auf der Leinwand als anstößig empfand.

Die teilweise ungewöhnlichen Therapiemethoden im Ashram wurden von der Janata-Regierung, die seit 1977 in Indien an der Macht war, strikt abgelehnt: Moraji Desai, der 83jährige Premier der Indischen Union, ein Asket, der sich rühmte, seit mehreren Jahrzehnten geschlechtliche Enthaltsamkeit zu üben, war der Ashram in Poona ein Dorn im Auge. Er meinte, daß das Geschehen im Ashram «kein realistisches Bild von Indien vermittelt, sondern überwiegend für negative Schlagzeilen sorgt.»[12] So gingen einige indische Botschaften dazu über, Einreisevisa zu verweigern, wenn ersichtlich wurde, daß die Besucher nach Poona strebten. Mehreren Fernsehteams, u. a. auch des BBC, wurde die Dreherlaubnis verwehrt. Die Regierung machte dem Ashram zunehmend Schwierigkeiten, Baugenehmigungen wurden mit der Begründung des Sicherheitsrisikos verweigert.

Gerüchten zufolge soll die indische Regierung Bhagwan zur Auflösung des Ashrams oder zum Verlassen des Landes gezwungen haben.[13] Ausschlaggebend für Bhagwans Abreise sollen angeblich neben starken Ressentiments unter der Bevölkerung vor allem behördliche Widerstände bei der Verwirklichung seines Plans gewesen sein, mit dem Ashram an einen anderen Ort in Indien mit besseren Ausbau- und Entfaltungsmöglichkeiten zu ziehen.[14] Außerdem soll Ma Yoga Laxmi fünf Monate lang mit Regierungsstellen in Delhi verhandelt haben, um für die Ashramstiftung weiterhin den steuerlichen Sonderstatus einer «gemeinnützigen Stiftung»[15] zu erhalten. Angeblich stellten sich das Finanzamt und die Regierung Indira Gandhis jedoch stur. Bhagwan sollte, Gerüchten zufolge, Einkommensteuern in Höhe von 18 Millionen Rupien – umgerechnet 5,1 Millionen Mark – nachzahlen. Ungeklärt ist bis heute, ob Bhagwan Indien letzten Endes aus steuerlichen Gründen verlassen hat.

Im Juli 1981 kaufte Sheela die «Big Muddy Ranch» im Staat Oregon für sechs Millionen Dollar. Zunächst arbeiteten dort fünfzig Sannyasins, um die verwilderte Ranch wieder urbar zu machen, im September kam dann auch Bhagwan auf die Ranch. Der Unterschied von Poona zu Oregon war gravierend:

«Poona, das war Encounter, das war meditatives Sichverlieren in östlicher Mystik, das war die absolute Beschäftigung mit sich selbst. Oregon, so hatten wir gehört, ist eine Landkommune, auf der hart und effizient gearbeitet wird.»[16]

5. Die Kommune in Oregon

Was geschah in den Jahren 1981 – 1985?
Ein Überblick

Mit dem Umzug von Poona nach Oregon hatten sich auch die Ziele der Sannyasins verändert: «Dort waren wir im Kindergarten, jetzt sind wir in der Grundschule.»[1]

In Poona war an den Problemen einzelner Sannyasins in den Therapiegruppen gearbeitet worden; in Oregon ging es darum, Bhagwans Vision eines neuen Menschen zu leben und auszudrücken. Die Sannyasins wollten sich jetzt nicht mehr primär mit ihrem Innenleben beschäftigen, sondern steckten ihre gesamte Energie in den Aufbau der Kommune. In Rajneeshpuram wurde das Experiment eines «harmonischen Lebens» gewagt, was nicht nur das Verhältnis der Menschen zueinander betraf. *Dieses Harmonieverständnis schloß auch den Umgang mit der Natur ein.*

Gewalt wurde in Rajneeshpuram strikt abgelehnt, deshalb wurden auch nur Menschen mit einer entspannten und positiven Lebenshaltung aufgenommen. Sheela erklärte beispielsweise:

> «Wir mögen keine gewalttätigen Menschen. Wir sind absolut gegen Gewalt. Wenn also Leute mit einer aggressiven oder negativen Einstellung herkommen, bitten wir sie, wieder zu gehen.»[2]

Die Sannyasins hatten das ehrgeizige Ziel, eine spirituelle Kommune zu schaffen, wie sie die Welt noch nicht gesehen hatte: 10000 Sannyasins sollten in Rajneeshpuram ökologisch leben und arbeiten können. Ihr Zusammenleben sollte nicht vom Konkurrenzdenken, vom Kampf um Macht, Ansehen und Statussymbolen bestimmt werden.

Die ehemalige Muddy Creek Ranch im Hochland von Zentral-Oregon umfaßte 260 km², war also etwa dreimal so groß wie die

Insel Sylt. Sie wurde in «Rajneeshpuram» umbenannt, «die heilige Stadt des Königs des Vollmonds»[3]. Rajneeshpuram lag inmitten einer kargen baumlosen Hügellandschaft mit bizarren karstigen Felsen, die einst einem John-Wayne-Film als Kulisse gedient hatte. Schon die Anreise nach Rajneeshpuram war eindrucksvoll:

> «Von Portland fahren wir den Columbia-River aufwärts, zwischen den Viertausender-Vulkanen Mount Hood und Mount St. Helens hindurch, die beide jederzeit wieder ausbrechen können. Hinter dem ‹Warm Springs› Indianer-Reservat beginnt eine zerklüftete Hochebene, die an die Sierra Nevada erinnert.»[4]

Rajneeshpuram lag in einem Gebiet, das angeblich gute Chancen hat, radioaktive Katastrophen zu überleben:

> «Die ganzen Ami-Survivals leben in dem Gebiet. Auch in den indianischen Mythen gilt Oregon als Überlebensregion, weil eventuell radioaktive Winde dort nicht zu schaffen machen.»[5]

Ca. 250 km von Rajneeshpuram entfernt liegt Portland, die nächstgrößere Stadt. 45 km vor der Farm liegt der Ort Antelope, der in den 60er Jahren des 19. Jahrhunderts von Pionieren angelegt worden war. 1981 lebten dort nur noch 40 Menschen, vorwiegend Pensionäre. Viele Häuser waren unbewohnt und wurden zum Verkauf angeboten; auf offiziellen amerikanischen Karten wurde Antelope als «Geisterstadt» bezeichnet.

Durch den Zuzug der Sannyasins wurde nicht nur Antelope neu belebt, sondern auch das Gebiet der Big Muddy Ranch, das lange brachgelegen und völlig überweidet und vernachlässigt war. In dieser Region herrscht ein wüstenähnliches Klima: Acht Monate im Jahr brennt die Sonne, im Juli und August klettert das Thermometer bis auf 45 °C:

> «... auf den braunen Hügeln halten sich gerade Salbeibüsche und Wacholder; nur mit Brunnenwasser und ein paar Bächen lassen sich die Felder nutzbar machen. Im Winter, bei 15 °C Kälte, bedeckt diese Wüste eine Schneedecke, oft einen Meter hoch.»[6]

Trotz dieser schwierigen Boden- und Klimaverhältnisse wollten die Sannyasins das Land zum Grünen bringen. Die alteingesessenen Farmer der Umgebung waren zunächst skeptisch; sie glaubten, das karge Land würde die Sannyasins besiegen. Als sie jedoch sahen, wie enthusiastisch und zielstrebig ihre Nachbarn an die Arbeit gingen, meinte ein Farmer: «Sie haben in einer Woche geschafft, wozu ich ein ganzes Leben gebraucht habe.»[7]

Anfangs waren es nur wenige, ausgewählte Sannyasins, die das Land urbar machten. Sie räumten Steine von den Feldern, pflügten die Äcker und bewässerten die erste Aussaat. Außerdem installierten sie Abwässersysteme, verlegten Starkstromleitungen und bauten neue Straßen, um die Nebentäler zu erschließen:

> «Es war genau wie in der Pionierzeit im Wilden Westen von
> Anno dazumal mit dem enormen Unterschied, daß uns die
> Vorteile der Technologie und das moderne amerikanische
> Know-how zur Verfügung standen»[8], beschrieb ein
> Sannyasin die Arbeit der ersten Monate.

Da auf der Ranch nur ein hölzernes Farmgebäude und ein paar Schuppen standen, mußten die Sannyasins anfangs in Zelten schlafen. Bald wurden jedoch Fertighäuser angeliefert, denn die Behörden der zuständigen Landkreise Wasco und Jefferson hatten mittlerweile die Baugenehmigung für 53 Häuser erteilt. Als Bhagwans Haus fertig gebaut war, wurde er eingeladen, auf die Ranch zu kommen; im September 1981 folgte er dieser Einladung. Bhagwan war bereits am 1. Juni 1981 mit einem Touristenvisum in die USA eingereist, obwohl er für einen Touristen außergewöhnlich viel Gepäck dabei hatte: seine gesamte Bibliothek, einen Rolls Royce und viele Koffer.

Im November 1981 stellte er als religiöser Lehrer einen Einwanderungsantrag, der im Dezember 1982 abgelehnt wurde. Die amerikanische Einwanderungsbehörde warf Bhagwan vor, judenfeindlich und antidemokratisch zu sein; außerdem äußerte sie den Verdacht, er und die Ashram-Offiziellen in Poona hätten seinen Gesundheitszustand als gefährdeter dargestellt, als er wirklich sei. Er sei nicht deshalb in die USA gekommen, um sich behandeln zu lassen, sondern um den Ashram verlegen und ein Dauerwohnrecht beanspruchen zu können. Außerdem könne dem Antrag nicht stattgegeben werden, weil ein schlechter Gesundheitszustand die religiöse Arbeit verhindern würde.

Bhagwan blieb während seines USA-Aufenthaltes immer wieder von Ausweisung bedroht. Im Februar 1984 wurde er zwar von der

Einwanderungsbehörde als «religiöser Führer» anerkannt, war aber auch dann mit seinem Antrag auf Dauerwohnrecht nicht erfolgreich.

Zunächst imponierte den Einheimischen der Tatendrang der Sannyasins, ihre anscheinend unbegrenzten Mittel erweckten allerdings auch Argwohn. So hatten die Sannyasin-Farmer bald Großgeräte – z. B. ein nagelneues Fahrzeug für den Straßenbau –, bei dessen Anblick vielen Gemeindevätern «das Wasser im Mund»[9] zusammenlief. Wie bei einem mittelgroßen Industriebetrieb kurvten Schwerlaster und Raupenschlepper über das Farmgelände, Gabelstapler versetzten Lasten. Die Sannyasins besaßen außerdem bald eine komplett bestückte Tischlerei, eine Autowerkstatt und ein TV- und Ton-Studio.

Die neue Nachbarschaft war für die alten Einwohner und für die darbende Wirtschaft in diesem abgelegenen ärmlichen Landstrich zunächst von großem Vorteil. Die Sannyasin-Farmer gaben Millionen für Zement, Holz, Benzin, Rohre und Schulbusse aus, deshalb wollten die örtlichen Unternehmer sie bald nicht mehr missen. Der Bürgermeister eines nahegelegenen Dorfes meinte: «Es ist, als sei ein kompletter Industriezweig nach Oregon gekommen.»[10] Hinzu kam, daß die Sannyasins ihre Rechnungen und Steuern immer prompt bezahlten.

Nach einigen Monaten luden die Anwohner zu einer Kennlern-Party ein. Sheela beruhigte die Gäste, sie meinte, die Muddy Creek Ranch bleibe, was sie sei, nämlich eine Ranch, auf der im Laufe der Zeit höchstens bis zu 150 Anhänger Bhagwans in Ruhe und Frieden leben und arbeiten wollten. Die Bürgermeisterin von Antelope war von dem Treffen ganz begeistert: «Wir fanden die Leute friedlich, es gab gutes Essen und viele Drinks – eine tolle Party.»[11]

Da die lokalen Behörden zögerten, den Sannyasins die Errichtung einer eigenen Stadt zu genehmigen, richteten sie ihr Interesse bereits zu Anfang des Jahres 1982 auf Antelope. Sie kauften neun der 28 Häuser und errichteten dort ein Informationszentrum – aus dem einzigen «Tante-Emma»-Laden wurde das vegetarische Restaurant «Zorba the Buddha». Der Aufbau von Rajneeshpuram selbst ging weiter zügig voran: Schon im Frühjahr 1982 standen 50 neue Häuser und fünf selbstkonstruierte Gewächshäuser, außerdem gab es schon eine größere Zahl von Autos, Lkws, Bussen und Tiefbaumaschinen.

Als jedoch auf der Ranch eine Cafeteria mit 300 Plätzen eingeweiht wurde und das Gerücht umging, daß schon 13 Millionen Dollar in den Aufbau der Ranch gesteckt worden wären, breitete sich langsam Skepsis unter den Anwohnern aus; sie fragten sich, was die Sannyasins in Rajneeshpuram eigentlich vorhätten. Als dann noch in der Lokalpresse Artikel veröffentlicht wurden, in denen diffamierend beschrieben wurde, wie es in Poona zugegangen sei – «mit Versammlungen von Splitternackten, freier Liebe, Herpes- und Tripper-Epidemien» – [12], schlug die Stimmung in Antelope von der anfänglichen Begeisterung in Angst um. Die Bürger beschlossen, mit «den Roten» jetzt nicht mehr zusammenzuarbeiten, sondern sie aus Oregon zu vertreiben. Bei einer Grillparty, zu der 1000 Bhagwan-Gegner erschienen waren, war die Losung ausgegeben worden: «Antelope... better dead than red». Die älteste Einwohnerin Antelopes meinte: «In meinen Tagen hätte man sie mit dem Lasso rausgepeitscht.» [13]

Als der Stadtrat von Antelope den Beschluß gefaßt hatte, den Sannyasins keine Geschäftslizenzen mehr zu erteilen, kauften die Sannyasins zusätzliche Häuser in Antelope auf und beschlossen, nun politisch Einfluß zu nehmen. Das löste bei den Bürgern Antelopes *Angst vor einer politischen Übernahme ihrer Stadt durch die Sannyasins* aus, sie befürchteten, daß diese nach der Wahl im November die ehrenamtlichen Posten des Bürgermeisters und der sechs Stadträte besetzen würden und sich dann jede Baugenehmigung selbst ausstellen könnten. Außerdem waren sie in Sorge wegen der Grundbesitzsteuern, die in Amerika von den einzelnen Gemeinden und nicht von den Bezirksverwaltungen festgelegt werden. Da in Antelope vorwiegend Pensionäre mit bescheidenen Renten lebten, hätte eine Steuererhöhung sie aus dem Ort vertreiben können.

Die Bürgermeisterin und die Stadträte kamen deshalb auf die Idee, im April 1982 schnell noch die bisher selbständige Gemeinde aufzulösen und sich der Verwaltung des Bezirks Wasco County zu unterstellen. Daraufhin ließen sich zwölf Sannyasins angeblich blitzschnell als Bürger registrieren. Bei der Abstimmung um den Fortbestand der Gemeinde gewannen die Sannyasins die Wahl mit

55 gegen 40 Stimmen. Die alten Bürger von Antelope fochten das Ergebnis an, sie sprachen von Wahlbetrug. Die Sannyasins argumentierten dagegen, daß mehr Bürger gewählt hätten, als rechtlich zulässig gewesen wäre, und strengten eine Bürgerrechtsklage an.

Einige Monate später wurden drei Sannyasins in Antelope in den Stadtrat gewählt, außerdem übernahm eine Sannyasin den Posten des Bürgermeisters. Nun taten die neuen Lokalpolitiker genau das, was die Bewohner vorher befürchtet hatten: Sie erhöhten die Grundbesitzsteuern um das Dreifache, nach amerikanischen Presseberichten machten sie außerdem aus einem Teil des dörflichen Parkgeländes einen Nudistenpark. Mit diesen provokativen Amtshandlungen wollten die Sannyasins die Bürger offensichtlich vertreiben, denn man kann davon ausgehen, daß ihnen sowohl die finanziellen Verhältnisse als auch die konservative Grundhaltung der Bürger bekannt waren. Die Bewohner fühlten sich völlig von den Sannyasins überrollt; im nächsten Jahr schieden zwei Stadträte aus, so daß lediglich ein Nicht-Sannyasin im Stadtrat verblieb. Nur noch 16 der ursprünglichen Bewohner blieben in Antelope, während ca. 70 Sannyasins in den Ort einzogen. Im September 1984 wurde Antelope dann zur «City of Rajneesh». *Auch die Schule und die Schulverwaltung von Antelope wurden von Sannyasins übernommen*. Die wenigen Kinder des Ortes wurden von ihren Eltern in die Schule des nahegelegenen Ortes Madras geschickt, weil sie befürchteten, daß ihre Kinder in einer Sannyasin-Schule religiös indoktriniert würden.

Vom 2. bis 7. Juli 1982 fand in Rajneeshpuram zum erstenmal das Welttreffen der Bewegung, das sogenannte Weltfestival statt, das von nun an jedes Jahr veranstaltet wurde. 5000 Sannyasins aus aller Welt trafen sich auf der Ranch, um Bhagwan wiederzusehen und gemeinsam zu feiern. Auf dem Festival wurden Farmrundfahrten angeboten, auf denen gezeigt wurde, was in dem einen Jahr alles erreicht worden war. Eine Sannyasin schilderte ihre Eindrücke:

«Straßen wurden gebaut, Häuser, Ställe und Scheunen errichtet. Elektrizität gelegt, Wasserversorgung und Kanalisation, Berge gesprengt und das Gestein zu riesigen Schotterhalden zermahlen. Es gibt einen Maschinenpark mit modernsten landwirtschaftlichen Geräten, Gewächshäuser,

Felder, eine Molkerei, Obst- und Gemüseanbau. Von Erosion bedrohte Hänge und Ufer wurden bepflanzt und befestigt, Tausende von Obst-, Nuß- und Schattenbäumen gesetzt ... Wir bestaunen die Weinfelder und Bienenstöcke, die Bewässerungsanlagen und die ‹glücklichen› Kühe, das große sattgrüne Gemüsefeld unten im Tal, das gegen den Fluß zuläuft, der sich zwischen Weiden und rotsandigen Gebirgsfelsen blauglitzernd dahinwindet. Und überall wird gearbeitet, gestrichen, gehämmert, werden Weinpflanzen gebunden, Ställe ausgemistet, Pferde gestriegelt, Hühner gefüttert ohne Hast, mit einer ruhigen Freude und gemütlichen Pausen – die Beine lang von sich gestreckt.»[14]

Schon vor dem ersten jährlichen Weltfestival – im Mai 1982 – war die Stadt Rajneeshpuram gegründet worden, der Bezirk Wasco County erteilte dazu die Genehmigung. Kurz darauf wurde die Legalität der Stadt jedoch von verschiedenen ihrer Gegner gerichtlich angefochten. Eine Gruppe dieser Gegner veranstaltete eine Kampagne, um die Gründung von Rajneeshpuram wieder rückgängig zu machen. Einer der wesentlichen Einwände war, daß sich Rajneeshpuram auf sogenanntem «landwirtschaftlichen Nutzgebiet» befände.

Der Grund für die gerichtlichen Auseinandersetzungen lag tiefer. Die Gegner der Kommune, die sich auf eine sehr konservative Interpretation der Landnutzungsgesetze versteift hatten, wollten die Existenz der gesamten Kommune vernichten. Die christlichen und konservativen Bürger Oregons empfanden die Kommune Bhagwans als ungeheure Provokation; sie stellte all ihre Werte und Traditionen in Frage. Auch die Tatsache, daß die Kommune sich immer stärker bewaffnete, trug sicher nicht zur Abkühlung des allgemein aufgeheizten Klimas bei. Hinzu kam, daß die Leiter der Kommune die Auseinandersetzung mit ihren Gegnern in einer beleidigenden Art und Weise führten, die wenig dazu beitrug, die Situation zu entschärfen. So bezeichnete Sheela den Generalstaatsanwalt als Idioten, die Oregoner voller Vorurteile und fanatisch, für Bhagwan waren die Oregoner Feiglinge usw.

Anfang des Jahres 1983 kauften die Sannyasins gegen den Widerstand der Anlieger ein Hotel in Portland – das Hotel Rajneesh –, ursprünglich eine Unterkunft für alleinstehende Frauen. Im Juli

1983 fand ein Bombenanschlag auf das Hotel statt. Nach diesem Anschlag wurden die Sicherheitsmaßnahmen in der Kommune verschärft, auch deshalb, weil täglich Drohbriefe und -anrufe die Sannyasins auf die bösartigste Art und Weise beschimpften. Trotz der immer massiver werdenden Ablehnung durch die Bevölkerung bauten die Sannyasins die Kommune weiter auf. Beim dritten Weltfestival (1.–9. Juli 1984) war die Kommune schon weitgehend in der Lage, die 15000 angereisten Festivalbesucher aus eigener Produktion zu versorgen. Protestaufkleber der Bhagwan-Gegner mit der Aufschrift «Laßt Oregon grün» verfehlten ihr Ziel, denn noch nie hatte die Ranch so grün und blühend ausgesehen.

Kurz nach dem Festival wurde von einer der Sannyasin-Gesellschaften – dem «Rajneesh Humanity Trust» – ein Programm entwickelt, das Oregon in Aufruhr versetzte. Das «Share a Home»-Programm – («Teile Dein Zuhause») – hatte zum Ziel, Obdachlose aus amerikanischen Großstädten aufzunehmen – angeblich, um ihnen die Chance eines Neuanfangs zu bieten. Die Rajneesh Kommune hatte sich bei ihrem Programm auf ca. 6000 neue Bewohner eingestellt, die sie mit Nahrung, Unterkunft und Kleidung versorgen wollte. Das Programm war auf drei Monate angelegt; danach sollte jeder die Chance haben, sich zu entscheiden, ob er weiter – nun als Sannyasin – in der Kommune bleiben wollte oder nicht.

Um das Programm in die Tat umzusetzen, fuhren ausgewählte Sannyasins in die Großstädte und brachten ca. 5000 «street people» auf die Ranch, die «bereit» waren, in der Kommune ein neues Leben anzufangen. Die meisten Obdachlosen waren Männer, darunter viele Vietnamveteranen. Nach 10 Tagen Quarantäne lebten und arbeiteten sie wie die anderen. Doch dieses Experiment schlug fehl; zu unterschiedlich waren die Lebensgewohnheiten. Viele der street people verließen die Kommune bald wieder, manche gingen freiwillig, manche wurden ausgewiesen.

Wie sich später herausstellte, hatte das von Sheela und ihren Anhängern geplante «Share a Home»-Programm den Zweck, mit den Stimmen der Obdachlosen die Bezirkswahl im Wasco County zu beeinflussen.

Durch diese Ereignisse verschärfte sich das vorher schon angespannte Klima zwischen den Sannyasins und ihren Gegnern. Angeblich bewaffnete sich die Kommune jetzt noch stärker; unter den Sannya-

sins wuchs die Angst vor einem Überfall. Hinzu kamen Rechts-
streitigkeiten wegen der Anträge von Sannyasin-Ehepaaren auf
Dauerwohnrecht und wegen der Rechtmäßigkeit der Stadt Rajneeshpuram, die angefochten wurde, weil dort keine verfassungs-
mäßige Trennung von Staat und Kirche garantiert sei.

Als besonders bedrohlich empfanden die Sannyasins die Erklärung
einer Wasco-County-Behörde, daß das jährliche Weltfestival erst
dann genehmigt würde, wenn sie eine Liste ihrer Waffen- und
Munitionsbestände vorlegten. In dieser Zeit wurden Stimmen
laut, die befürchteten, daß in Rajneeshpuram ein zweites Jones-
town★ stattfinden könnte. Manche Gegner der Kommune sahen
keine Alternative mehr als ein Blutbad, bei dem sich die Sannyasins selbst vernichteten. Der Bevollmächtigte des Bezirks Wasco
County äußerte: «Ich fürchte, es ist unvermeidbar. Es ist zwar
schrecklich, das zu sagen, aber ich fürchte, es ist genau das, was sie
wollen.»[15]

Die landwirtschaftliche Entwicklung

Auf der Big Muddy Ranch wurde traditionell Rinder- und Schaf-
zucht betrieben. Nach fünfzig Jahren rücksichtsloser Beweidung
war das Land so ruiniert, daß dort kaum noch Gras wuchs und die
gesamte Ökologie aus dem Gleichgewicht geraten war. Von Landwirtschaftsexperten Oregons wurde das Land als «weitgehend unbrauchbar» eingestuft. Die Sannyasins aber waren fest überzeugt,
daß sie das Land regenerieren könnten. Sheela und ihr Mann, die
die Ranch als erste besichtigt hatten, meinten:

«Als wir den Platz zum erstenmal sahen, fühlten wir beide,
daß es der richtige war. Wir kamen die Straße herunter, da

★ In Jonestown, im Dschungel von Guayana, geschah 1978 ein Massenselbst-
mord von gut 300 Mitgliedern der Volkstemplersekte aus Kalifornien, die ihrem
Leiter Jim Jones, einem messianischen Prediger, nach Guayana gefolgt war, um
dort eine utopische religiöse Gemeinschaft aufzubauen. Als sich Gerüchte häuften, daß Jim Jones seine Anhänger brutal unterdrückte, und die amerikanische
Regierung eine Untersuchungskommission einsetzte, die die Verhältnisse in der
Sekte überprüfen sollte, begingen alle Mitglieder nach Abreise der Kommission
auf Anordnung von Jones Selbstmord, um einer von ihnen befürchteten Verfol-
gung zu entgehen.

wo jetzt der Fahnenmast steht. Ich sah auf all diese Berge, und etwas in meinem Herzen fühlte: ‹Genau das ist es!›»[16]

Als bald danach die ersten Sannyasins auf die Ranch kamen, unterzogen sie sie zunächst einer Bestandsaufnahme, um ihr Potential abschätzen zu können.

In der ersten Phase des Aufbaus, die zwei Jahre dauerte, probierten sie viel aus, bis sie herausgefunden hatten, welche Saaten und Nutztiere – und in welchen Mengen – für die Ranch geeignet waren.

In der folgenden zweiten Phase systematisierten die Sannyasin-Farmer ihre Erfahrungen: Sie verlängerten Wachstumsperioden von Pflanzen und zogen Gemüse in den Gewächshäusern. *Ihr Leitgedanke war, das Land zu regenerieren,* es anzureichern und ökologisch wieder ins Gleichgewicht zu bringen. Zwar ging es ihnen auch darum, möglichst hohe Ernteerträge zu erzielen, da sie eine große Anzahl von Menschen mit Nahrung versorgen mußten, aber sie verloren dabei nie den Respekt vor der Natur aus den Augen. Die Anbauweise war biologisch-dynamisch; so wurden keine chemischen Dünge- und Pflanzenschutzmittel, sondern natürliche Methoden der Schädlingsbekämpfung eingesetzt. Die ökologische Anbauweise wurde jedoch unter Einsatz modernster Technologie praktiziert; in Rajneeshpuram entstand eine Art Ökotopia, in dem nach den neuesten technischen und ökologischen Erkenntnissen in großem Maßstab produziert wurde.

Die Sannyasin-Farmer hatten frühzeitig erkannt, daß die Wasserversorgung nicht ausreichte, um eine funktionierende Landwirtschaft aufzubauen. Die riesigen Rinderherden hatten die Ufer der Flüsse und Bäche rücksichtslos abgegrast. Da die Vegetation an den Ufern immer mehr zurückging, die die Erdschichten hatte halten können, hatten sich die steinigen Flußbetten verbreitert. Der Wasserspiegel war abgesunken, manche Wasserläufe waren bereits im Frühjahr ausgetrocknet. Das wiederum hatte zur Folge, daß die Fische ausstarben; von Jahr zu Jahr hatten die Fischer weniger Forellen und Lachse aus den Flüssen geholt. Auf Grund der schlechten Verfassung der Flüsse und Bäche wurden Wasserwiedergewinnungsprojekte geplant; wichtig war, die erodierten Uferzonen zu sanieren: dann würden die Gewässer von selbst wieder gesunden. So schichteten die Sannyasin-Farmer Baumstämme und mit Erde gefüllte Sandsäcke übereinander, damit sich der Schlamm ablagern und das Wasser ein neues Bett formen konnte. Sie befestigten die Ufer mit Setzlingen, wodurch ein weiteres Auswaschen der Flußränder während der Regenzeit verhindert wurde. Auch ein Stausee wurde gebaut. Sein Wasserreservoir von mehr als 12 Mio. Hektolitern diente einerseits der Bewässerung, andererseits verlangsamte es die Geschwindigkeit des Flusses und bot so der Erosion und dem Verlust wertvollen Bodens Einhalt. Der Stausee – Krisnamurti-See genannt – wurde später auch als Bade- und Vergnügungssee von den Bewohnern und den Besuchern der Ranch genutzt.

Die Maßnahmen zur Wasserwiedergewinnung brachten schon nach einem Jahr Erfolg: Der Grundwasserpegel stieg an, Bäche, die völlig ausgetrocknet waren, führten wieder Wasser, der Fischbestand stieg langsam wieder an, und die Vegetation an den Uferzonen breitete sich aus.

Als sich auf der Ranch die Möglichkeiten zur Bewässerung der Felder verbessert hatten, begannen die Farmer, das Land wirtschaftlich zu nutzen. Mit Hilfe von Landwirtschaftsexperten und eigenen praktischen Experimenten ermittelten die Sannyasin-Farmer, welche Fruchtsorten auf ihrem Boden die höchsten Erträge erzielten. Neben dem forcierten Anbau von Nutz- und Zierpflanzen machten die Sannyasins das gesamte Gebiet der Ranch nach und nach urbar. Von Jahr zu Jahr erschlossen sie mehr Weideland: Sie konnten das ehemals verdorrte Land wieder einsäen und verwendeten früh- und spätblühende Gräser und Alfalfa, eine Grassorte, deren nahrhafte Samen eßbar sind. Außerdem begrünten sie kahle Hügelflächen, und sie befestigten erodierte Hügel, indem sie dort Sand, Schutt und Boden aufschichteten und mit Tausenden von Obst-, Nuß- und Schattenbäumen bepflanzten.

Da die Kommune landwirtschaftlich autark werden wollte, mußte sie nach Lösungen suchen, um sich auch im Winter mit Nahrung zu versorgen. Die einfachste Lösung war zunächst, frisches Gemüse haltbar zu verarbeiten, so wurde beispielsweise Tomatenmark hergestellt. Danach richteten die Sannyasins Kellermieten, dann zwei experimentelle Klimahäuser und später hochtechnisierte Treibhäuser ein, die es ermöglichten, der Kommune das ganze Jahr über *frisches biologisch-dynamisch angebautes Gemüse* zu liefern.

Um das Wachstum der Pflanzen sowohl auf den Feldern als auch in den Treibhäusern optimal zu fördern, entwickelten die Wasserexperten ein ausgeklügeltes Bewässerungssystem, dessen oberster Grundsatz war, so sparsam wie möglich mit Wasser umzugehen. Neben verschiedenen Formen der Bewässerung entwickelten sie auch eine Methode der Abwasserverwertung: das Weideland entlang den Berghängen wurde mit vorbehandelten Abwässern der Stadt Rajneeshpuram bewässert. Sie konnten diese Abwässer deshalb verwenden, weil alles, was dort ins Wasser gelangte, biologisch abbaubar war – sogar der Haarfestiger.

Durch die vielfältigen Aktivitäten der Sannyasins zum Aufbau ihrer Ranch konnte sich die Flora auf der Farm regenerieren und damit auch die Tierwelt wieder reichhaltiger werden. Die Farmer überließen die Vermehrung jedoch nicht dem Zufall, sondern förderten gezielt das Vorkommen bestimmter Arten, die besser als andere zur Aufrechterhaltung des ökologischen Gleichgewichts der Natur geeignet waren, wie etwa der Biber.

Neben dem Anbau landwirtschaftlicher Produkte wurden auf der Ranch auch Tiere gehalten: So gab es ca. 450 Rinder auf der Farm, zusätzlich wurden Kälber gezüchtet, die durch künstliche Besamung gezeugt wurden, auch mit Kalbsembryo-Produktion wurde experimentiert. Durch das künstliche Besamungsprogramm konnte die Kälberzucht zeitlich reguliert werden. Dadurch kamen die Rinder zu ungewöhnlichen Zeiten auf den Markt und konnten entsprechend hohe Preise erzielen.

Eine zwei Hektar große Hühnerfarm mit ca. 3000 Hühnern versorgte die Kommune mit Eiern, 90 Bienenstöcke lieferten den «Rajneeshpuram Wildblumen-Honig». Die Farmer auf Rancho Rajneesh ernten nicht nur Honig, sondern auch die Pollen, die normalerweise auf grausame Art und Weise gewonnen werden; die Bienen müssen bei dieser Prozedur Flügel und Beine lassen. Auf der Ranch wurde dagegen ein in Korea entwickelter Filter benutzt, der eine reichliche Pollenauslese auf eine behutsame Art und Weise ermöglichte.

Als die ersten Sannyasins auf die Farm kamen, wollten sie eine blühende autarke Kommune schaffen; diesem Anspruch sind sie bereits in wenigen Jahren gerecht geworden. Die Kommune war sehr bald in der Lage, sich selbst zu versorgen, ja sogar Überschüsse zu erzielen: 90 Prozent des Gemüses, das auf der Ranch produziert wurde, verbrauchte die Kommune selbst, der Rest wurde über die kommerziellen Märkte der Umgebung verkauft.

Der Aufbau der Stadt

Am 18. Mai 1982 wurde die Stadt Rajneeshpuram gegründet. Sie lag in einem langgestreckten Tal mit drei Seitentälern, ihre gesamten Einrichtungen waren bald durch ein gut ausgebautes Straßennetz verbunden. Beim Straßenbau war darauf geachtet worden, die Schönheit der Natur zu erhalten, obwohl das oft vom ökonomischen und gestalterischen Gesichtspunkt einen erheblichen Mehraufwand bedeutet hatte. Parallel zum Ausbau des Straßennetzes wurde ein elektrisches Umspannwerk installiert, ein kommunales Wasserversorgungssystem, ein Bewässerungssystem und eine Müllanlage gebaut. Bald entstanden auch kommunale Einrichtungen wie eine Post, ein Telefonnetz und eine Feuerwehr. Ein ausgedehntes Funknetz ermöglichte eine drahtlose Kommunikation bis in die entferntesten Bereiche der Kommune.

Wie viele amerikanische Städte hatte auch Rajneeshpuram kein Stadtzentrum; die einzelnen Gebäude waren weit über das Areal verstreut. Die Wohnhäuser waren je nach Entstehungszeit unterschiedlich gestaltet. Die ersten Sannyasins hatten in Trailern, also transportfähigen Wohnwagenhäusern gewohnt. Danach konstruierten die Sannyasins in der Bauwerkstatt sogenannte A-Frame Häuser aus Holz mit einem tief heruntergezogenen Dach. Vier dieser Häuser bildeten dann einen Komplex mit Bad und sanitären Anlagen. Später stellten sie auch Fertighäuser auf, was wegen des umstrittenen rechtlichen Charakters der Stadt auch sinnvoll war.

Auch ein gemeinsamer Versammlungsort der Kommune – «Rajneesh Mandir» – entstand, eine riesige, nach allen Seiten hin offene Stahlträgerhalle mit geschwungenem Dach, die eine Musik- und Kinovorführanlage enthielt und bis zu 15 000 Menschen aufnehmen konnte. Hier fanden religiöse Feiern und Meditationen statt, wurden aber auch Filme zur Unterhaltung gezeigt.

Einen wichtigen Stellenwert hatte auch das «Samadhi»-Krematorium, in dem die Totenzeremonien der Sannyasins abgehalten wurden. Seine Architektur wurde weitgehend durch die Art der Verbrennungszeremonie und die Landschaft vorgegeben: Es hatte die Form einer offenen, neunseitigen Pyramide, die sich von einem 16,5 m hohen Turm verjüngte. Diese Konstruktion ermöglichte die Verbrennung der Leiche auf einem offenen Holzstoß. Einer der Erbauer erklärte: «Ähnlich wie in einem Amphitheater kann jeder Zeuge sein, genau wie es im Osten traditionelle Praxis ist.»[17]

Durch die Stadtmitte von Rajneeshpuram führte die Haupteinkaufsstraße – die sogenannte Devateerth Mall – mit einer Vielzahl von Geschäften und Restaurants: eine Pizzeria, eine Eisdiele, ein Reisebüro, eine Boutique, ein Buchladen, ein Schönheitssalon, eine Bäckerei, ein Juwelierladen, ein Delikatessen-, Bier- und Weingeschäft und einige Gourmet-Restaurants mit kontinentaler, orientalischer und mexikanischer Küche. Bald kamen eine Diskothek und ein Spielsalon dazu, der «Omar Khayyan Lounge», mit Bar und Spieltischen für Black Jack, Backgammon und Poker. Für die zahlungskräftigen Besucher der Kommune wurde das Hotel Rajneesh gebaut, das 145 Zimmer und mehrere Konferenzsäle enthielt.

Auf den Straßen von Rajneeshpuram war eine Höchstgeschwindigkeit von 35 km pro Stunde vorgeschrieben, man sah allerdings wenig Autos. Neben Taxis fuhren einige reiche Sannyasins in Rolls Royce oder Mercedes; alle anderen Bewohner und Besucher mußten die öffentlichen Verkehrsmittel benutzen, mit denen man alle Bereiche der Kommune gut erreichen konnte.

Der städtische *Industriepark* umfaßte Reparaturwerkstätten, eine Schweißerei, eine Schreinerei, eine Tankstelle und eine Bus-Service-Station. Es gab auch eine *Recycling-Abteilung*, wo das wiederverwertbare Material aus der Kommune gesammelt wurde. Dabei handelte es sich meist um Kistenholz und um Altmetalle wie Blech, Kupfer, Eisen, Zinn und Blei. Bei Bedarf erkundigten sich die verschiedenen Werkstätten, ob recycelte Metalle vorhanden seien, die sie bei der Reparatur oder beim Neubau von Maschinen und Anlagen verwenden könnten. Selbstverständlich wurde der gesamte organische Abfall aus der Küche, der Kantine und der Landwirtschaft gesammelt und als Kompost auf den Feldern wiederverwertet.

Für die täglichen Mahlzeiten gab es zwei Cafeterien: die Magdalena- und die Hassid-Cafeteria. Zur medizinischen Versorgung der Sannyasins stand eine Klinik – die Pythagoras-Klink – bereit mit abrufbarer Ambulanz, in der bis zu 20 in Oregon zugelassene Ärzte, 50 Krankenschwestern und 30 Erste-Hilfe-Techniker arbeiteten.

Die Stadt Rajneeshpuram errichtete auch eine Universität für spirituelle Therapie und Meditation, die «Rajneesh International Meditation University» – die RIMU. Sie entstand aus einem Meditations- und Therapiegruppenprogramm, das während des ersten Weltfestivals 1982 und in der Zeit danach entwickelt worden war. Das steigende Interesse an diesem Programm hatte zur Gründung der spirituellen Universität geführt, die sowohl mit östlichen als auch mit westlichen Techniken am inneren Wachstum, an der Entfaltung des inneren Potentials arbeitete. Die Ziele der RIMU standen im Gegensatz zu denen einer traditionellen Universität:

> «Im Mittelpunkt der Forschung steht nicht das Wissen,
> sondern der Wissende, nicht das Objekt, sondern das
> Subjekt... nicht die Frage ‹Was ist das?› sondern die Frage
> ‹Wer bin ich?›.»[18]

Besucher, die Kurse an der Rajneesh International Meditation University belegen wollten, wurden persönlich beraten. Wie in Poona konnte man auch hier an körperorientierten Therapiekursen teilnehmen, darüber hinaus gab es aber ein viel größeres Angebot an esoterischen Therapiegruppen als in Poona. Auch der Schwerpunkt des therapeutischen Ansatzes hatte sich verschoben. In Poona lag er auf dem Ausleben unterdrückter Gefühle, während in Rajneeshpuram die Teilnehmer ihr Potential an Liebe entdecken sollten:

> «Der gesamte Kern des Menschen wird angesprochen,
> wichtig dabei ist, die Liebe wachsen zu lassen, statt Probleme
> wachsen zu lassen.»[19]

In Rajneeshpuram gab es eine private Polizei, die «Peace Force». Das war eine offiziell vom Staat Oregon zugelassene Polizeieinheit; ihre Mitglieder waren an der Polizeiakademie in Moumouth, Oregon, ausgebildet worden. Die Mitglieder der Peace Force kannten keine Dienstgrade, sie nannten sich «Friedensbrüder» und «Friedensschwestern». Ihre Uniformen waren fliederfarben und rosa, auf der linken Brust trugen sie einen siebenstrahligen Stern, der einem Sheriffstern ähnelte. Ein ehemaliger Polizeioffizier half dabei, die Peace Force aufzubauen. Sein Trainingsprogramm erstreckte sich auf Schlagstockübungen und Schießübungen mit halbautomatischen Waffen, bei denen die Sannyasins auf skizzierte Menschenkörper zielten.

Alltag in Rajneeshpuram

Rajneeshpuram hatte zeitweise einige tausend Einwohner, die Residents. Hinzu kamen die Summerworker, Kursteilnehmer und Besucher.

Als Resident hatte man in der Regel kein Eigentum mehr, sondern hatte es bei Eintritt der Kommune übergeben. Viele Sannyasins hatten den Wunsch, in Oregon zu leben, doch nur wenige hatten die Möglichkeit. Die Aufnahmebedingungen waren recht undurchsichtig. So wurden einerseits Sannyasins mit nützlichen Berufen für den Aufbau der Ranch bevorzugt, andererseits war es auch ein Vorteil, wenn jemand Geld für Rajneeshpuram gestiftet hatte. Günstig war auch der Besitz der amerikanischen Staatsbürgerschaft. Die Grundvoraussetzung, Einwohner von Rajneeshpuram zu werden, war jedoch die Fähigkeit, «mit Hingabe zu leben», also die Regeln des Lebens in Rajneeshpuram zu akzeptieren. Im Zweifelsfall war diese Fähigkeit das Hauptkriterium. In der Praxis sah das so aus, daß die Leiter der Kommunen, die angeblich die umfassendste Kenntnis von den Fähigkeiten und Bedürfnissen der Kommunemitglieder hatten, Sannyasins als Residents vorschlugen.

In Rajneeshpuram wurde in der Regel 12 bis 14 Stunden pro Tag gearbeitet, und zwar unentgeltlich; dafür wurden Kleidung, Verpflegung, Unterkunft und medizinische Versorgung garantiert. Jeder Resident erhielt eine Arbeitsuniform, die von Abteilung zu Abteilung unterschiedlich war. Im Sommer konnten auch Nicht-Residents als Gastarbeiter (Summerworker) auf der Ranch arbeiten. Im Winter war das nicht möglich, weil sie in Zelten untergebracht waren. Da zu viele Sannyasins als Summerworker arbeiten wollten, mußten sie sich einem Auswahlverfahren unterziehen. Auch hier scheint das Hauptkriterium «völlige Hingabe» gewesen zu sein. Wie uns berichtet wurde, zahlten diese Summerworker trotz der ganztägigen Arbeit noch 280 Dollar pro Woche für ihren Unterhalt; hinzu kamen Festivalgebühren und das Honorar für einen Arztbesuch. Jeder Gastworshipper, der länger als einen Tag auf der Ranch verbrachte, mußte sich zu einer medizinischen Untersuchung – dem sogenannten «medical check» – verpflichten. Dieser Untersuchung mußten sich übrigens auch die anderen Gäste unterziehen.

Für die Summerworker waren Verpflegung, Wäschereinigung und Unterbringung im Preis inbegriffen. Sie wurden zu dritt in Hauszelten untergebracht. Äußerlich unterschieden sie sich von den Residents durch eine verschiedenfarbige Perle in der Mala und durch die Farbe des obligatorischen Kontrollarmbands, das jeder bei der Einreise erhielt. Genau wie die Residents arbeiteten sie an den sieben Tagen der Woche 12 bis 14 Stunden.

Der Arbeitstag in Rajneeshpuram begann um 7.30 Uhr mit drei Verneigungen in Richtung des Hauses von Bhagwan und dem gemeinsamen Singen des Gebetes der Rajneesh-Religion. Danach wurde die Arbeit in den sogenannten «Tempeln» aufgenommen; Koordinatoren – die Leiter der einzelnen Abteilungen – teilten die Arbeit genau ein. Von den Zielvorstellungen der Sannyasins her sollte es keine Hierarchien und Trennungslinien innerhalb der Kommune geben: de facto aber war die Arbeit klar hierarchisch organisiert.

Die Koordinatoren wurden in der Regel nicht ausgetauscht oder versetzt, im Gegensatz zu den einfachen Worshippern, die je nach Bedarf auch in anderen Abteilungen eingesetzt wurden.

Die Leitung der einzelnen Abteilungen lag meist bei Frauen. Bhagwan war der Ansicht, daß Frauen realitätsbezogener waren als Männer, weil sie erdverbundener seien und dadurch einen stärkeren Bezug zu ihrer Intuition hätten. Frauen arbeiteten auch in Bereichen, die eigentlich traditionell männliche Domäne sind. So wurden z. B. 80 % der Busse und der schweren Maschinen von Frauen gefahren, da die Leiter der Kommune beobachtet hatten, daß Frauen wenige Unfälle verursachten und sorgfältiger mit den Maschinen umgingen als Männer.

Um 13 Uhr gab es ein reichhaltiges und abwechslungsreiches Essen, das alle gemeinsam einnahmen. Um 14 Uhr stellten sich dann Residents und Gäste erwartungsvoll in einer kilometerlangen Schlange am Straßenrand auf, *um Bhagwan zu begrüßen, der dort mit einem Rolls-Royce vorbeifuhr*; diese tägliche Zeremonie – «Drive By» – hatte sich zunächst spontan entwickelt: In den Anfängen von Rajneeshpuram hielten die Sannyasins immer in ihrer Arbeit inne, wenn Bhagwan vorbeifuhr, um ihn zu begrüßen. Da Bhagwan immer zur gleichen Zeit ausfuhr, wurde das dann langsam zu einer Zeremonie: Bevor Bhagwan seinen Ausflug begann, kreiste eine Propellermaschine über der Stadt. Um 14 Uhr war es dann soweit: Sannyasins der Peace Force führten den Zug an, dann folgte Bhagwan, der im Rolls-Royce oft statuengleich am Steuer saß und seinen Jüngern zulächelte. Hinter ihm fuhr ein Wagen mit Sicherheitskräften. Aus Sicherheitsgründen wurden oft die Armbänder der Zuschauer kontrolliert, und man achtete darauf, daß sich die Menschenmassen in den Kurven nicht ballten. Die meisten Sannyasins standen verzückt am Straßenrand und begrüßten Bhagwan mit indischem Gruß, manche schlossen dabei andächtig die Augen. Bisweilen variierte Bhagwan das «Drive-By»-Ritual, hielt an und winkte einzelne Leute herbei, denen er kleine Geschenke gab. Seltener kam es vor, daß er ausstieg und auf einzelne Sannyasins zuging.

Während früher das Drive By eher als stille Zeremonie zelebriert worden war, nahm die Veranstaltung später karnevalistische Züge an. Viele Sannyasins trommelten, sangen und musizierten auf verschiedenen Instrumenten. Sie häuften Blumen auf Bhagwans Kühlerhaube, die sie vorher für einen Dollar hatten kaufen können. Nach diesem Höhepunkt des Tages war die Mittagspause beendet; die Arbeit wurde um 15 Uhr wiederaufgenommen und am Abend durch Gebete abgeschlossen. Früher ging die Arbeit sogar noch nach dem Abendessen weiter. Seit Herbst 1984 bis zu seiner Abreise aus Rajneeshpuram hatte Bhagwan aber jeden Abend wieder für zwei Stunden seine Lectures aufgenommen; danach fielen viele Sannyasins erschöpft ins Bett und hatten häufig keine Kraft mehr für die täglich wechselnden Unterhaltungsprogramme oder für Diskos und Restaurants.

Das Leben in Rajneeshpuram war nicht familienorientiert; die Gemeinschaft ersetzte die Familie, wenn auch die Heirat erlaubt war. Der Schwerpunkt des Lebens lag eindeutig im Arbeitsbereich, dem eine transformierende Kraft zugeschrieben wurde wie seinerzeit in Poona den Therapiegruppen. Jeder einzelne sollte sich seiner Worship ganz und gar widmen; dies wurde ihm dadurch erleichtert, daß er darauf vertrauen konnte, daß für alles sonst gesorgt wurde. Jemand kümmerte sich um sein Zimmer, wusch seine Wäsche und bereitete seine Mahlzeiten zu. Entsprechend der Bedeutung der Gemeinschaft und der Worship wurde auf den individuellen Wohnbereich kein Gewicht gelegt. Generell teilten sich zwei Sannyasins einen Raum.

Die vier religiösen Feste des Jahres verbrachten die Sannyasins gemeinsam. Auch Bhagwan nahm daran teil, während er ansonsten kaum in das tägliche Leben der Kommune integriert war. Abgesehen vom Drive By sahen ihn seine Sannyasins selten, er lebte sehr zurückgezogen in einer abgeschirmten, schwer bewachten Villa in den Bergen.

Die älteren Menschen waren in Rajneeshpuram völlig in die Gemeinschaft einbezogen. Nach Berichten einer Sannyasin-Mutter arbeiteten sie nach ihren Möglichkeiten mit:

> «In der großen Küche und in der Bäckerei gibt es immer viel
> zu tun. Das System erinnert an die frühen bäuerlichen
> Gemeinschaften, wo die alten Leute auch von der
> Gemeinschaft aufgefangen wurden.»[20]

Für die ca. 80 Kinder gab es einen Extra-Wohnbereich, ihre Erziehung wurde als gemeinsame Aufgabe der Kommune angesehen. Die Kinder lebten nicht bei den Eltern, sondern wurden von Kinderbetreuern versorgt. Die Erziehung richtete sich nicht nach dem körperlichen, sondern nach dem «psychologischen» Alter und den individuellen Fähigkeiten. Sobald ein Kind verantwortlich entscheiden konnte, was es tun wollte, wurde es wie ein junger Erwachsener behandelt, erhielt entsprechende Ausbildungsmöglichkeiten und übernahm bereits Verantwortung, so war z. B. ein Zwölfjähriger bereits ausgebildeter Mechaniker. Ein wichtiger Aspekt der Erziehung war die Integration in die Gemeinschaft; die meisten Kinder suchten sich selbst einen Bereich der Kommune aus, in dem sie mithelfen wollten.

Der Höhepunkt im Leben der Kommune war das jährliche Weltfestival, das 1984 und 1985 jeweils ca. 15 000 Menschen besucht hatten. Das Festival begann offiziell am Morgen des 30. Juni und dauerte ein bis zwei Wochen. Höhepunkt des Festivals war der 6. Juli – der Tag des Meisters, an dem morgens Satsang und abends Darshan in Gegenwart von Bhagwan zelebriert wurden.

Die folgende Schilderung des 3. Weltfestivals 1984 gibt einen guten Einblick in den Ablauf eines solchen Festes:
Die Gäste dieses Festivals wurden von den Kommunemitgliedern willkommen geheißen; jeder erhielt ein Buch mit Diskursen von Bhagwan als Geschenk. Die Besucher wurden zum größten Teil in 4-Personen-Hauszelten untergebracht, die auf stabilen Holzkonstruktionen standen. Jedes Zelt wurde von einem Einrichtungsteam mit Matratzen, Decken, Bettwäsche und Regalen ausgestattet. Die Sannyasins hatten über 300 Zelte aufgebaut, die über die Täler von Rajneeshpuram verstreut lagen. An den Zeltplätzen hingen Schilder mit der Aufschrift: «Welcome home, lovers». In der Nähe der Zelte gab es Wäschewagen, wo die Gäste ihre Wäsche waschen lassen konnten, außerdem wurden die Zelte täglich von sogenannten «Zeltmamas» gesäubert. Den vermögenden Besuchern standen auch feste Häuser und das Hotel Rajneesh zur Verfügung.
Das Festival begann am Morgen des 30. Juni mit einem Satsang; manche Besucher hatten sich schon seit 4 Uhr um einen Platz in der Nähe ihres Meisters bemüht. In diesem Satsang wurde Bhagwan mit griechischen Volksmelodien empfangen. Er war in eine schwarze Robe gekleidet, die mit Goldbrokat verziert war, und nahm in seinem Sessel auf dem Marmorpodest der riesigen Rajneesh Mandir Halle Platz, die von Sannyasins aus aller Welt bis auf den letzten Platz besetzt war. Die Musik verstummte, und alle Sannyasins sangen die Gachchhamis. Danach folgten Musikdarbietungen, in denen Lesungen aus den Diskursen Bhagwans eingestreut wurden. Bhagwan selbst saß die ganze Zeit schweigend vor seinen Jüngern.
Am 2. Tag des Festivals wurde er mit afrikanischen Melodien empfangen, und der Satsang wurde mit Lesungen und Musik aus diesem Kulturkreis gestaltet. Bhagwan trug an diesem Tag eine elegante seegrüne Robe mit passender Kappe in seegrün, die mit einem Goldfaden verziert war. Auch zu den folgenden Satsangs wurde er – immer anders gekleidet – mit wechselnder internationaler Musik empfangen. 28 Kompositionen aus Griechenland, Irland, Rußland,

Armenien und den USA hatten die Sannyasin-Musiker vorbereitet.

Außer dem täglichen Satsang und «Drive By» standen den Besuchern eine Vielzahl von Unternehmungen offen: Sie konnten reiten, baden, segeln, surfen, Fahrräder mieten oder an einer Bustour teilnehmen. Wer die Ranch einmal von oben sehen wollte, konnte mit einem Kleinflugzeug einen kurzen Rundflug machen.

Während des Festivals wurden Meditationen und ein vielfältiges Programm von Einzel- und Gruppensitzungen angeboten. Auf dem letzten Festival 1985 soll es darüber hinaus auch esoterische Veranstaltungen gegeben haben; eine Sannyasin las aus der Hand, und die Besucher konnten durch Energielesungen, durch astrologische Würfel und Tarotkarten angeblich alles über sich selbst, ihre Gegenwart, Vergangenheit und Zukunft erfahren.

Viele Besucher hatten Spaß daran, in der Devateerth-Einkaufsstraße Mitbringsel zu erstehen. Gut verkauft wurden u. a. aufgeblasene Aluminiumherzen, verziert mit einem roten B; außerdem gab es Flaschenöffner, Eimer und Tassen mit dem Bild Bhagwans.

Dank einer guten Organisation war die Küche in der Lage, alle 15000 Menschen dreimal am Tag zu versorgen. Man mußte zwar etwas länger anstehen, wurde dann aber mit einem vorzüglichen Essen belohnt.

Besonders festlich wurde der «Tag des Meisters» begangen: Als «sichtbares Symbol der Liebe» fielen Rosenblätter vom Himmel, und zwar wurden sie von einem Flugzeug aus während des «Drive By» über Bhagwans Rolls-Royce abgeworfen. Zusätzlich schmückten die Sannyasins die Kühlerhaube noch mit Rosen. Danach fand der Fest-Darshan mit viel Musik, Tanz und Gesang statt. Nachdem alle Teilnehmer ein Buch über einige Darshans in Rajneeshpuram als Geschenk erhalten hatten, erwartete sie ein besonderes Festessen in der Cafeteria. Vor der Abfahrt erhielt jeder Abreisende ein Päckchen Proviant und eine Rose als Symbol der Liebe Bhagwans.

Doch nicht nur an den jährlich wiederkehrenden Gedenktagen wurden Feste veranstaltet. Da Anfang 1982 der Rajneeshismus in den USA als Religion juristisch anerkannt worden war, konnten die Priester offiziell Beerdigungen, Hochzeiten und Taufen durchführen, so daß laufend Anlässe zum Feiern gegeben waren. Da für die

Sannyasins der Tod Teil des Lebens ist und sie von einem Leben nach dem Tod überzeugt sind, glich die Totenfeier («send off») einem ausgelassenen Fest. Als Nirvesh, ein Sannyasin, während des Festivals 1984 an einem akuten Asthmaanfall gestorben war, wurde er in der großen Meditationshalle auf Rosenblüten gelegt und mit Girlanden und Blumensträußen geschmückt. Sheela eröffnete die Feier mit den Worten: «Swami Dhyan Nirvesh hat erneut eine Gelegenheit wahrgenommen, tief in Meditation zu gehen»[21] und legte dem Toten ein Geschenk von Bhagwan, eine seiner Mützen, auf den Kopf. Ein Strauß aus Blumen, die auf der Ranch gewachsen waren, wurde als Geschenk der Kommune auf sein Herz gelegt. Nachdem die Familie des Toten die Einwilligung zur Verbrennung seines Körpers gegeben hatte, wurde er in dem neuen Krematorium verbrannt. Die Urne wurde in einem langen Prozessionszug in das «Nirvana Grove» – das Tal der Gedenkstätten – gefahren. Vierunddreißig Autos, die mit Blumengirlanden geschmückt waren, folgten langsam; jedes Auto symbolisierte ein Jahr von Nirveshs Leben. Tausende von Sannyasins säumten die Straßen und gaben den Angehörigen des Toten einen besonderen Empfang. Sie wurden mit Rosenblättern überschüttet und mit Blumengirlanden beschenkt, dazu wurden russische Volksmelodien gespielt. Die Frau des Verstorbenen trug die Urne zur Grabstätte (Samadhi) und versenkte sie langsam. Danach streuten Kinder der Kommune Blütenblätter in den Farben des Sonnenaufgangs hinein, und eine Priesterin verlas einen Text von Bhagwan zum Thema Erleuchtung.

In Rajneeshpuram wurde gern geheiratet. Speziell an Festivaltagen ließen sich viele Sannyasins trauen. Die Trauungszeremonie wurde von Sheela geleitet: Sie begann mit dem Gebet der Sannyasins. Danach hielt sie eine kleine Rede über die Ehe, wobei sie Bhagwan oft zitierte. Auf besonderen Wunsch las sie auch Texte von Kahlil Gibran vor. Manchmal erzählte sie auch lustige Geschichten von Paaren, die es sich kurz vorher doch noch anders überlegt hätten, oder sie schilderte den Unterschied zu den üblichen Trauungen, die von der Kirche abgehalten werden.
Während der Zeremonie wurden Ringe und Blumengirlanden ausgetauscht, danach erklärte Sheela das Paar im Namen von

Bhagwan Shree Rajneesh zu Mann und Frau. Nach diesem offiziellen Teil konnte das Brautpaar das Hochzeitsfest gestalten, wie es wollte.

Auflösung der Kommune in Rajneeshpuram

Die Atmosphäre in der Stadt Rajneeshpuram wurde unterschiedlich empfunden und auch geschildert. So rühmten Sannyasins und Besucher die Schönheit der Stadt und ihrer Umgebung und die Entspanntheit und Zufriedenheit ihrer Bewohner; ein Reporter der «Welt am Sonntag» beschrieb eine Sannyasin als «offensichtlich gesund und glücklich»[22], ein TAZ-Reporter, der morgens an der Dynamischen Meditation teilgenommen hatte, berichtete, daß er selten so im Einklang mit sich gewesen sei wie in Rajneeshpuram. Die angenehme Atmosphäre, die er in Rajneeshpuram spürte, führte er auf die Entlastung der Sannyasins von komplizierten Situationen und die Reduktion des Lebens auf elementares zwischenmenschliches Verhalten zurück:

> «Das Verhältnis der Menschen zur Natur und die natürlichen menschlichen Beziehungen untereinander sind wenig von dem gestört, was wir ‹Gesellschaft› zu nennen pflegen.»[23]

Auch die Gestaltung der Landschaft innerhalb der Stadt wurde als wohltuend empfunden:

> «Der Hauptweg entlang des Bachs beginnt in der Nähe der Rajneesh International Meditation University. Er setzt sich durch die Stadt fort bis zum Fuß des Hügels, auf dem die Magdalena Cafeteria steht. Der Weg führt an sanft aufsteigenden Hügeln vorbei und über eine handgefertigte hölzerne Brücke. An der Kreuzung von Lieh Tzu windet sich der Weg um zwei große Teiche, die von Gänsen, Enten sowie schwarzen und weißen Schwänen bewohnt sind.
> Entlang des Weges laden hölzerne Brücken ein zum Verweilen und Reflektieren über das Strömen des Wassers und die Kühle der stillen Teiche. Am Abend, unter dem Sternenhimmel, sind dies die Lieblingsplätze der Bewohner von Rancho Rajneesh, ein Platz für ein Schwätzchen, ein romantisches Rendezvous mit einem Freund oder allein.»[24]

Andere empfanden die Atmosphäre in Rajneeshpuram als unangenehm; die Bewohner würden ständig kontrolliert; überall träfe man auf bewaffnete Sicherheitskräfte. Nach Aussagen eines Reporters vom «Stern» war die Kontrolle lückenlos:

> «Lächelnd wird man dutzendmal am Tag gefragt, wo man war, welche Vorträge und Übungen man besucht hat und wohin man will. Die Wege, die man gehen darf, sind vorgeschrieben, ein Spaziergang in die Berge etwa muß angemeldet werden. Und immer wieder der Blick der Sicherheitspolizisten auf das Armband mit den Personalien.»[25]

Besucher berichteten, daß, wohl als Folge des Hotelanschlags in Portland, *an allen Straßenkreuzungen Rajneeshpurams Kontrollposten eingerichtet worden waren;* das Betreten und Verlassen von Gebäuden wurde schriftlich registriert. Die Einreise nach Rajneeshpuram ähnelte einem Grenzübertritt: Das Gepäck wurde eingehend untersucht; den Besuchern wurde untersagt, Waffen, Drogen oder Streichhölzer mit in die Stadt zu nehmen. Sie mußten detaillierte Anmeldeformulare ausfüllen und erhielten dann ein Armband mit allen persönlichen Daten und der Aufenthaltsdauer.

Das Funksprechnetz der Ranch funktionierte lückenlos; auf den Dächern und an Videogeräten standen Sonderwachen:

> «Es gibt Observationen aus Hubschraubern und Autos, sogar Hitzesensoren im freien Gelände – vor allem in der Nähe der Bhagwan-Residenz... Wenn man dennoch auf Abwegen ist, tönt es aus dem Lautsprecher: ‹Come to the office.›»[26]

Diese Entwicklung in Richtung einer überzogenen äußeren Überwachung korrespondierte mit dem inneren Zustand der Kommune, der sich zunehmend verschlechterte. Seit die Bhagwanbewegung nach außen hin immer mehr von Sheela – damals Bhagwans einzigem autorisierten Medium – vertreten wurde, waren zunehmend Veränderungen festzustellen.

Zwar hatte Bhagwan auch die letzten Wochen in Poona nicht mehr öffentlich gesprochen, aber er war doch fast täglich beim Satsang präsent gewesen. In Oregon aber war er nur noch beim Festival-Satsang anwesend; der Kontakt zu seinen Sannyasins hatte sich auf das tägliche kurze «Drive By» am Nachmittag beschränkt. Eine direkte Beziehung war also nicht mehr möglich; er entrückte immer mehr und konnte nur noch aus der Ferne verehrt werden.

Sheela hatte jetzt teilweise seine Stelle eingenommen; sie gewann zunehmend an Macht in der Bewegung, vor allem wohl deshalb, weil sie von Bhagwan autorisiert worden war. Ma Anand Sheela – Sheela Silvermann – die Tochter indischer Eltern – traf Bhagwan zum erstenmal im Alter von 17 in ihrer Heimatstadt Baroda in Gujarat. Das zweite Mal begegnete sie ihm in Bombay und wurde seine Schülerin. In Poona stand sie noch nicht an erster Stelle nach Bhagwan, arbeitete jedoch schon eng mit Ma Yoga Laxmi zusammen. Nach Aussagen von Sannyasins war Sheela schon damals Bhagwans Liebling, weil sie mutig und rebellisch war.

Von 1980 bis Herbst 1985 war sie Bhagwans Sekretärin, gleichzeitig aber auch Präsidentin der Akademie des Rajneeshismus, Archarya (d. i. Lehrerin bzw. Priesterin) und Präsidentin der Rajneesh Foundation International.

Es war Sheelas Idee, Bhagwan nach Oregon zu bringen und die Stadt Rajneeshpuram zu bauen. Sie war es auch, die Bhagwans Botschaften weitergab, da sie bis zum Oktober 1984 der einzige Mensch – Ärzte ausgenommen – war, mit dem Bhagwan sprach. Auf einer Pressekonferenz in Hamburg erklärte sie, sie hätte die Befugnis und Fähigkeit, Bhagwans Worte zu erklären, und die Macht, zu entscheiden, wer in die Kommune aufgenommen werden dürfte. Sie war es auch, die Bhagwans Lehre immer stärker in Richtung des Materiellen hin ausdeutete. Bhagwan hatte zwar immer wieder betont, daß es nicht nur um inneren, sondern auch um äußeren Reichtum ginge, der Schwerpunkt jedoch lag für ihn nach wie vor auf der Bewußtseinsentwicklung des einzelnen.

Sheela jedoch hatte weniger die Bewußtseinsentwicklung im Sinn, sondern wollte eine organisierte Religion und eine mächtige finanzkräftige Weltkommune aufbauen. Entsprechend dieser Zielsetzung änderte sich auch der Stellenwert der Arbeit. Waren vorher auch Therapie und Meditation von wesentlicher Bedeutung für die Kommunemitglieder, so wurde das bald zum Luxus, den nur noch Besucher der Kommune genossen; für die Kommunemitglieder stand die Arbeit im Mittelpunkt. Hatte der einzelne anfangs in Oregon noch viel Freiraum, wurden die Zügel von Sheela bald immer mehr angezogen. So führte sie den 14stündigen Arbeitstag ein, der den Sannyasins nur noch ein sehr reduziertes Privatleben erlaubte. Dem Funktionieren der Kommune mußten alle Bedürfnisse untergeordnet werden. Dazu gehörte auch, daß Kritik nicht mehr erwünscht war, sie galt als «negativ». Negative Gefühle, die innerhalb der Kommune nicht mehr ausgedrückt werden konnten, wurden nach außen verlagert, beispielsweise auf die Gegner der Kommune. Ein Sannyasin karikiert diese Entwicklung:

> «Seid positiv, total und vereint. Vereint die Kräfte als Antwort auf die äußeren Feinde, trau keinem Nicht-Rajneeshie. Sei als ‹Neuer Mensch› arrogant, überheblich, heiliger als andere. Sei niemals negativ.»[27]

Offiziell sollte es in Rajneeshpuram keine Hierarchien, keine Konkurrenz und keinen Machtmißbrauch geben; in der Realität herrschten jedoch «die Mamas», die Leiterinnen der Kommune und die Koordinatorinnen.

Wer sich nicht «an die Regeln hielt», galt als nicht vertrauenswürdig. Diejenigen, die Kritik äußerten, wurden isoliert und mußten die Ranch verlassen.

Unmerklich, für die meisten Sannyasins immer noch unfaßbar, verwandelte sich die Kommune in Oregon in einen Staat, der teilweise autoritäre Züge aufwies. Für viele Sannyasins, die glaubten, zumindest innerhalb ihrer Bewegung die meisten gesellschaftlichen Zwänge und Hierarchien überwunden zu haben, war das ein Schock. Gerade in einem Gemeinwesen, in dem Harmonie und Gewaltlosigkeit oberstes Gebot war, fand ein Machtkampf innerhalb der Leitung statt, der seinesgleichen suchte. Im September 1985 verließ Sheela die Kommune mit 20 ihrer Freunde; danach gab es ständig neue gegenseitige Beschuldigungen und Enthüllungen. Bhagwan bezeichnete Sheela und ihre Gruppe als kriminelle Gang; er warf ihr Abhöraktionen, versuchte Vergiftungen, andere Mordanschläge und finanziellen Mißbrauch vor. Sheela wiederum beschuldigte Bhagwan der Geldgier und Skrupellosigkeit; so soll er z. B. veranlaßt haben, daß reiche Sannyasins auf Partys mit einer Droge namens «ecstasy» zu Spenden für Bhagwan animiert werden sollten. Wo hier Wahrheit oder Lüge lagen, war schwer zu durchschauen; mittlerweile jedoch kristallisiert sich heraus, daß Bhagwans Vorwürfe wohl berechtigt waren.

Warum es zwischen Bhagwan und Sheela zum offenen Konflikt kam, kann nur vermutet werden. Bhagwan selbst gab als Grund an, daß Sheela zunehmend unglücklicher und eifersüchtiger wurde, seitdem er wieder öffentlich zu sprechen angefangen hatte; sie sah ihre Vorherrschaft gefährdet. Möglicherweise auch wurde Sheela für Bhagwan zu gefährlich, weil sie immer mehr im Mittelpunkt der Kommune stand; vielleicht auch versuchte er auf diese Weise, eine schleichende Rebellion unter seinen Schülern aufzufangen.

Die vehementen Mißfallenskundgebungen nach Sheelas Abreise können ein Indiz dafür sein, daß die Sannyasins schon länger mit der Situation unzufrieden gewesen waren. Möglicherweise konnte Bhagwan so zwei Fliegen mit einer Klappe schlagen. Einerseits konnte er sich von Sheela befreien, mit der er offenbar Konflikte hatte; gleichzeitig wurde dadurch die Atmosphäre in der Kommune entlastet. Der «Stern»-Reporter Erich Follater meint, daß Sheela sich mit den amerikanischen Behörden persönlich angelegt hatte, so daß sie für Bhagwans legalen Kampf gegen die drohende Ausweisung aus den USA zu einer schweren Belastung geworden war:

> «Wenn die Auseinandersetzungen mit seiner Sekretärin nicht verabredet oder zumindest provoziert waren, kamen sie für den Meister doch zumindest wie gerufen – er konnte ein neues, ‹zivilisiertes› Führungsteam präsentieren.»[28]

Eine Rolle spielte sicher auch, daß Sheelas Weggang das Ende eines internen Machtkampfs zweier Führungscliquen markierte. Zu den Mitgliedern der Sheela-Clique gehörten die meisten weltlichen Leiter der Kommune, etwa der Bürgermeister oder die Präsidentin der «Rajneesh Neo-Sannyas-International Commune», während die andere Clique – die sogenannte «Hollywood Gruppe» – aus den langjährigen Vertrauten Bhagwans aus Poona bestand, darunter Bhagwans Arzt und Zahnarzt, eine Therapeutin und einige reiche Sannyasins. Diese Gruppe stellte nun die neue Führungsgruppe in Rajneeshpuram.

Auch die Sannyasins aus Rajneeshpuram, die sich bisher um eine Idealisierung der Vorgänge bemüht hatten, gaben nun unerwartete Reaktionen und Enthüllungen preis. Angeblich tanzten viele Sannyasins nach der Abfahrt Sheelas und ihrer Freunde vor Freude auf der Straße. Ein Sannyasin glaubt, eine nachrevolutionäre Erscheinung unter den Menschen von Rajneeshpuram beobachtet zu haben. Plötzlich konnte er sich vorstellen, wie es 1917 in Rußland gewesen sein mußte, nachdem der Zar gestürzt worden war:

«Mit demselben revolutionären Stil gingen ein paar Leute in das Lebensmittelgeschäft in der Stadt und nahmen Dinge von den Regalen, ohne zu bezahlen – eine trotzige Geste der Freiheit. Andere, die in der Magdalena Cafeteria arbeiteten, wollten nur noch Brot und Tofu zu den Mahlzeiten servieren, als Protest gegen die langen Arbeitszeiten und die zu kleine Crew. Und niemand wollte mehr in den Restaurants arbeiten. Plötzlich war es in Ordnung, ‹Nein› zu sagen, und nach Jahren der Unterdrückung dieses Wortes war es ziemlich laut zu hören.»[29]

Nach Sheelas Weggang brach sich plötzlich ein ungeheures Mitteilungsbedürfnis Bahn; entgegen der von Sheela vertretenen Linie, sich nicht privat auszutauschen,

«war der Tratsch für uns jetzt die therapeutischste und heilendste Kraft in der Kommune. Plötzlich waren keine Grenzen mehr zwischen uns. Wir konnten unsere Herzen ausschütten, unsere Hoffnungen, Zweifel und Ängste teilen. Wir konnten Geheimnisse loswerden, die wir voreinander zurückgehalten hatten. Geheimnisse, die uns getrennt hatten.»[30]

Andere Beschuldigungen gegen Sheela und ihre Freunde klangen so abenteuerlich, als wenn ein Krimi-Autor das Drehbuch der Ereignisse geschrieben hätte; so lautete denn auch eine Überschrift in der «Rajneesh Times»: «Schlimmer als Watergate. Schockierende Enthüllungen in der einzigen verbrechensfreien Stadt der Welt!»[31]

Eine Sannyasin aus Rajneeshpuram berichtete über eine monatelange Isolation wegen Aidsverdacht in einem abgelegenen Tal der Ranch. Die dort lebenden Sannyasins durften monatelang noch nicht einmal telefonieren. Der einzige Kontakt, den sie mit der übrigen Kommune hatten, fand während des Diskurses von Bhagwan statt. Sie wurden als letzte hereingelassen, saßen für sich und wurden gewarnt, anderen beim Sprechen nicht zu nahe zu kommen oder ihnen irgendwelche schriftlichen Nachrichten zu geben; diese könnten die Krankheit übertragen. Sie durften nach dem Diskurs auch keine Geschenke oder Päckchen annehmen, da die Keime ihrer Freunde ihr gefährdetes Immunsystem angreifen könnten.

Auch die Post schien kontrolliert zu werden:

> «Jeder Nachrichtenkanal war blockiert, und dazu die
> ständigen Ermahnungen, daß ich die Kommune auf viele
> Arten gefährden würde, wenn ich jemanden oder etwas
> berühren würde.»[32]

Nach Sheelas Flucht stellte sich heraus, daß die «Mamaherrschaft»
vielen Sannyasins nicht gefallen hatte:

> «Natürlich sollten wir sie lieben. Sie waren unsere ‹Mamas›.
> Sie wußten, was für uns das Beste ist. Sie konnten uns zeigen,
> wie man die Dinge ‹positiv› betrachtet.
> Und wenn wir das nicht konnten, konnten sie uns
> rausschmeißen. Was für mich dabei herauskam: Ich wurde ein
> perfekter Heuchler.»[33]

Dieselbe Kommune, die vorher von vielen Sannyasins fast als Para-
dies beschrieben wurde, wurde nun als faschistischer Staat abge-
stempelt:

> «Als Bhagwan sagte, daß Sheela und ihre Bande die
> Kommune in ein Konzentrationslager verwandelt hätten –
> ohne Zeit, auch einmal still am Seeufer zu sitzen –, waren alle
> sehr erleichtert. Die Wahrheit fühlte sich so frisch und
> befreiend an.»[34]

Ist das wirklich die Wahrheit? Wird hier nicht von vielen Sannyasins
der Spieß nur einfach umgedreht und die gleiche Schwarzweißma-
lerei wie vorher betrieben – nur mit umgekehrtem Vorzeichen?
Kann Rajneeshpuram wirklich als Konzentrationslager bezeichnet
werden, oder gab es dort nicht nur ein übertriebenes Sicherheitssy-
stem und eine klare Führungshierarchie, die die Richtlinien des
Vorgehens bestimmte? Innerhalb dieses hierarchischen Systems
gab es mit Sicherheit bestimmte Freiräume und auch viel positives
Miteinander.
Wenn es in Oregon wirklich so faschistisch zugegangen wäre, wie das jetzt
nachträglich von manchen Sannyasins behauptet wird, dann ist
nicht zu begreifen, warum die Gegenwehr nicht schon früher eingesetzt hat; schließlich waren sie alle freiwillig da.
Ganz offensichtlich konnten viele Sannyasins den Machtmißbrauch
ihrer Leiter erst dann als solchen erkennen, als Bhagwan diesen öffentlich anprangerte. Manche Sannyasins berichten, daß sie ihre un-

guten Gefühle Sheela oder anderen Leitern gegenüber nicht hatten wahrhaben wollen, viele hatten nicht den Mut, mit anderen Sannyasins über ihre Zweifel und Ängste zu sprechen. Andere waren nach Aussagen der «Rajneesh Times» auch durchaus bereit gewesen, sich gegenseitig zu bespitzeln.

Eine Beurteilung der Kommune muß wohl etwas differenzierter ausfallen, da Rajneeshpuram von den einzelnen Sannyasins wohl auch sehr unterschiedlich erlebt wurde. So gab es sicher Sannyasins, etwa die, die nah mit Sheela und ihren Helfern zusammenarbeiten mußten, die sich sehr unterdrückt fühlten. Andere, die einen Arbeitsplatz ihrer Wahl in einem guten Team hatten, mögen die Reglementierungen kaum gespürt haben oder fanden für sich Möglichkeiten, damit positiv umzugehen. So meinte eine Sannyasin:

«Am wichtigsten war mir, in Bhagwans Nähe zu sitzen, während er gesprochen hat. Die Strukturierung des Tages, die langen Arbeitszeiten, die vielen Regeln waren zwar hart, aber auf der anderen Seite mochte ich die Ranch so gern, daß dies alles mich letzten Endes nicht gestört hat. Ich wußte, daß man eben mehr Struktur braucht, je größer die Kommune ist; das war halt der Preis, den ich, um auf der Ranch zu sein, gezahlt habe. Auf der einen Seite macht Struktur die Intelligenz dumpf und tötet die Kreativität, auf der anderen Seite aber nimmt sie dir deine Alltagsnöte ab, und du hast Raum, deine Gefühle und Gedanken zu beobachten. Das habe ich damals viel gemacht, nach innen gehen, mit Hilfe von Bhagwans Nähe.»[35]

Ein Sannyasin faßt seine Eindrücke so zusammen:

«Heute sehe ich, daß auf der Ranch zwei Welten existiert haben müssen. Eine zum Anfassen, das war der Staudamm, die Landschaft, die Häuser, die Straße, das Busnetz, die lauwarme Dusche für Kühe, die Gemüsefarm, der Fluß und eben alles, was sichtbar war. Und dann die unsichtbare, geheimnisvolle Welt in den Köpfen und Herzen der Menschen: Machtkämpfe, Angst, krankhafter Ehrgeiz, Neid, Eifersucht, Größenwahn usw. Aber da gab es eben auch die andere Seite, die Liebe zu Bhagwan und den anderen Sannyasins, der Mut, an einem einzigartigen Experiment teilzunehmen und dafür altvertraute Sicherheiten hinter sich zu lassen. Da gab es auch die Offenheit dafür, immer wieder ins Unbekannte zu springen und nie erlebte Lebensfreude, die Menschen, die Natur und die Arbeit aus vollem Herzen genießen zu können...»[36]

Nach dem Weggang Sheelas schob ihr Bhagwan die ganze Schuld an der Entwicklung der Kommune in den letzten Jahren zu. Er erklärte, er hätte von allem nichts gewußt, weil er geschwiegen und sehr isoliert gelebt hätte. Auch der Rajneeshismus sei ein Produkt von Sheela, deshalb schaffte er ihn in einer Verbrennungszeremonie ab, in der 5000 Exemplare des Buches «Rajneeshismus» und Kleider von Sheela verbrannt wurden. Auch die äußeren Zeichen von Sannyas waren jetzt nicht mehr Pflicht; er stellte jedem Sannyasin frei, ob er sie tragen wollte.

Der Name der Rajneesh Foundation (RT) wurde auf Bhagwans Vorschlag hin in «Rajneesh Friends International» (RFI) verändert, weil «Sheela und ihre Bande den Namen beschmutzt hätten»[37]. Bhagwan wollte jetzt nur noch ein Freund der Sannyasins sein:

«Ich wollte niemals irgend jemandes Meister sein. Aber die Menschen wollen einen Meister, sie wollen Schüler sein. Also habe ich die Rolle gespielt. Jetzt ist es an der Zeit, Euch zu sagen, daß nun viele von Euch bereit sind, mich als einen Freund anzunehmen. Also sind die, die ständig mit mir im Einklang sind, ohne Unterbrechung meine wirklichen Freunde.»[38]

Nach Sheelas Weggang wurde die Ranch eingehend durchsucht. Nicht nur das FBI und die Oregoner Staatspolizei, sondern auch die örtlichen Sheriffs mitsamt der Steuerfahndung und den Einwanderungsbehörden sammelten Belastungsmaterial gegen die Kommune, gegen einzelne Sannyasins und gegen Bhagwan. Ende Oktober 1985 verließ Bhagwan in einer Nacht-und-Nebelaktion Rajneeshpuram: Er gab zwar an, nur einen Erholungsaufenthalt auf den Bermudas geplant zu haben; die Fakten sprachen allerdings dafür, daß er durch seine Flucht versuchte, sich einer Strafverfolgung durch die amerikanischen Justizbehörden zu entziehen.

Das Flugzeug, in dem sich Bhagwan und einige seiner engsten

Schüler befanden, tauchte bald nach dem Start auf den Radarschirmen der amerikanischen Flugüberwachung auf. Als der Jet zum Nachtanken in North Carolina zwischenlandete, umstellten ihn die alarmierten Behörden, und Bhagwan und seine Leute wurden festgenommen. Gegen Bhagwan wurde der Vorwurf erhoben, die Einwanderungsbestimmungen der USA verletzt zu haben. Nach zwei Wochen wurde er aus der Haft gegen Kaution freigelassen; kurz danach wurde er von einem Gericht in Portland wegen zweimaligen Verstoßes gegen die Einwanderungsbestimmungen zu zehn Jahren Haft und 400 000 Dollar Geldstrafe verurteilt. Gegen Bhagwans Versprechen, innerhalb von fünf Tagen die USA zu verlassen, wurde seine Haftstrafe auf Bewährung ausgesetzt. Bhagwan erklärte, er wolle sofort ausreisen und nie mehr in die USA zurückkehren. Das schnelle Urteil wurde durch Bhagwans Geständnis ermöglicht. Er gab zu, eine Scheinehe gestiftet und die Behörden belogen zu haben. Im Gegenzug ließ das Gericht dann 33 ähnliche Vorwürfe gegen Bhagwan fallen und setzte die Strafe zur Bewährung aus.

Bhagwans Rechtsanwalt berichtete, daß sein Meister sich weiterhin für unschuldig hielt. Er hätte sein Plädoyer jedoch geändert, weil er für den Fall seines Verbleibs in den USA mit dem Schlimmsten rechnete. Wenn er in allen 35 Anklagepunkten schuldig gesprochen worden wäre, hätte er zu 175 Jahren Haft verurteilt werden können.

Nach dem Gerichtsurteil fuhr Bhagwan direkt zum Flughafen und verließ die Vereinigten Staaten, um in sein Heimatland zurückzukehren.

Übrigens wurde Sheela, die sich mit ihren Freunden im Schwarzwald aufhielt, dort am gleichen Tag wie Bhagwan verhaftet, zusammen mit zwei anderen Sannyasin-Frauen. Ihnen wurden verschiedene kriminelle Handlungen wie versuchter Mord, Vergiftung von Nahrungsmitteln, Abhöraktionen etc. angelastet, und die US-Behörden strengten ein Auslieferungsverfahren an.

Nachdem Bhagwan Rajneeshpuram verlassen hatte, wurde schnell klar, daß die Kommune sich ohne ihn nicht mehr halten ließ; sie war in ihrer Struktur weitgehend von Bhagwans Anwesenheit abhängig. Seit seiner Verhaftung kamen immer weniger Besucher. Damit versiegte die Haupteinnahmequelle von Rajneeshpuram, denn die Gäste aus aller Welt hatten zu einem großen Teil zur finanziellen

Aufrechterhaltung der Kommune beigetragen. Hinzu kam, daß die Rechtsanwalts- und Gerichtskosten der vergangenen Monate enorm hoch gewesen waren.

Ende November 1985 wurde die Auflösung der Kommune bekanntgegeben. Rajneeshpuram sollte sukzessive verkauft werden. Der Bürgermeister regte an, daß die Bewohner mit Geld die Ranch möglichst bald verlassen sollten, und bat die anderen Bewohner, zu versuchen, ob sie nicht selbst finanziell etwas auf die Beine stellen könnten. Er versprach jedoch, daß niemand seinem Schicksal überlassen werden würde.

Den ehemaligen street people, von denen noch etwa hundert in Rajneeshpuram lebten – die meisten als Sannyasins – wurde ein Freiticket für jeden beliebigen Ort der USA versprochen sowie ein gewisses, frei verfügbares Anfangskapital.

Danach reisten täglich Sannyasins ab, lediglich eine Gruppe von ca. 100 Sannyasins blieb zurück, um verschiedene Angelegenheiten zu regeln: Fast alle Vermögenswerte, die sich in den vergangenen viereinhalb Jahren angesammelt hatten, einschließlich des Grundstücks, mußten verkauft werden, Schulden mußten zurückgezahlt, juristische Angelegenheiten geklärt und am Ende die Kommune selbst aufgelöst werden.

Auf juristischer Ebene hatte das Ganze noch ein Nachspiel. Eine Anklage des Staates Oregon richtete sich gegen alle Firmen in Rajneeshpuram. Inhaltlich besagte sie, daß die Betriebe der Stadt ein Kartell gebildet und illegale Aktionen getätigt hätten.

Hinzu kam eine Zehn-Millionen-Klage von vier Restaurants aus der oregonischen Kleinstadt The Dallas wegen eines Salmonellenausbruchs in ihren Betrieben, der angeblich von Sannyasins initiiert worden war. Außerdem gab es Untersuchungen wegen Vergehen einzelner Sannyasins aus Rajneeshpuram, die aber von den Ermittlungsbehörden geheimgehalten wurden. Bis jetzt (September 1986) ist noch nicht klar, was auf ehemalige Bewohner Rajneeshpurams juristisch noch zukommen kann.

Der Prozeß gegen Sheela und ihre beiden Mitangeklagten hat allerdings bereits stattgefunden:

Im Juli 1986 wurden sie von zwei Gerichten in Portland/Oregon verurteilt. Gegen Zusicherung geringerer Strafen hatten sie sich für schuldig im Sinne der Anklage bekannt. Sheela wurde wegen unerlaubten Abhörens und wegen Vergiftung von Lebensmitteln zu zweimal viereinhalb Jahren Haft verurteilt, die jedoch gleichzeitig zu verbüßen sind. Fünf Jahre Haft auf Bewährung erhielt sie wegen falscher Angaben der Einwanderungsbehörde gegenüber. Nach Verbüßen der Haftstrafen muß sie die USA verlassen.

Ivonne Onang – Anand Puja – wurde für die Vergiftung von Lebensmitteln ebenfalls zu vier Jahren Haft verurteilt. Catherine Elsea – Shanti Badra – gestand einen Mordversuch und wurde zu zehn Jahren Haft verurteilt, von denen sie aber nach Angabe der Staatsanwaltschaft voraussichtlich nur ein Jahr absitzen muß.

Im September 1986 sollen sich noch gut 20 Sannyasins in Rajneeshpuram aufgehalten haben, die sich weiterhin darum bemühten, die Farm zu verkaufen, und sich mit den Prozessen beschäftigten, die gegen die Stadt angestrengt worden waren.

Gegen die Auflösung von Rajneeshpuram gab es zwar Proteste in der Sannyas-Bewegung, aber im allgemeinen reagierte man sehr gelassen und scheinbar wenig betroffen. Ein Sannyasin antwortete auf die Frage eines Journalisten, ob es ihm angesichts der Zeit, der Energie und des Geldes nicht schwerfiele, Abschied zu nehmen:

> «Der Wert der Arbeit, die wir hier getan haben, lag schon darin, sie zu tun... sie selbst ist ihr eigenes Ziel und ihr eigener Lohn. In diesem Sinne... geht es nicht um das, was wir zurücklassen, sondern um das, was wir mitnehmen.»[39]

6. Die Ausweitung der Bhagwan-Bewegung zur Weltkommune

Die Nach-Poona-Zeit

Nach der Auflösung des Ashrams in Poona scheinen die meisten Sannyasins in ihre jeweiligen Heimatländer zurückgekehrt zu sein, aus denen sie vorher hatten endgültig fliehen wollen. Sie meinten, es sei ein Resultat ihrer Veränderung in Poona, daß sie sich jetzt lockerer fühlten und die gesellschaftlichen Zwänge besser aushalten könnten.

Viele Sannyasins gingen wieder in ihre früheren Berufe zurück; andere übersiedelten in kleinere Zentren, die sich durch die Invasion der Poona-Heimkehrer schnell vergrößerten. In *Zürich* sammelten sie sich beispielsweise in dem 1979 gegründeten Meditationszentrum Gyandep – Lampe der Weisheit. War das Zentrum vorher nur einige Stunden am Tag geöffnet, konnte es jetzt durchgehend Gäste aufnehmen und auch ein breites Spektrum an Therapie- und Meditationstechniken anbieten. Seit der Entstehung des Ashrams in Poona hatten Sannyasins in allen Teilen der Welt kleine Meditationszentren aufgebaut. So gab es beispielsweise 1979 in *Deutschland* und *Großbritannien* jeweils 29 Meditationscenter, in *Italien* 9 und in *Mexiko* und *Südafrika* jeweils 2. In *Indien* zählte man zu dieser Zeit bereits 162 Center, meist umfunktionierte Privatwohnungen von Sannyasins.

Die Rajneesh Meditationscenter sind kleine Gemeinschaften von Sannyasins, in denen sie sich zusammenfinden, um gemeinsam zu meditieren, zu leben und zu arbeiten. In den Zentren werden Meditationen und Selbsterfahrungskurse angeboten; auch Nicht-Sannyasins können daran teilnehmen. Wann aus einem Zentrum ein Ashram wird, ist nicht präzise festzulegen. Wenn ein Zentrum eine gewisse Größe erreicht hat und die Sannyasins stärker zusammengewachsen sind, d. h. sich als sogenannte «Familie» betrachten, wird ein Zentrum zu einem Ashram. Ab einer bestimmten Größe – ca. ab hundert Sannyasins – wird der Ashram dann zur Kommune.

Die Sannyasgemeinde in *England* ist in vieler Hinsicht typisch für die Gründung der Sannyasgemeinschaften in Europa. Ma Anand Poonam und Swami Anand Teertha leiteten 1972 in London ein Zentrum für persönliches Wachstum – Quaesitor –, als sie während einer Indien-Reise Bhagwan in Bombay begegneten und seine Schüler wurden.

1974 kehrte Poonam in den Westen zurück und gründete «Kalpatu» – das erste Rajneesh-Meditationszentrum in London. Kalpatu blieb jedoch relativ klein, da die meisten englischen Sannyasins in den Jahren 1974 bis 1981 zu Bhagwan nach Poona fuhren und dort auch blieben. Das veränderte sich mit dem sogenannten «March-Event» im März 1981. Zu dieser Veranstaltung in London im «Café Royal» kamen auch viele Sannyasins aus anderen europäischen Ländern. Von dem Zeitpunkt an nahm die Mitgliederzahl der europäischen Sannyasgemeinschaften deutlich zu.

Bhagwan hatte alle diese Gemeinschaften als Buddhafelder bezeichnet, d. h. als Orte, in denen es gute Möglichkeiten gab, den schlafenden Buddha im Menschen zu wecken. Schon in Poona hatte er gefordert, daß seine Sannyasins eine Kette von Buddhafeldern auf der ganzen Welt schaffen sollten, und das taten sie nun. Sie bauten Center und Ashrams auf, die organisatorisch und finanziell unabhängig waren, in Deutschland ca. 60, in den USA ca. 20; *schon 1982 gab es 500 Center auf der ganzen Welt.*

Auf Grund der neuen Situation ergaben sich wirtschaftliche Notwendigkeiten: die Heimkehrer, die in den Zentren leben wollten, mußten auch ernährt werden. So fingen Sannyasins an, gezielt wirtschaftliche Unternehmen wie Bioläden, Boutiquen und vegetarische Restaurants aufzubauen; sie verliehen und verkauften Bücher und Tonbandkassetten mit Vorträgen Bhagwans, boten Meditationen und Therapien an. Und sie versuchten schnell wieder miteinander in Kontakt zu kommen: Schon Ende September 1981 gab es im «Reitclub Eicherloh» im Erdinger Moos – nördlich von München – ein Treffen von 200 Sannyasins. Sie meditierten und feierten zusammen, sie verkauften Bhagwan-Bücher und -Kassetten und auch Fotos, Postkarten und Briefpapier mit dem Bild Bhagwans. Auf diesem Festival scheint auch das erste Mal von einer neuen Heimat aller Sannyasins in Oregon die Rede gewesen zu sein. Eine «message» – d. h. eine Botschaft Bhagwans – sagte angeblich, die Sannyasins sollten sich finanziell unabhängig machen, statt der Sozialfürsorge auf der Tasche zu liegen. Sie sollten ihre Energien in den Aufbau der Zentren stecken und in jedem Land eine Rajneeshstadt – eine Stadt der Sannyasins – bauen, um den Traum von einem menschlicheren Leben Realität werden zu lassen.

Schon zwei Monate (November 1981) später fand das zweite Großtreffen – diesmal in Berlin – statt. 3000 Anhänger Bhagwans versammelten sich im Internationalen Congreß Centrum (ICC) zur sogenannten «Orange Connection», einer therapeutischen «Superwochenend-Gruppe», zu der die acht berühmtesten Therapiegruppenleiter aus aller Welt eingeflogen worden waren.

Hatten manche Beobachter der Sannyasszene etwas schadenfroh geglaubt, daß sich die Bewegung nach Schließung des Ashrams in Poona auflösen oder zumindest an Elan verlieren würde, so wurden sie eines anderen belehrt. Bhagwans Flucht aus Indien wurde jetzt von den Sannyasins so interpretiert:

> «Bhagwan hat uns damit gesagt: So, nun seid ihr soweit, daß
> ihr auf eigenen Füßen stehen könnt. Geht hin in alle Welt und
> zeigt euren Mitmenschen, wie wir leben.» [1]

Das Treffen in Berlin war ein solcher Schritt und diente dazu, der Öffentlichkeit die positive Lebenseinstellung von Sannyasins vorzuführen. Das scheint zumindest teilweise geglückt zu sein; ein Reporter der TAZ schrieb:

> «Den fast 3000, die sich dort am Freitag versammelt haben
> und sich unter Lachen und Wiedersehensfreude in den Armen
> liegen, ist der Spaß anzusehen. Das häßliche ICC wimmelt in
> kurzer Zeit nur so von Rottönen und quirligen Menschen, ja
> es ist ein Happening, und ich möchte den sehen, der nicht
> neidisch würde über all die lachenden Gesichter, das absolut
> alberne, ausgelassene Lachen, über all die Umarmungen und

Streicheleinheiten, ohne die sicher kein Sannyasin dieses Fest verlassen hat.» [2]

Viele Sannyasins hatten sich zuletzt in Poona gesehen, und entsprechend groß war auch ihre Freude.

Entscheidend war, daß während des Orange-Connection-Festivals die neue Religion des Rajneeshismus verkündet worden war; diese Botschaft drückte einen Kurswechsel der gesamten Bewegung aus: In der Zeit nach Poona ging es weniger um die Selbstfindung des einzelnen Sannyasin, sondern um den Aufbau einer Weltkommune, die den Anspruch hatte, wirtschaftlich autark zu sein. Swami Deva Larry, zeitweilig der Business Developement Manager der Rajneesh-Unternehmen im europäischen Raum, meinte dazu:

«Wir alle haben eine jahrelange Experimentierphase hinter uns, ein Spielfeld, wo wir unsere kreativen Energien ausprobieren konnten. Und wo wir Abstand genommen haben von der Rollenfixierung, der Konditionierung, unbedingt Erfolg haben, etwas darstellen, andere ausstechen zu müssen. Viele haben inzwischen herausgefunden, wohin ihre wirkliche, persönliche Energie will, was sie wirklich mit ihrem Leben anfangen wollen. Chaos war für uns eine lehrreiche Zwischenerfahrung. Die einengenden Charakterstrukturen mußten sich erst einmal auflösen, dann kam erst mal nichts, jetzt kommt wieder was.» [3]

Die erste Sannyasinstadt wurde in der Bundesrepublik Deutschland Ende 1981 in Schloß Wolfsbrunnen in Nordhessen gegründet; dort entstand die größte Sannyas-Kommune Deutschlands mit ca. 100 Bewohnern – davon 20 Kindern. Die Sannyasins renovierten das heruntergekommene Schloß vom Keller bis zu den Schloßtürmchen und machten ein Schmuckstück daraus. Sie finanzierten sich über ein vegetarisches Restaurant, eine Baufirma, eine Fahrschule, einen Verlag, einen Gebrauchtwagenhandel und eine Arztpraxis. Sie entwickelten auch ein umfangreiches Selbsterfahrungsprogramm, dessen Schwerpunkt der Gesundheitspark Schloß Wolfsbrunnen war. Dort wurden Gruppen und individuelle Kurse angeboten, die sowohl auf westlicher Schulmedizin als auch auf östlichen Heilverfahren basierten.

Es gab aber auch viele kleinere Ashrams, die erst nach einigem Herumexperimentieren Methoden der Finanzierung entwickelten. Der «Nityam

Rajneesh Sannyas Ashram», ein kleiner Ashram südwestlich von Mainz, wurde beispielsweise von einer Gruppe von Sannyasins gegründet, die sich einiges zu ihrer Finanzierung einfallen ließen. So betrieben sie einen kleinen Naturkostladen im nahegelegenen Bad Kreuznach, obwohl sie damit keine Erfahrungen hatten. Da sie ihr eigenes Bio-Brot verkaufen wollten, entwickelten sie Rezepte und suchten dann einen Bäcker, der die entsprechenden Brote für sie backte. Eine Sannyasin wurde gleich selbst Bäckerlehrling, damit sie mitbacken konnte. Später richteten sie dann eine eigene Backstube ein und verkauften ihr Brot auf den Wochenmärkten. Sie aßen ausschließlich ihr eigenes Brot, Salat und Gemüse aus dem Garten und dem Gewächshaus sowie selbstgewonnenen Schafskäse. Eine andere Sannyasin ging bei einem Winzer in die Lehre und legte für den Ashram einen eigenen kleinen Weinberg an.

Die Koordinatorin des Ashrams, die als Lehrerin arbeitete, begann eine Seifenproduktion. Da sie keinerlei Erfahrungen damit hatte, mußte sie viele Seifenfirmen anschreiben, bis sich die geeigneten Kontakte ergaben. Ein Jahr später verkauften sie ihre Seife auf dem ersten Weltfestival in Rajneeshpuram in Oregon. Danach begannen sie eine Produktion von Shampoo:

> «Wir setzten uns mit einer Firma in Verbindung und hatten
> wenig später mehrere Tonnen Shampoo im Hof stehen.
> Dieses Shampoo war ein reines Naturprodukt nach einem
> offenbar guten, aber alten Rezept. Die Wirkung auf dem
> Kopf: Die Haare standen zu Berge. Sie waren kaum noch zu
> kämmen – der sogenannte ‹Krähennest-Effekt›. Dem wurde
> Abhilfe geschaffen, und zwar mit ca. 25 Prozent abbaubarem
> Festiger. Danach glänzten die frischgewaschenen Haare,
> wurden fülliger und kräftig.» [4]

Die Zeit zwischen dem ersten und dem zweiten Weltfestival (Juli 1982 – Juli 1983)

Bhagwan lud alle Sannyasins für den 6. Juli 1982 nach Oregon zum Guru Purnima ein, dem Tag des Meisters, um hier das «First Annual World Celebration» zu feiern. Bhagwan soll gerufen haben: «I want to see all of my Sannyasins!» [5]

5000 Menschen folgten seinem Ruf, darunter 2000 Deutsche. Die meisten reisten schon nach fünf Tagen wieder ab, denn auch wer mitarbeitete und dennoch 35 Dollar für Unterkunft und Verpflegung pro Tag bezahlte, durfte höchstens vier Wochen bleiben.

Die Gäste aus aller Welt waren begeistert von dem Aufbau «ihres» Landes, wohl auch mit Recht, denn innerhalb eines Jahres hatten die dort arbeitenden Sannyasins Erstaunliches geleistet. Die Schriftstellerin Ma Prem Pantho – alias Karin Petersen –, die eine Rundfahrt über die Ranch machte, beschrieb ihre Eindrücke so:

> «Wir lauschen und schauen mit offenen Mündern umher. Es ist unglaublich, eine Arbeit von Jahrzehnten, getan in einem einzigen knappen Jahr...»[6]

Ma Pantho, die in Poona und Oregon gewesen war, versucht die Veränderungen seit Poona darzustellen. Sie beschreibt die eher stille Freude zwischen den Sannyasins; bei ihrer Ankunft in Portland fällt ihr auf, daß dort keine überschwenglichen Umarmungen und Küsse zur Begrüßung stattfanden, da die Sannyasins wußten, daß Oregons Einwohner skeptisch ihnen gegenüber waren:

> «Das östliche Poona hatte viel Freakiges, Ausgeflipptes, Trotzverhalten gegen die kapitalistischen Wunderburgen angezogen. Wir sind ruhiger geworden nach außen: Schöne bis gepflegte Kleidung, hier und da ein gepflegtes Gesicht, Glitzer und Glimmer, Lederkoffer, Geld, vornehm leise Gespräche im Flughafenrestaurant. We are in the west now.»[7]

Ma Prem Pantho stellte fest, daß es jetzt nicht mehr darum ging, sich selbst zu entwickeln, sondern darum, Rajneeshpuram zu erschließen, es bewohnbar zu machen. Trotz aller Begeisterung war sie zunächst darüber schockiert, mit welchen Mitteln in Rajneeshpuram Geld verdient wurde. So konnte man dort Kugelschreiber, Schlüsselanhänger und Plastiktassen mit Bhagwans Bild kaufen. Sie ringt sich dann aber zu einem Verständnis für die Vermarktung Bhagwans durch:

> «Aber der Buddha unserer Zeit fährt lachend und mit unbeschreiblicher Anmut Rolls-Royce, fegt mit dem Motorboot übern See und dreht täglich seine Runden im Swimmingpool. Bhagwan ist nicht das ‹ganz andere›, man kann zu ihm nicht flüchten aus der kapitalistischen Welt in die ‹gute› spirituelle. Für ihn gibt es nur diese eine Welt, die beides enthält, gibt es nur einen Weg zu Transformation und

Veränderung, und der heißt: bedingungsloses
Annehmen.» [8]

Zu Poona-Zeiten war Sannyasin-Sein gleichbedeutend mit dem Ausstieg aus der bürgerlichen Gesellschaft; gegen das Normale zu rebellieren war der Kern der Lehre Bhagwans – dies zog besonders Freaks und Aussteiger an. Durch den Umzug in die USA ergaben sich für die Bewegung andere Ziele, sie mußte sich mit dem System arrangieren, um hier überleben zu können.

Der Übergang von der Phase der Selbstfindung in die jetzige, nach außen gerichtete des «Marktplatzes», wie es einige Sannyasins ausdrückten, wurde nicht von allen verkraftet. Nach Aussagen einiger ehemaliger Sannyasins gaben mehrere prominente Sannyasins aus der Poonazeit ihre Mala freiwillig ab oder wurden dazu gezwungen. Zu ihnen gehörten der bekannte Therapeut Somendra – alias Michael Barnett – und Shivamurti – alias Hugh Milne, der in Poona Bhagwans Leibwächter gewesen war. In einem Leserbrief im «Stern» kritisierte er Bhagwan vernichtend:

> «Rajneesh Mohan leitet ein skrupelloses Multi-Millionen-
> Dollar-Unternehmen ... die Rajneesh Foundation
> International, deren Ursprünge in wahrer Liebe und
> Geistigkeit liegen, hat sich, unbemerkt von den meisten
> Sannyasins, in eine Gemeinschaft verwandelt, in der Betrug
> und Heuchelei herrschen.» [9]

Die Umstellung der Bewegung war tatsächlich gravierend: Waren viele Sannyasins in Poona hohlwangig und oft nachlässig gekleidet gewesen, so hatten sie in Oregon eine gesunde Farbe und rote Bakken. Das äußere Bild der Bewegung paßte sich nun stärker den Normen unserer Gesellschaft an; so ließen sich die Männer ihre Bärte und langen Haare schneiden, und auch die lang wallenden Gewänder aus Poona sah man nicht mehr. Statt dessen kleideten sich die Sannyasins jetzt ausgesprochen schick.

Kam man in Poona für westliche Verhältnisse gut mit seinem Geld aus, so mußte man jetzt schon ein gutes Einkommen haben, um den Aufenthalt in Oregon bezahlen zu können; *acht Tage Oregon waren so teuer wie einst acht Monate Poona.* So entwickelten sich auch die ehemaligen Aussteiger in den europäischen Zentren zu Menschen, die Geld verdienen mußten, daran aber auch zunehmend Gefallen zu finden schienen. Sie wollten ja für den Aufbau Oregons Geld spenden, brauchten auch Geld für die Reisen nach Oregon und wollten – nicht zuletzt – nun auch selber gut leben. Statt *Selbstveränderung und Spiritualität* gewann nun zunehmend der äußere Reichtum an Bedeutung. Auf die Frage eines Journalisten, was wichtiger sei, Religion oder Geschäft, antwortete Sheela:

> «Religion und Geschäft gehen Hand in Hand. Zumindest soweit es den Rajneeshismus betrifft. Geist und Materie sind Teile derselben Münze. Man kann weder mit einem Körper ohne Seele existieren noch nur mit einer Seele ohne Körper drumherum – man braucht beides. Und beides muß ausgeglichen sein. Außerdem sind wir Kapitalisten, wir mögen Reichtum, wir mögen schöne Kleider, schöne Wohnungen. Wir sind tief verbunden mit der Schönheit – der inneren wie der äußerlichen Schönheit. Wir haben damit keine Schwierigkeiten.» [10]

Die Sannyasins fingen nun wirklich an, Geld zu verdienen, und gründeten vielversprechende Unternehmen. Hatten sie zunächst noch viel im kleinen experimentiert und herumprobiert, so fingen sie jetzt an, ganz gezielt Projekte aufzubauen.

Das erste dieser Projekte war 1982 *eine Diskothek in Köln*, die schnell populär wurde und Gewinn brachte. Etwas später folgte dann die «far out»-Rajneesh-Disco in Berlin, die trotz der großen Konkurrenz durch andere Berliner Diskotheken ein großer Erfolg wurde. Das von den Berliner Sannyasins entwickelte Konzept wurde später von allen Rajneesh-Diskotheken übernommen: Statt dunkler Plüschnischen gab es helle, klare Flächen; statt Beton und Plastik Naturbaustoffe wie Holz und Marmor – und etwas sehr Besonderes: einen Zen-Garten als Ruhepunkt.

Im Frühjahr 1983 machte das erste europäische *Zorba-the-Buddha-Restaurant in Zürich* auf, in Anlehnung an das Zorba-the-Buddha-Restaurant in Rajneeshpuram. Die Züricher entwickelten das Konzept eines kulinarisch-ästhetisch-vegetarischen Lebensstils und waren selbst von ihrem Erfolg überrascht. Sie hatten eine Marktlücke entdeckt; und diese Erkenntnis machten sich die Sannyasins anderer Großstädte zunutze und bauten dort ebenfalls vegetarische Restaurants auf.

Ein anderes Projekt der deutschen, schweizerischen und österreichischen

Religion und Geld ...

... unmittelbar in Beziehung zu setzen ist schon immer ein Reizthema gewesen: Die einen wollen die Verbindung am liebsten gar nicht wahrhaben, die anderen wittern nichts als Ausbeutung.

Vor Enttäuschungen sicher ist wohl nur, wer Geist und Geld getrennt in sichere Hände gibt.

Sannyasins war eine überregionale Zeitung. Auch dieses Projekt entwickelte sich in Anlehnung an die amerikanische Rajneesh Times – die Zeitung der Mutterkommune –, deren erste Ausgabe im Herbst 1982 erschienen war. Die Nullnummer der deutschen «Rajneesh Times» erschien im Frühjahr 1983 mit einer Startauflage von 30 000 Exemplaren; sie wurde auf Schloß Wolfsbrunnen herausgegeben. Ein Journalist der ZEIT meint dazu:

> «Zwischen Anzeigen von Puram-Wurmhumus aus
> Altbessingen, Naturkost aus Wiesbaden, Wolle aus München,
> Kücheneinrichtungen aus Miesbach und Geigen aus Freiburg
> immer wieder Fotos und Zitate von Bhagwan, dazu
> Informationen aus der Sannyasinszene... Politische Fragen
> werden nicht ausgeklammert, ein wöchentlicher Vergleich
> der Ansichten von Kohl und Rajneesh ist vorgesehen. In der
> ersten Ausgabe geht es um das Thema Zusammenleben: Kohl
> plädiert für die Familie, Bhagwan findet Kommunen
> besser.» [11]

Die Rajneesh Times vertritt das Konzept des positiven Journalismus:

> «Die Lektüre der morgendlichen Tageszeitungen ist nicht
> etwas, das den Leser den Tag mit Zuversicht und Lebensmut
> beginnen läßt... Die Themen des bisherigen Journalismus
> sind vor allem Kriege, Katastrophen und Kapitalverbrechen.
> Sie drücken ein morbides Interesse an den Schattenseiten des
> Lebens aus... Denn selbst über Positives wird negativ
> berichtet... Die Rajneesh Times durchbricht diesen
> Teufelskreis. Sie ist der Beginn einer neuen Art von
> Journalismus, eines Journalismus, der das Licht sucht und
> nicht die Dunkelheit.» [12]

Der Ansatz eines positiven Journalismus hob sich zwar wohltuend von der übrigen Berichterstattung ab; seine Verwirklichung fiel jedoch sehr einseitig und unkritisch aus. Die Rajneesh Times wurde schnell zu einem Jubelblatt, das allem, was aus Oregon kam, unkritisch Beifall klatschte. Über ihren Anspruch «Deutschlands allerbeste Zeitung» zu sein, amüsierten sich auch viele Sannyasins, die diese Zeitung für kaum lesbar hielten.

Die Zeit zwischen dem zweiten und dem dritten Weltfestival (Juli 1983 – Juli 1984)

Auf dem 2. Weltfestival 1983 in Rajneeshpuram wurde das Buch des Rajneeshismus vorgestellt: Offensichtlich wurden in dem Zeitraum auch die neuen Priester eingeweiht. Damit war die *Sannyas-Bewegung zu einer organisierten Religion* geworden, deren Interessen sich die einzelnen Kommune-Sannyasins unterzuordnen hatten. Die «Rajneesh Times» faßte diese Entwicklung als sehr positiv zusammen. Sie konstatierte ein verstärktes Gemeinschaftsgefühl bei den Sannyasins und kam zu dem Schluß:

> «Die Hintanstellung von Privatinteressen, die die positive Entwicklung der Kommune behindern könnten, wird immer deutlicher spürbar.» [13]

Nicht alle Sannyasins waren jedoch froh über diese Entwicklung; die Kritik ehemaliger Sannyasins, die in dieser Zeit die Bewegung verließen, setzte genau an diesem Punkt an. Nach ihrer Meinung ging das Spirituelle und Meditative immer mehr verloren. Doch trotz der Abwendung einzelner Sannyasins vergrößerte sich die Bewegung in Europa nach dem 2. Weltfestival stetig. Neue Zentren wurden gegründet und bestehende erweitert. In England gab es beispielsweise eine Kommune in Medina, vier große Meditationszentren in Edinburgh, Leeds, Liverpool und Bristol und rund fünfzehn mittlere Landkommunen für die ca. 10 000 Sannyasins. Die «Medina Rajneesh Neo-Sannyas-Commune» in Suffolk wurde im Dezember 1981 gegründet. Sie war die erste europäische Rajneeshstadt und entwickelte sich schnell zu einem der größten «Rajneesh Therapie- und Gesundheitszentren» in Europa mit ungefähr 200 Sannyasins. Medina unterhielt eine eigene Druckerei, eine Autowerkstatt, eine Design- und Grafikabteilung, eine Baufirma, eine Boutique und einen original englischen Pub. Die Kinder gingen ab einem bestimmten Alter in ein Kinderhaus, wo sie in der eigenen Kommuneschule unterrichtet wurden. Nach dem 2. Weltfestival gründeten die Medina-Sannyasins in London ein Gesundheitszentrum, zu dem auch ein Restaurant und eine Bar gehörten. Zusätzlich planten sie noch eine Boutique und einen Buchladen.

Andere bedeutende Sannyasgemeinschaften gab es in der Bundesrepublik Deutschland, in Italien, Holland und der Schweiz.

Italien – mit ca. 8000 Sannyasins – hatte damals sechs Meditationszentren, und zwar in Turin, Mailand, Triest, Neapel, Bergamo und Brescia. Sehr viele italienische Sannyasins lebten in kleinen Gemeinschaften in der Toskana; bei Siena allerdings gab es auch eine größere Kommune, die «Miasto Rajneesh Neo-Sannyas-Commune». Sie bewirtschaftete riesige Ländereien, und die Sannyasins führten dort – verglichen mit anderen italienischen Sannyasgemeinschaften – ein strenges klösterliches Leben, anknüpfend an die japanische Zen-Tradition. Das größte Meditationszentrum – das Vivk – war in Mailand aufgebaut worden und brachte im Sommer die italienische Ausgabe der «Rajneesh Times» heraus.

Holland zählte in der Zeit ungefähr so viele Sannyasins wie Italien. Dort gab es in jeder mittleren Stadt eine Sannyasingemeinschaft; hinzu kamen noch mehrere größere Landkommunen. Das größte Zentrum war die «DeStad Rajneesh-Commune» bei Heerde, die 1982 als gemeinsame Gründung des «Satnam Rajneesh Meditations Centers» in Groningen und des «Sadhana Rajneesh Sannyas Ashrams» in Amsterdam entstand. Nach dem Sommerfestival 1983 wurde dann auch die erste Sannyasin-Diskothek Hollands in Amsterdam eröffnet.

In der Bundesrepublik Deutschland war der größte Teil der europäischen Sannyasins zu Hause: 1983 gab es ca. 50 Zentren und Ashrams, 15 «Zorba-the-Buddha»-Restaurants , 5 Diskos und Dutzende von anderen Sannyas-Projekten. In der *Schweiz* existierten 7 Sannyasgemeinschaften: in Basel, Bern, Lugano, Zug, Luzern, Genf und Zürich, in *Österreich* dagegen nur 2 Zentren: in Wien und in Pinzgau bei Salzburg. Im *Süden Europas* gab es noch Zentren auf Korfu, Kreta, in Athen und Tarascon (Südfrankreich); sogar in *Jugoslawien* fanden sich Sannyasins zusammen – ca. 100. Im Norden gab es Zentren in *Dänemark* (Arhus und Kopenhagen), *Schweden* (Stockholm und Göteborg), *Norwegen* (Oslo und Bergen) und *Finnland* (Helsinki). Zusätzlich gab es noch ein Meditationscenter in Leuwen *(Belgien)* und in Edinburgh *(Schottland)*. Sogar *Irland* hatte einen Ashram – den «Astha Rajneesh Sannyas Ashram» bei Cork, in dem acht Erwachsene und sechs Kinder lebten.

In den *USA* zählte man ca. 20 Ashrams und Meditationszentren; in *Kanada, Australien, Japan*, in *Sri Lanka, Indien, Chile* und in *Puerto Rico* existierten einzelne Zentren.

Nach dem Festival im Sommer 1983 wurde auch in Europa der Ausbau der Rajneesh-Diskos und der Zorba-the-Buddha-Restaurants vorangetrieben. Innerhalb weniger Monate wuchs die Zahl der europäischen Diskotheken auf 16; davon befanden sich 13 allein in Deutschland und die anderen in Wien, Amsterdam und Stockholm. In ähnlichem Tempo wurden die Restaurants aufgebaut. Im März 1984 waren bereits 30 über ganz Europa verteilt: in Deutschland, Holland, Belgien, England, der Schweiz, Italien und Spanien. Zusätzlich wurden auch noch einige Zorba-the-Buddha-Cafés errichtet. Im August 1984 gab es nach Aussagen der «Rajneesh Times» 50 Restaurants, Bistros und Diskotheken in Europa.

Neben dem forcierten Aufbau der Center, Ashrams, Diskos und Restaurants begann sich eine zunehmende Zentralisierung und Vereinheitlichung in mehreren Bereichen der Kommune durchzusetzen. So gab es beispielsweise ein Diskjockey-Training in Köln, an dem Diskjockeys aus mehreren europäischen Ländern unter der Leitung einer Therapeutin und Tanzlehrerin teilnahmen. Diese Entwicklung wurde von Oregon vorgegeben, dessen Leiterinnen anfingen, sich in die Organisation der europäischen Sannyaszentren einzumischen. So reisten kurz vor Jahresende hintereinander zwei der leitenden Frauen aus Oregon an, um sich die europäischen Sannyasgemeinschaften anzusehen. Anfang März 1984 ging dann Sheela auf Europatour, um, wie sie sagte, die Welt ein für allemal wissen zu lassen, daß der Rajneeshismus eine Religion sei. Außerdem brachte sie eine Botschaft Bhagwans mit, die sich auf die Krankheit AIDS bezog und durch eine entscheidend veränderte Einstellung zur Sexualität charakterisiert war. War früher das ungehemmte Ausleben der sexuellen Bedürfnisse eine der Kernaussagen der Lehre Bhagwans, plädierte er jetzt für Enthaltsamkeit, monogame Beziehungen und Vorsorgemaßnahmen, die die Sexualität stark einschränkten. Der einzelne Sannyasin sollte nun seine sexuellen Bedürfnisse den Notwendigkeiten der Gemeinschaft anpassen; genau dies aber war nach Bhagwans früherer Lehre eine der Hauptursachen für die Unterdrükkung des Menschen gewesen. Ausgehend von drei Todesfällen warnte Bhagwan nun vor dieser Krankheit als der kommenden Geißel der Menschheit. Bereits Nostradamus hätte prophezeit, daß sie zwei Drittel der Weltbevölkerung dahinraffen würde. Die sexuelle Gedankenlosigkeit der modernen Zeit müsse ein Ende haben:

> «Wenn Du dazu bereit bist, den Sex überhaupt aufzugeben,
> einfach aus Einsicht, ohne ihn zu unterdrücken, dann ist dies
> der sicherste Schutz gegen die Krankheit. Oder aber Du
> bleibst bei einem Partner, verschmilzt immer mehr mit ihm,
> gehst immer tiefer in die innere Vertrautheit hinein und immer
> weniger in den Sex. Aber auch, wenn ihr nur mit einem
> einzigen Partner zusammen seid oder wenn ihr eure Partner
> wechselt und euch entschließt, miteinander sexuell
> zusammenzusein, solltet ihr zumindest der wissenschaftlichen
> Erkenntnis Rechnung tragen: Benutzt Kondome während des
> Sex-Aktes und Latex- oder Gummi-Handschuhe während des
> Vorspiels. Oraler und analer Sex sollten völlig vermieden
> werden... Und schließlich soll man immer daran denken,
> sich nach jedem sexuellen Kontakt wirklich gründlich zu
> waschen.» [14]

Als Sheela gefragt wurde, wie die Sannyasins auf diese totale Veränderung reagiert hätten, meinte sie, sie hätten auf Bhagwans Botschaft zustimmend reagiert, denn sie käme von ihrem Meister. Es gab aber auch andere Stimmen; angeblich waren einige Sannyasins total entsetzt; andere hielten die AIDS-Botschaft für einen Scherz. Immerhin erwähnte auch die «Rajneesh Times» die Kritik eines Swami: Er hielt Sheela erbost vor, derartige Botschaften könnten nicht von Bhagwan kommen, so etwas habe nichts mehr mit Religion zu tun. Sheela wies ihn liebevoll, aber bestimmt darauf hin, daß Bhagwan sie genau mit dieser Botschaft geschickt hätte, daß es aber natürlich die Sache jedes einzelnen sei, sich daran zu halten. Sie als Rajneeshies könnten dankbar sein, daß sie einen erleuchteten Meister hätten, der diese Dinge vorhersehen und sie davor schützen könne. Die meisten Sannyasins aber nahmen die AIDS-Regeln an, da sie sie für notwendig hielten; ein Swami sagte z. B. bei einer Straßenbefragung in Rajneeshpuram:

> «Vielleicht ein kleiner Schock in der ersten Woche, und dann
> war es einfach ein natürlicher Teil des Lebens. An diesem
> Punkt, bei allem, was um uns herum passiert, wenn man die
> Nachrichten aus aller Welt hört, wäre es wirklich blödsinnig,
> es nicht als Realität zu akzeptieren.» [15]

Nach Angaben der TAZ wurden die Toiletten der Bhagwan-Zentren innerhalb weniger Tage umgebaut, und die «Rajneesh Times» stellte fest:

> «In den Rajneesh-Kommunen auf der ganzen Welt werden die von Bhagwan empfohlenen Maßnahmen der Aids-Prävention eingehalten und durchgeführt.» [16]

Einige Zeit später empfahl Ma Anand Puja, die Sprecherin der «Medical Corporation», den Sannyasins sogar, mit dem Küssen aufzuhören. Die Rajneesh-Kommune sei eine so homogene Gesellschaft, daß alle füreinander Verantwortung tragen müßten. Niemand sollte mit jemandem das Essen teilen, dieselbe Zigarette rauchen oder aus demselben Glas trinken. Tassen seien in dreistufigem Waschgang zu reinigen: Waschen mit Seifenwasser, Klarspülen und Nachspülen in einer Lösung mit einem Eßlöffel «Klorix» auf acht Liter Wasser. Ausschlaggebend für diese Anweisung war die Entdeckung von AIDS auslösenden HTLV-3-Viren im Speichel, der allerdings die meisten Fachleute keine besondere Bedeutung zumessen.

Die Zeit zwischen dem dritten und dem vierten Weltfestival (Juni 1984 – Juli 1985)

Auf dem 3. Weltfestival hatte Sheela verkündet, daß die kleineren Center aufgelöst werden und die Sannyasins in die großen Kommunen ziehen sollten.

Diese Anweisung wurde sehr schnell in die Tat umgesetzt; noch im Juli 1984 lösten sich einige Center auf, so z. B. das «Vedant Rajneesh Meditations-Center» in *Dänemark*, deren Mitglieder in die «Wioska Rajneesh Neo-Sannyas Commune» in Köln abwanderten. Auch die ehemalige Zentrale der *deutschen* Sannyasbewegung, die Commune Rajneeshstadt auf Schloß Wolfsbrunnen, wurde aufgelöst – angeblich aus wirtschaftlichen Gründen: Sie lag so weit ab, daß dort nicht die erhofften Geschäfte zu machen waren. Die Sannyasins aus Wolfsbrunnen gingen in die neugegründete «Dörfchen Rajneesh Neo-Sannyas Commune» nach Berlin, die vorher im «Vihan-Meditationscenter» beheimatet gewesen war. Die Münchener Sannyasins des «Satharma Rajneesh Meditationszentrums» kamen aus Rajneeshpuram mit einem neuen Namen – «Rajneesh Byen» – zurück.

Zusammen mit dem ehemaligen «Sneha-Rajneesh Sannyas Ashram» in Niederhausen – jetzt «Rajneesh Byen Land» – bildeten sie eine große Kommune mit Stadt- und Landsitz.

In der *Schweiz* wurden im September 1984 die Meditationszentren in Lugano, Bern und Basel geschlossen, ihre Mitglieder zogen in die neugegründete «Kota Rajneesh Neo-Sannyas Commune» nach Zürich, die sich in den Räumen des ehemaligen «Gyandip Rajneesh Meditationscenters» gegründet hatte. Allerdings wurden die Zorba-Restaurants in Basel und Bern beibehalten und von Zürich aus weiterbetrieben.

Ende des Jahres wurden in *England* alle Center – mit Ausnahme des Body-Centers in London – geschlossen; auch die große Kommune in Medina schloß ihre Tore, dafür wurde dort eine europäische Kinderkommune eingerichtet. Noch einige Monate vor der Schließung der Medina Commune war sie vollständig verändert worden; vom Keller bis zum Dachboden war alles umgeräumt, die Boutique verlegt und die Büros umgebaut worden; sie waren zu offenen, weiträumigen Großraumbüros umgestaltet worden. Für die betroffenen Sannyasins kam deshalb die Schließung angeblich völlig überraschend; innerhalb weniger Wochen wurde die Kommune aufgelöst, und die Sannyasins wanderten in andere europäische Kommunen, z. B. nach Berlin.

Die Sannyasins der Meditationszentren in ganz Europa strömten nun in die Kommunen, die sich in kürzester Zeit vergrößerten. In Berlin, Zürich und Medina wohnten z. B. Ende des Jahres 1984 ca. je 200 Sannyasins. Bald existierten nur noch 11 große Kommunen in Europa, davon 6 in der Bundesrepublik Deutschland.

In *Australien* gab es eine ganz ähnliche Entwicklung wie in Europa, nur zeitlich etwas verschoben. Im Frühjahr 1985 wurden auch hier die kleineren Center aufgelöst und drei große Kommunen gebildet – in Perth, Sydney und Melbourne.

Für die betroffenen Sannyasins bedeutete diese Entwicklung häufig eine totale Veränderung ihrer Lebenssituation. Viele mußten ihr Land verlassen und ihr Zuhause, in dem sie sich wohl fühlten, viele mußten sich von ihren engsten Freunden trennen. Diejenigen, die in ein anderes Land gingen, mußten häufig erst die Sprache lernen.

Gegen die Auflösung der Center und Ashrams gab es viel Widerstand: So sollen die Mitglieder von *Wolfsbrunnen* gegen die Auflösung opponiert haben; immerhin hatten sie das Center jahrelang mit viel Liebe renoviert. Wehrten sich die Sannyasins gegen die Schließung ihres Centers, so reisten führende Sannyasins aus Oregon an und ordneten die Schließung an. Im «Vivek Rajneesh Meditation Center» beispielsweise konnten sich die Leiterin und einige andere Sannyasins gegen die angereisten Leiter aus Rajneeshpuram nicht durchsetzen und mußten gehen. Der Rest der Gruppe war wie gelähmt, akzeptierte dann aber die Entscheidung, weil sie Bhagwan zugeschrieben wurde:

> «Wenn es so sein sollte, dann sollte es eben so sein, und wir haben die Energie in eine positive Richtung gelenkt.» [16]

Auch die Auflösung des Bonner Centers, dessen Mitglieder zunächst in die *Düsseldorfer* und dann in die *Kölner Kommune* übersiedelten, war nicht ohne Schwierigkeiten abgelaufen. Der ehemalige Leiter des Centers schildert die Ereignisse so:

> «Also, das war zuerst schon mal ein Hammer, und wir haben uns ziemlich vergewaltigt gefühlt. Wir waren eine kleine Familie von vierzig Leuten und irgendwie organisch zusammengewachsen. Es gab viele Tränen, und viele von uns hatten keine Lust dazu. Aber Padma (Mitarbeiterin von Sheela) war dann nach Bonn gekommen. Sie brachte uns die Sache so rüber, daß dann schließlich jeder ja dazu sagen konnte. Es war uns natürlich auch freigestellt zu gehen. Die Düsseldorfer haben sich riesig gefreut, als wir gekommen sind, denn es bedeutete eine große Unterstützung für sie. In Düsseldorf fühlten sich die meisten Leute von uns sehr wohl, obwohl es eine harte Zeit war, weil wir viel gearbeitet haben, um uns finanziell auf die Reihe zu kriegen. In Köln dauerte es dann einige Zeit, bis wir integriert waren. Viele von uns hatten den Eindruck, nicht willkommen zu sein, und anfangs gab es auch viele Meetings und Encounter mit Svarga und Ramateertha, den Leuten, die die Kommune leiten.» [17]

Auch in das innere Leben der europäischen Kommunen wurde aus Oregon zunehmend eingegriffen: Sheela setzte dort die gleiche Organisation wie in Rajneeshpuram durch. So gab es nicht nur die gleichen Arbeitszeiten, Speisepläne und Therapieprogramme, sondern auch Uniformen, Handtücher und Seifen. Auch die einzelnen Abteilungen – Departments – der Kommunen arbeiteten bald nach denselben Prinzipien; sie hatten auch die gleichen Namen: So hießen die Küchenabteilungen überall «Magdalena», die Reinigungstruppen «Raidas» etc.

Eine andere Vereinheitlichung fand auf der Ebene der den Ashrams und Kommunen angeschlossenen Meditationszentren statt: Sie hießen jetzt «Rajneesh Institute für Spirituelle Therapie und Meditation». Der Aufbau, das Angebot und die Organisation des Therapieprogramms orientierten sich eng an der RIMU. Gruppensitzungen und Therapieprogramme durften nur noch von Rajneesh-Therapeuten abgehalten werden, das heißt von Therapeuten, die eine spezielle Ausbildung als «Rajneesh Counsellor» an der RIMU absolviert hatten. So wurde auch das Therapieangebot eindeutig von Oregon aus kontrolliert. Hinzu kam, daß in diesen Instituten regelmäßig Gruppen von Oregon-Therapeuten angeboten wurden.

Die Zentralisierung und Vereinheitlichung der Bewegung war von den Leitern aus Oregon mit den ökonomischen Notwendigkeiten erklärt worden. Große Kommunen könnten rentabler arbeiten, Wirtschaftsprojekte größeren Ausmaßes aufbauen und die Organisation rationeller gestalten. In der Kölner Kommune konnten beispielsweise interne Kostenübersichten, Personalverwaltung, Bestellungen und Kundenkartei über eine zentrale EDV-Anlage abgewickelt werden. Die wirtschaftlichen Gesichtspunkte spielten sicher eine Rolle, doch sie allein waren nicht ausschlaggebend. Entscheidend kam wohl hinzu, daß viele kleine Zentren nicht so straff kontrolliert werden konnten wie wenige große Kommunen. Dafür spricht auch, daß in dieser Zeit fast alle Koordinatoren in den europäischen Ashrams und Kommunen ausgewechselt wurden. Sheela und ihre Helfer strebten die totale Abhängigkeit und Gleichschaltung der europäischen Kommunen von ihrer Mutterkommune und deren Führungsclique an. In den letzten Monaten vor ihrem Weggang propagierten sie den Slogan: «We are all one»; das Fernziel war, Rajneeshpuram und die europäischen Kommunen wirtschaftlich und organisatorisch zu verschmelzen. Viele Sannyasins wehrten sich gegen die stärkere

Kontrolle von Oregon aus; die Konsequenz war, daß sie gehen mußten. Andere verließen die Bewegung freiwillig.

Im Sommer 1984 sollen viele Sannyasins aus der Bewegung ausgetreten sein. Sie kritisierten, daß nur noch die totale Anpassung gefragt sei: «Das einzige, was zählte, war: Struktur, Macht, Geld, Einheit ...» [18] Andere Sannyasins legten ihre Mala zwar nicht ab, gingen aber ins geistige Exil und grenzten sich von den Kommunen ab. Als Bhagwan wieder sprach, fiel vielen auf, daß er etwas anderes erzählte, als gelebt wurde. Von vielen Sannyasins hörte man damals immer wieder: «Bhagwan ist o.k., aber mit der Organisation habe ich meine Probleme.» [19]

Die Zeit nach Oregon

Nach der Auflösung der Kommune in Oregon gerieten viele Sannyasins in eine Krise. Seit Jahren hatte sich bei ihnen alles um Oregon gedreht; dort zu leben oder zumindest mehrmals im Jahr hinzufahren war für die meisten Sannyasins das Ziel ihrer Wünsche. Der schnelle, gelungene Aufbau einer Stadt und die autarke Kommune hatte ihnen eine Identifikation angeboten, die jetzt auf einmal wegfiel.

Auch Bhagwan war als Identifikationsfigur in Frage gestellt. Zwar zweifelten die meisten Sannyasins nicht an seiner Glaubwürdigkeit, aber seit Herbst 1985 hatte er keinen festen Wohnsitz mehr; zeitweise war noch nicht einmal bekannt, wo er sich aufhielt. Es war und ist auch heute noch unsicher, ob es noch einmal eine neue Kommune um Bhagwan herum geben wird. Er selbst verneint das bisher. Momentan (August 1986) lebt er in Bombay im Privathaus eines Schülers in sehr beengten räumlichen Verhältnissen. Seine Absicht ist, Bombay nur als Rastplatz zu nutzen und ansonsten seine Sannyasins überall auf der Welt zu besuchen.

Die Unsicherheit in der Sannyasbewegung wurde dadurch vergrößert, daß auch die Identifikation über die äußeren Zeichen von Sannyas wegfiel. Jetzt stellten manche Sannyasins fest, daß Sannyas für sie seit längerer Zeit nichts mehr bedeutet hatte als eben die Farbe Rot und die Mala und daß sie viel zu vieles an Äußerlichkeiten festgemacht hatten.

Die Sannyasbewegung befand sich in einem Vakuumzustand, der teilweise ins Chaos umschlug, weil nun alles, was vorher galt, in Frage gestellt wurde. Nach einiger Zeit legte sich das Chaos jedoch wieder. Viele Sannyasins verließen die Bewegung, andere, die während der Sheela-Zeit weggegangen waren, kamen wieder; es gab auch Neueintritte. Den Sannyasins wurde schnell klar, daß die neue Entwicklung neben Schwierigkeiten auch neue Möglichkeiten mit sich brachte. Sie fingen an, die Freiräume zu nutzen, die sie jetzt hatten: Sie entdeckten wieder ihre individuellen Bedürfnisse und experimentierten mit ihren Möglichkeiten. Die Bewegung wirkte wieder offener, etwa wie während der Poona-Zeit. Es wurde weniger gearbeitet, und die Individualität und Freiheit des einzelnen Sannyasin standen wieder im Vordergrund. Auch für die Sannyasins, die außerhalb der Kommunen lebten, ergaben sich positive Veränderungen. Sie mußten ihre Fernorientierung auf Oregon aufgeben und sich stärker mit ihrer aktuellen Lebenssituation auseinandersetzen.

Nach der Auflösung der Kommune in Oregon plädierte Bhagwan wieder für kleinere Kommunen und Zentren. Jede Kommune und jeder Ashram, die während Sheelas Zeit geschlossen worden waren, sollten wieder eröffnet werden. Wenn es zu schwierig wäre, die großen Kommunen zu halten, sollten sie aufgelöst werden. Dies geschah dann auch schnell: Täglich verließen Sannyasins die großen Kommunen, deren Mitgliederzahl immer mehr abnahm. Mittlerweile soll es nur noch die Großkommune in Berlin mit ca. 80 Mitgliedern geben; viele der großen Kommunen lösten sich auf; manche fanden eine andere Form und blieben mit einer geringeren Mitgliederzahl bestehen.

In den Räumen der ehemals größten Kommune Europas in Köln, in der zeitweise 350 Sannyasins lebten, leben heute noch ca. 100 Sannyasins.

Dafür entstanden wieder viele Ashrams, Center und kleine Sannyasgemeinschaften, teilweise sogar an den gleichen Orten wie vorher, so z. B. in Rotterdam und Den Haag. Die Sannyasgemeinschaften öffneten sich wieder mehr den separat lebenden Sannyasins, die sich vorher häufig ausgeschlossen und herablassend behandelt gefühlt hatten. Sie suchen verstärkt Außenkontakte – während sie sich vorher stark isoliert hatten – etwa zu anderen spirituell eingestellten Menschen; manche Center laden auch Nicht-Sannyasin-Therapeuten, Musiker, Tänzer und Schauspieler ein, um sich von ihnen anregen zu lassen.

7. Wie organisierte sich die Großkommune?

Die Organisation der einzelnen Kommunen während der Sheela-Zeit

Die Organisation aller großen Kommunen während der Sheela-Zeit hatte ein ähnliches Muster. Die Rezeption (Mirdad) war die erste Anlaufstelle für Leute, die etwas über Bhagwan und Sannyasins wissen wollten. Hier wurde auch die interne Verwaltung der Kommune koordiniert.

In allen Sannyaskommunen wurde großer Wert auf *Ordnung und Sauberkeit* gelegt. Die Putzabteilung (Raidas) sorgte dafür, daß alle Wohnungen, inklusive Bäder, Hausflure, Treppenhäuser und Bürgersteige, gereinigt wurden. Täglich wurde jeder Arbeitsplatz und jede Wohnung gründlich saubergemacht, an allen Ecken und Enden geputzt und alles Unnütze und Überflüssige aussortiert. Jeder Sannyasin sollte sich bei seinen persönlichen Sachen auf das Wesentliche beschränken und nichts ansammeln.

An den Arbeitsplätzen lag kein Werkzeug herum, das nicht gebraucht wurde; der Müll wurde immer sofort beseitigt.

Sannyasins betrachten Putzen nicht als lästiges Übel wie die meisten Leute, sondern es hat für sie einen wichtigen Stellenwert in ihrem Bewußtseinsprozeß. Für sie ist es keine Äußerlichkeit, sondern sie gehen davon aus, daß die äußere Umgebung eines Menschen jeweils seinen inneren Zustand widerspiegelt. Raidas stellte auch einen Extraservice für die Krankenstation, der sich um das Wohl der Patienten kümmerte und auch für frischgemachte Betten und Blumen sorgte.

Alle Kommunemitglieder brachten ihre Wäsche an einen zentralen Sammelplatz. Hier wurde sie sortiert, gewaschen, getrocknet, gebügelt und – wenn nötig – genäht. Am Ende eines Tages wurde sie dann in das jeweilige Wäschefach einsortiert, das jeder Sannyasin in der Kommune hatte.

Eine wichtige Abteilung in den Kommunen war der «Rajneesh Buddhafield Transport», die Zentralstelle für die Einteilung von Autos und Fahrrädern, die auch einen Pflegeservice und Taxidienst unterhielt. Die Kölner Kommune verfügte beispielsweise über ca. 30 Fahrräder und einen Wagenpark von 17 Autos, vom Pkw über Kleinsttransporter bis hin zum 6,5tonner.

Für kürzere Fahrten war ein Taxi-Service eingerichtet worden, der z. B. auch die Kinder morgens zur Schule fuhr und mittags wieder abholte. Außerdem fuhren die Taxifahrer die Handwerker und ihr Material morgens zur Baustelle, sie holten Sannyasins vom Bahnhof oder vom Flughafen ab, und sie fuhren sie zum Arzt, wenn es notwendig war. Zusätzlich sprangen die Taxifahrer auch bei Notfällen ein:

> «Gehen z. B. in der Disko die Zitronen an der Bar aus, ruft ein aufgeregter Barmann im RBT (Rajneesh Buddhafield Transport) an, damit wir die Zitronen besorgen und sofort hinbringen. Die Kunst dabei ist, sich trotzdem nicht aus der Ruhe bringen zu lassen und im Straßenverkehr gelassen zu bleiben.» [1]

Zusätzlich zu den beschriebenen Arbeitsbereichen unterhielten viele Kommunen – in Anlehnung an Oregon – noch folgende Abteilungen: Küche (Magdalena), Handwerk- und Bauabteilung (Chuhang-Tzu), Buchvertrieb und Versand (Buddhagosha), Schmuckladen (Bulla), Friseur (Chyono), zentraler Einkauf (Bankei) und Verwaltung (Devateerth Mall).

Die Sannyasins wurden von ihrer Kommune *wie in einer Familie umsorgt*. Alles, was sie brauchten, wurde ihnen von der «Familie» zur Verfügung gestellt. So gab es einen «Kleidertempel», in dem sich jeder seine Kleider aussuchen konnte. Er konnte dort auch spezielle Kleider für Repräsentationszwecke oder Gerichtsauftritte ausleihen. Dreimal am Tag gab es – vegetarische – Mahlzeiten; auch Alkohol konnte man in begrenzten Mengen bekommen.

Die Wohnsituation war relativ beengt: Je nach Zimmergröße teilten sich zwei oder drei Sannyasins einen Raum. Die Zimmer waren einfach, aber gemütlich eingerichtet, jeder hatte seine Matratze auf dem Boden liegen, kleine Regale trennten die Betten, und überall hingen Bilder von Bhagwan, seltener mit anderen Motiven. Oft waren die Räume liebevoll mit Pflanzen ausgestattet. Bücher gab es selten – wenn, dann häufig von Bhagwan.

Den Gast erinnerte das Ganze an eine Jugendherberge, etwa das schwarze Brett im Eingangsflur mit lieben Grüßen von den Abgereisten und eine «lost and found»-Liste. In den Räumen gab es kleine Schildchen mit der Botschaft «this is a temple», und überall hingen kleine Zettel mit freundlichen Ermahnungen herum: «Bitte in den Fluren das Licht ausmachen und die Türen schließen» oder: «Beloved! For some reason we had to move your shoes for a while, Love Raidas».[2]

Beim Geburtstag eines Sannyasins sang die «Familie» für ihn «Happy Birthday»; wenn ein Sannyasin von einem längeren Aufenthalt aus Rajneeshpuram zurückkehrte, wurde er oft mit einem Fest oder ähnlichem überrascht. Bei Krankheit eines Kommunemitglieds fühlten sich alle betroffen. Kranke Sannyasins wurden nicht allein gelassen, eine Person ihrer Wahl kümmerte sich um sie und blieb bei ihnen, wenn sie es wünschten.

Einen wichtigen Teil der «Familie» bildeten die Kinder: Manche kamen mit ihren Brüdern und Schwestern, andere mit ihren Eltern oder auch nur einem Elternteil in die Kommune. Die ganze Kommune sorgte gemeinsam für sie, was sowohl für die Eltern als auch für die Kinder eine tiefgreifende Veränderung ihrer bisherigen Lebensform bedeutete. Die Kinder hatten ihre eigenen Wohnungen oder Zimmer zum Spielen, Toben, Basteln, Hausaufgabenmachen und Wohnen. Sie wurden von Kinderbetreuern umsorgt, die Tag und Nacht für sie da waren.

Bei der Erziehung der Kinder stand das gemeinsame Miteinander an erster Stelle; deshalb war die Integration der Kinder in die Gemeinschaft ein wichtiger Teil der Erziehung. Die meisten Kinder suchten sich einen Bereich in der Kommune aus, in dem sie täglich ein bis zwei Stunden mithalfen.

Die 14jährige Sumitra beispielsweise machte schon mal Vertretung für den «Kinderdienst». Dann sorgte sie dafür, daß die Kinder draußen die Schuhe auszogen, und sie paßte auf, daß sie beim Malen nicht alles vollschmierten. Durch das Leben in der Kommune lösten sich die alten Eltern-Kind-Strukturen auf; das empfanden die

Kinder offensichtlich als angenehm. Sie genossen es, so viele andere Kinder zum Spielen und auch mehrere Bezugspersonen zu haben:

> «Während meine Schulkameraden meist nur ihre Eltern und Geschwister haben, die auch oft wenig Verständnis haben, kann ich hier mit allen Leuten reden. Da heißt es nie ‹Du bist noch zu klein dafür›, sondern ich habe viele Möglichkeiten, einfach mitzumachen, auszuprobieren, und dadurch lerne ich sehr viel. Ich möchte nicht mehr anders leben.» [3]

Für die Eltern bedeutete das eine große Umstellung. Plötzlich sahen sie ihre Kinder fast den ganzen Tag nicht; die Kinder «gehörten» jetzt nicht mehr ihnen, sondern sie waren Teil der Kommune. Eine Mutter einer 6jährigen Tochter befürchtete zunächst, daß sich ihre Tochter von ihr entfernen würde, aber das Gegenteil trat ein. Ihre Tochter klammerte sich nicht mehr so an sie; dadurch entstand mehr Nähe zwischen ihnen, und die Mutter war froh, daß sie sich durch ihre Tochter nicht mehr in ihrer beruflichen Tätigkeit eingeschränkt sah, ein Gesichtspunkt, der für viele Frauen wichtig war.

In allen Kommunen legte man großen Wert darauf, so weit wie möglich *nach ökologischen Prinzipien zu verfahren*. So wurde so viel wie möglich recycelt. Alle Dosen, von der Konserve bis zur Cola-Dose, die in den gastronomischen Zorba-Betrieben anfielen, wurden gesammelt und entweder als nützliche Behälter in der Bauabteilung verwendet oder als Altmetall verkauft. Ähnliches galt für Altglas und Holzkisten aus der Küche und dem Lebensmittellager. In vielen Arbeitsbereichen der Kommunen war schon während der Verarbeitung und während des Verbrauchs darauf geachtet worden, daß nichts verschwendet und möglichst wenig weggeworfen wurde, so daß das Problem der Abfallbeseitigung gar nicht erst auftrat. Mit Energie wurde sparsam umgegangen. Sannyasins wuschen bei niedrigen Temperaturen mit wenig Waschmittel; beim Putzen griffen sie auf alte Hausmittel zurück, etwa Essigwasser zum Fensterputzen und Ammoniak zum Desinfizieren der Toiletten.

Der Tag begann wie in Oregon mit dem Gebet. Auch der weitere Tagesablauf – 12 bis 14 Stunden Worship, unterbrochen von den Mahlzeiten – verlief genauso wie in der Mutterkommune. Seit Bhagwan wieder sprach, waren die täglichen Videofilme seiner Vorträge der

Höhepunkt des Tages. In den meisten Kommunen wurden sie zweimal am Tag gezeigt, entweder morgens oder mittags und abends zwischen 18.00 und 21.00 Uhr.

Bei ihren vielen Festen entwickelten die Sannyasins viel Phantasie. Bei einem «Geburtstag» der Kölner Disko z. B. gab es eine gigantische Torte in Herzform, die von sechs Sannyasins in den Saal getragen und an alle Gäste verteilt wurde. Zwei Swamis spielten einige Jazzstücke auf Klavier und Querflöte. Eine Sannyasin-Opernsängerin sang Arien aus «La Bohème». Hunderte von Menschen tanzten und feierten bis spät in die Nacht – umgeben von schwebenden Luftballons.

Hochzeiten und Totenfeiern («send offs») waren festliche Rituale im Leben der Kommune. Letztere wurden nicht nur für Kommunemitglieder veranstaltet, sondern auch für Sannyasins von außerhalb, wenn deren Angehörige einverstanden waren. Im Februar 1985 z. B. wurde in der Amsterdamer Diskothek eine Totenfeier für Swami Shynyam Avyakul, einen bekannten holländischen Fußballtrainer, abgehalten.

Avyakul, der acht Tage im Koma gelegen hatte, war nie alleine gelassen worden. Seine engsten Freunde hatten rund um die Uhr an seinem Bett gesessen und hielten eine stille, wortlose Verbindung zu ihm. Seine Lebensgefährtin beschrieb diese Zeit so:

«Ich habe die ganze Zeit die Verbundenheit mit ihm gespürt. Ich wußte, daß sein Leben auf dem Spiel stand und daß sein Gehirn schwer verletzt war. Es war natürlich schwer für mich, ihn loszulassen. Aber als klar wurde, daß seine Schädelverletzung nicht zu operieren war, wollte ich ihm helfen, sich von seinem Körper zu lösen.»[4]

Zu seiner Totenfeier kamen Freunde, Familienmitglieder und Hunderte von Amsterdamer Sannyasins. Sein Körper wurde auf eine Bahre gebettet und mit frischen Blüten geschmückt. Die Musiker der Amsterdamer Kommune spielten, eine Sannyasin-Priesterin las Texte von Bhagwan vor. Alle sangen und klatschten, wobei sich Tränen der Trauer und Freude mischten. Zum Schluß standen Sannyasins um die Bahre herum und sangen Avyakuls Lieblingslied.

Zum täglichen Leben der Kommunen gehörten auch Besucher und Gäste. So strömten täglich Sannyasins und Nicht-Sannyasins in die

Institute für Spirituelle Therapie und Meditation; das Therapieangebot war sehr umfassend: Wochenendgruppen und offene Abendgruppen wechselten mit Einzelgruppen ab. Sonntagabend machte häufig die hauseigene Kommuneband Musik; dazu wurde gesungen und getanzt. Zusätzlich boten die Rajneesh Institute auch Gästeprogramme an, so z. B. das «Living In»-Programm, das eine Woche umfaßte. In der Berliner Kommune wohnten die «Living In»-Gäste in großzügig ausgestatteten Räumen: Sie konnten ihren Tagesablauf individuell gestalten, aßen gemeinsam mit den anderen Kommunemitgliedern und arbeiteten, wann immer sie wollten. Sie konnten an beliebig vielen Meditationen im Rajneesh Institut und an zwei therapeutischen Sitzungen teilnehmen: Auch der Besuch der Zorba Discothek gehörte zum «Living In».

In zunehmendem Maße aber wurde deutlich, daß die Sannyasfamilie *nicht nur für ihre «Kinder» sorgte, sondern sie auch disziplinierte.* Während die Sannyasins in der Anfangszeit der Kommunen noch Taschengeld erhielten, standen ihnen ab April 1984 nur noch «Vouchers» zur Verfügung, das waren Gutscheine über einen bestimmten Betrag, die nur in den kommuneeigenen Betrieben eingelöst werden konnten. Die Sannyasins waren damit von der Außenwelt isoliert und fast vollständig auf die Kommune angewiesen. In Konflikt zwischen den eigenen Bedürfnissen und denen der Gemeinschaft hatte die Gruppe Priorität. Eine Sannyasin, die sich in einen Mann «draußen» verliebt hatte und Sheela um Rat gefragt hatte, wie sie damit umgehen solle, erhielt die Antwort: «Also, wenn du in der Kommune leben willst, ganz klar, dann zählt nur die Kommune, alles andere mußt du lassen.» [5] Auch die langen Arbeitszeiten förderten nicht gerade die Entfaltung der Individualität: Arbeit – «Worship» – war, besonders im letzten Jahr, eine allgegenwärtige Realität in den Kommunen:

«... aufstehen zwischen 6.00 und 7.00 Uhr, Arbeitsbeginn nach dem Frühstück, und dann durch bis 22.00 Uhr; 22.30 Uhr Ende des Videos. Mittag-, Abendessen und Teepausen zwischendrin. Für ein intensives Liebesleben mußtest du deinen Schlaf auf fünf bis sechs Stunden reduzieren. Aber selbst dann hattest du kaum Zeit zum Lesen, Schreiben, Spazieren- oder Ins-Kino-Gehen, dazu, mit einem Freund irgendwo einen Kaffee zu trinken oder ins Restaurant zu gehen. Selbst in Ruhe nachzudenken, deine Gedanken zu ordnen oder zu Papier zu bringen wird schwierig, wenn du in einem dermaßen engen Zeitschema lebst. Meditation? Seit langem habe ich nur eine der 108 verschiedenen Meditationen praktiziert – die Arbeitsmeditation.» [6]

Der Aufbau der einzelnen Kommunen war streng hierarchisch. Jeder Arbeitsbereich wurde von einem Koordinator geleitet, der wiederum von den Leitern der Kommune kontrolliert wurde.

Einmal in der Woche – bei Bedarf auch öfter – fand ein «family meeting» statt, bei dem alle Kommunemitglieder anwesend waren; wöchentlich trafen sich auch die Koordinatoren aller Arbeitsbereiche.

Entscheidungen wurden in den Kommunen nicht nach demokratischen Prinzipien gefällt, es wurde nicht abgestimmt, sondern der Leiter der Kommune entschied nach seinem Gefühl – so war es zumindestens anfänglich. Später wurden die Entscheidungen auch in den europäischen Kommunen von den Leitern aus Oregon gefällt.

Vom theoretischen Anspruch her sollte die Hierarchie in den Kommunen nicht starr sein, sondern flexibel und veränderbar.

Bhagwan sprach in seinen Vorträgen zwar immer wieder davon, daß ein System, wenn es funktionieren soll, eine Hierarchie brauche; allerdings ging er von einem anderen Hierarchiebegriff aus. Er prägte den Begriff der «horizontalen Hierarchie», was im Extremfall bedeutet, daß die Hierarchie austauschbar ist; es geht lediglich darum, daß es für kurze Zeit oder für bestimmte Entscheidungen Leute geben muß, die diese Entscheidungen treffen. Die Hierarchie sollte jedoch ständig in Bewegung sein. Daher rührte auch der Anspruch in den Kommunen, daß der einzelne keinen festen Arbeitsplatz haben sollte; jeder sollte in der Lage sein, alles zu machen, d. h., jede Position in der Kommune sollte prinzipiell von jedem ausgefüllt werden können.

In der Realität sah das jedoch ganz anders aus: Die meisten Sannyasins wechselten zwar häufig ihre Arbeitsplätze; das sogenannte «jobrotation»-System führte dazu, daß die meisten Sannyasins immer wieder an andere Arbeitsplätze geschickt wurden, teilweise auch in die Kommunen anderer Städte. Für die Koordinatoren und Leiter galt das jedoch nur für die Anfangszeit. Später behielten sie ihre besondere Stellung bei, so daß lediglich eine kleine Gruppe von privilegierten Sannyasins in den einzelnen Kommunen den Überblick hatte. Schon dadurch hatten sie eine große Machtposition inne, mußten allerdings wiederum den Leitern in Oregon Rechenschaft ablegen. Die Machtkonzentration der führenden Sannyasins wurde durch das sogenannte «Mama-System» noch zementiert. Denn die Mamas – die Leiter und Koordinatoren – waren nicht nur für die Organisation verantwortlich, sondern auch für die psychische Verfassung der ihnen unterstellten Sannyasins. Sie waren für ihren Trost zuständig, sie berieten sie, aber sie disziplinierten sie auch, wenn sie sich nicht in die Gemeinschaft einfügen wollten. Daraus erklärt sich auch, warum es im Laufe der Zeit bei vielen Kommuneversammlungen üblich wurde, daß dort nur die «Mamas» sprachen und die anderen zuhörten. Wer Zweifel äußerte, wurde isoliert, weil er als «negativ» galt.

Die Organisation der Weltkommune während der Sheela-Zeit

Die Verbindung der Sannyasins in aller Welt drückte sich in dieser Zeit am stärksten im gemeinsamen Feiern ihrer Feste aus. Wenn irgend möglich, versuchten natürlich alle, dann in Oregon zu sein. Wenn das nicht möglich war, konnten sie in den Kommunen mitfeiern, die bestrebt waren, ihre Festgestaltung möglichst der in Oregon praktizierten anzugleichen. So wurde der «Mahaparinirwana Day» im September 1984 in den großen Sannyaskommunen Deutschlands beispielsweise mit Satsang, Darshan, Videofilmen aus Rajneeshpuram, Musik und Tanz gefeiert. Satsang und Darshan fanden zum selben Zeitpunkt wie in Oregon – in Europa also mitten in der Nacht – statt. In der Kommune «Dörfchen Rajneesh Land» in Altbessingen / Unterfranken wurde sogar ein «Drive By» veranstaltet. Die Sannyasins stellten sich grüßend an die Straße, ein Wagen mit einem großen Bhagwan-Bild an der Seite fuhr vorbei, und die Kinder legten Rosen aufs Auto.

Während des jährlichen Weltfestivals schlossen die Kommunen für zwei oder drei Wochen, weil dann viele nach Oregon fuhren. Wenn sie zurückkamen, wurden große Feste gefeiert, auf denen die zurückgebliebenen Sannyasins und auch Gäste über die neuesten Ereignisse in Rajneeshpuram informiert wurden.

Seit dem 3. Weltfestival 1984 wurden die Festaktivitäten der großen Sannyaskommunen zunehmend vereinheitlicht. So gab es im April die «Celebration of Celebrations», die in neun großen europäischen Ashrams, u. a. in Hannover, Hamburg, Berlin, London und Köln, stattfand. Die Programmgestaltung war überall die gleiche: Nach der Begrüßung sah man sich Videos aus Rajneeshpuram an. Danach spielten die Bands der einzelnen Kommunen, wobei ein neuer Song – «Back to the Ranch» – sich als großer Hit erwies. Man aß köstliche vegetarische Speisen und trank Sekt. Höhepunkt der Feste war jeweils das «Sweepstake», die Ziehung des Hauptgewinns, eine zusätzliche Aufenthaltswoche in Rajneeshpuram.

Die europäischen Rajneesh-Kommunen feierten bald nicht nur gemeinsam, sondern sie verschmolzen auch organisatorisch immer stärker miteinander. Im September 1984 trafen sich in Köln die Koordinatoren der europäischen Rajneesh-Kommunen aus Italien, England, Deutschland, Holland und der Schweiz, um z. B. über Angelegenheiten des gemeinsamen Einkaufs, der Kinderbetreuung, der Rajneesh-Therapie, des Verlagswesens und der Organisation der Kommunen zu sprechen. Auf dem Treffen wurde auch die gemeinsame Erstellung eines Gruppen- und Therapieprogramms beschlossen; die Koordination aller Therapiegruppen sollte von Köln aus geschehen. Schon einige Tage später erschien dann ein einheitliches Rajneesh-Gruppenprogramm, das die Beschreibung der Gruppen- und Einzelsitzungen enthielt und in vier Sprachen übersetzt war.

Die europäischen Sannyaskommunen unterstützten sich gegenseitig soweit wie möglich: Wenn irgendwo Fachleute gebraucht wurden, halfen sie sich gegenseitig aus; sie tauschten Recycling-Stoffe aus und veranstalteten auch Kurse für Diskjockeys und Kellner; in Berlin fand ein Schweißerkurs für Sannyasins aus allen europäischen Rajneesh-Baubetrieben statt.

Das Zentrum der europäischen Rajneesh-Kommunen befand sich in Köln, der größten europäischen Kommune mit ca. 300 Mitgliedern. Wichtige Entscheidungen wurden meist in Köln gefällt; von dort wurde vieles zentral gesteuert.

Nach dem dritten Weltfestival wurde der Sannyas-Buchvertrieb und -Versand von Schloß Wolfsbrunnen nach Köln verlegt. Auch die Rajneesh Times wurde nun in Köln hergestellt. Die Kölner

Kommune koordinierte nicht nur die Flüge aller europäischen Sannyasins nach Rajneeshpuram zum 4. jährlichen Weltfestival, sondern auch die Therapiegruppenangebote. Hier liefen die Mitteilungen aller europäischen Kommunen zusammen, und hier befanden sich auch die einflußreichsten Wirtschafts- und Rechtsfachleute, die Experten für Unternehmensführung, Finanzierung und Organisation und für schwierige juristische Auseinandersetzungen mit den Stadtverwaltungen.

Die Sannyaskommunen in aller Welt verstanden sich als Teilkommunen ihrer großen internationalen Mutterkommune in Rajneeshpuram. Bhagwan forderte, daß sie sich gegenseitig unterstützen sollten:

> «Ich war schockiert, als ich hörte, daß einige Kommunen so arm waren, daß sie nur Brot und Suppe aßen. Daher schicke ich jetzt Sheela jeden Monat für drei Tage in jede Kommune, um darauf zu achten, daß die religiöse Arbeit in meinem Sinne getan wird, damit kein Sannyasin, der in einer Kommune lebt, das Gefühl hat, daß ihm irgend etwas fehlt ... Alle unsere unabhängigen Organe sollen miteinander verbunden sein, sich gegenseitig helfen, daran denken, wo mehr und wo zuerst Hilfe gebraucht wird.» [7]

Ein ständiger Austausch zwischen Rajneeshpuram und seinen Teilkommunen fand über das Telefon, aber auch durch die regelmäßigen Besuche der Therapeuten von der RIMU statt, die im Durchschnitt einmal im Monat in den jeweiligen Therapieinstituten eine Gruppe abhielten. Die Therapeuten und andere leitende Sannyasins aus Rajneeshpuram nahmen auch an wichtigen Treffen der europäischen Sannyasins teil. Hinzu kam eine fast monatliche Supervision durch Sheela und zusätzliche Anweisungen bei den Weltfestivals. Die Leiter der Kommunen fuhren häufiger nach Rajneeshpuram, wo sie entsprechende «orders» von Sheela und gelegentlich Botschaften von Bhagwan empfingen.

Für die Organisation und Leitung von Rajneeshpuram war die «Rajneesh Foundation International» zuständig, deren Präsidentin Sheela war. Gleichzeitig war sie auch Präsidentin der Akademie des Rajneeshismus, einer Organisation, in der nach Bhagwans eigenen Aussagen die besten und intelligentesten Sannyasins versammelt waren und auf die nach seinem Tod die volle spirituelle Macht in der

Kommune übergehen sollte. Sheela stand also sowohl dem weltlichen als auch dem spirituellen Bereich der Kommune vor; ihr unmittelbar unterstellt war eine Gruppe von drei Frauen. Die nächste Führungsebene besetzten der Bürgermeister von Rajneeshpuram und seine Helfer, von denen die Koordinatoren der einzelnen Arbeitsbereiche eingesetzt wurden. Die tatsächliche Führung der Kommune hatte also nicht Bhagwan inne, sondern der speziell weibliche Kreis, der ihn umgab, der wiederum stark von Sheela geprägt war:

> «He has nothing to do with the running of the Commune. His role is to give us inspiration. He has nothing to do with practical matters. He is beyond it.» [8]

Diese Charakterisierung von Bhagwans Rolle scheint zu einseitig. Seinen Vorträgen läßt sich entnehmen, daß er offensichtlich gut über die weltlichen Vorgänge in der Kommune informiert war. Er war es schließlich auch, der die Leiter der Kommune und damit auch Sheela ausgewählt hatte, die ihm täglich über das Geschehen in der Kommune Bericht erstattete und ihn um Rat fragte.

Wie war es möglich, daß dieses hierarchische System innerhalb kurzer Zeit durchgesetzt werden konnte und dann auch relativ reibungslos funktionierte? Die Antwort ist vielschichtig und läßt sich nicht ohne Berücksichtigung der Geschichte der Sannyasbewegung finden. Ohne die Zeit in Poona, in der es nur um Selbsterfahrung und spirituelle Ziele ging, ist die spätere Entwicklung nicht zu verstehen. Der rasche, hierarchische Aufbau der Weltkommune war nur deshalb möglich, weil dieser Aufbau – in den Augen der Sannyasins – kein materielles, sondern ein spirituelles Ziel hatte. Spirituelle Ziele, wie etwa die Auflösung des Ich, die im spirituellen Entwicklungsprozeß eines Menschen in seltenen Momenten eintreten können, wurden in die Alltagsrealität der Sannyaskommunen übertragen und als Machtmittel eingesetzt. Nur so ist es zu erklären, daß eindeutige Kontrollmaßnahmen – wie die Einführung der Jobrotation oder der häufige Wechsel von Sannyasins in andere Kommunen, die sie entwurzeln und verunsichern mußten – ihnen als Hilfe zur Vervollkommnung ihres spirituellen Entwicklungsprozesses verkauft werden konnten. So meinte beispielsweise ein Sannyasin:

«Wachstum, auch einer der zentralen Begriffe, ist nur
möglich, wenn keine Identifikationen und Bindungen
aufgebaut werden können. Das Gegenmittel sind ‹job
changes›.»[9]

Das Einsetzen spiritueller Ziele als Machtmittel führte dazu, daß auch
die größte Unterdrückung noch als Teil des spirituellen Entwick-
lungsweges interpretiert werden konnte und so schwer durch-
schaubar wurde. Hinzu kam, daß viele Sannyasins die Arbeit und
das Zusammenleben in der Kommune als permanente Therapie an-
sahen, in der jede Situation als Gelegenheit für ihr Wachstum genutzt werden konnte. Dadurch hatten sie Schwierigkeiten, sich ihr
kritisches Denken zu bewahren:

«Du lernst, daß alles, was Dir aufstößt, Dein Ding ist, daß
Deine Probleme mit den anderen, mit Deiner Arbeit, die
Probleme, die Du draußen hattest, Projektionen sind. Das
wird möglich durch das Vertrauen in die Community: Denn
wo Dir niemand was Böses will, entstehen Konflikte durch
Deine Projektionen.»[10]

Wichtig für den Zusammenhalt und die Funktionsfähigkeit der
Weltkommune war zweifellos, daß Bhagwan als erleuchteter Meister ideell an ihrer Spitze stand. Bhagwan galt als das spirituelle
Herz der Kommune; alles, was in den Kommunen passierte, wurde
als Ausdruck Bhagwans angesehen. Stabilisierend für die Organisation der Kommune kam hinzu, daß derjenige, der sich wider-
setzte, damit rechnen mußte, seine Kommune (und im Fall von
Rajneeshpuram damit Bhagwan) verlassen zu müssen – ein Schritt,
der Sannyasins sicher nicht leichtfiel. Da die Vertrauten Bhagwans
von vielen Sannyasins als die Vollstrecker seines Willens angesehen
wurden, kam für sie eine Kritik an den Vertrauten einer Kritik an
Bhagwan gleich; das erschwerte eine Auseinandersetzung sehr.

Die Unterdrückung der Individualität und Meinungsfreiheit der
einzelnen Sannyasins war jedoch nur die eine Seite der Medaille. Es
gab auch vieles, was von vielen Sannyasins positiv erlebt wurde:

«Es ist alles viel lockerer und viel freundschaftlicher als
anderswo. Es gab an vielen Stellen Sitzecken mit Sofas oder

so, wo einige Leute ganz zwanglos rumsaßen, was besprachen oder sich unterhielten, manchmal lag auch einer nur da. Überhaupt fehlten alle Anzeichen von Streß, und die Leute sahen schon ziemlich zufrieden aus.» [11]

Obwohl die Sannyasins lange arbeiteten, schienen sie weniger als der Normalbürger unter dem Problem der entfremdeten Arbeit zu leiden. Das lag zum einen sicher daran, daß die Arbeit in den Kommunen anders bewertet wurde als sonst in der Gesellschaft. Eine ehemalige Lehrerin, die im Raidas (Putzabteilung) arbeitete, beschrieb das Aufeinanderprallen beider Vorstellungen:

«Vor ein paar Wochen kam eine Klasse aus meiner ehemaligen Schule, um den Ashram zu besichtigen. Ich kam gerade mit dem Putzeimer die Treppe runter, und da habe ich mich im ersten Moment schon ein wenig komisch gefühlt. Vor allen Dingen, weil ich gespürt habe, daß mein ehemaliger Kollege und die Schüler sehr befremdet darauf reagierten. Und in der Situation ist mir der Unterschied zu der Einstellung der Sannyasins zum Putzen sehr kraß aufgefallen. Hier im Ashram ist es wirklich etwas ganz Normales und nicht mit negativen Wertungen belegt.» [12]

Eine ehemalige Sannyasin meinte, daß durch die entspannte Art zu arbeiten «mehr Liebe verfügbar» sei. Man müßte zwar lange arbeiten, aber der Arbeitsstil wäre locker, keiner würde angetrieben. Ein anderer meinte, die Arbeit sei nicht schwer und nicht hektisch. Wer keinen verantwortlichen Posten hätte, würde sich seinen Auftrag beim Koordinator seines Tempels abholen. Er z.B. hatte Zimmer und Flure in vier Stockwerken zu saugen. Kritisch wurde es immer dann, wenn er mit einer Arbeit fertig war. Er lief im Ashram herum und suchte die Chefin, um sich seinen nächsten Job abzuholen. Schließlich wurde er zu einem zweiten Durchgang eingeteilt und desinfizierte leicht genervt ein zweites Mal die Bäder; allmählich verstand er den Sinn des «worshippen»:

«Es geht hier tatsächlich nicht um Effektivität, sondern um ein genießerisches Ausdehnen der sinnlosen Beschäftigung.» [13]

In den Kommunen wurde Wert auf einen freundlichen und liebevollen Umgang gelegt. Ging es einmal jemandem schlecht, wurde akzeptiert, daß er weinte und seinen Kummer ausdrückte. Und es war immer jemand da, der ihn in die Arme nahm und tröstete. Diese menschliche Unterstützung füreinander wurde auf die vielfältigste Art und Weise ausgedrückt. In der Schweizer Kota-Kommune wurden Gäste und Kommunemitglieder beispielsweise abends ganz speziell empfangen: Für alle lag immer eine kleine Aufmerksamkeit bereit, z. B. eine besondere Blume oder ein Stückchen Schweizer Schokolade. Es war üblich, sich für die Arbeit, die alle füreinander erledigten, gegenseitig Anerkennung zu geben. Der eben erwähnte Gast, der in der Putzkolonne arbeitete, stellte fest, daß er – sobald er irgendwo mit Besen und Putzlappen herumstand – sich kaum retten konnte vor der Begeisterung der Sannyasins über die Schönheit und den Wert seiner Arbeit: «Das ist ja toll, was ihr hier macht.»[14]

In den Kommunen fand ein Verkindlichungsprozeß statt; die Sannyasins wurden rundum versorgt und brauchten sich beispielsweise nicht mit den Widrigkeiten eines normalen Alltagslebens herumzuschlagen. Sie konnten auch das Problem des Alleinseins und der Isolation vermeiden; Probleme mit der Freizeitgestaltung tauchten schon aus Zeit- und Geldmangel nicht auf. Eine Sannyasin betonte, daß sie froh war, in der Kommune nicht von ihrem typischen «Samstag-Sonntag-Gefühl» heimgesucht zu werden, das sie draußen immer so belastet hatte.

Eine andere Sannyasin wies auf einen weiteren Gesichtspunkt hin, den sie eine Zeitlang als vorteilhaft empfand:

> «Es war einfach und bequem, jemanden zu haben, der einem sagt, was man tun soll und was man nicht tun soll, was richtig und was falsch ist . . . Es ist leicht, in einer strukturierten Kommune zu sein. Man braucht nicht verantwortlich zu sein.»[15]

Ein Besucher der Kölner Kommune faßte die Vorteile, aber auch die Einschränkungen dort auf eine sehr einleuchtende Art zusammen:

> «Die meisten Leute sind offenbar ziemlich glücklich dort, und das ist schon toll. Aber ich habe das Gefühl, daß sie auch unfrei sind. Ich kann das schwer beschreiben oder an Einzelheiten festmachen. Vielleicht ist das, was sie glücklich macht, genau das, was sie unfrei macht in dem Sinne, daß es ihre Weiterentwicklung behindert.»[16]

Organisation der einzelnen Kommunen und der Weltkommune nach der Sheela-Zeit und nach Oregon.

Nach Sheelas Flucht setzte ein erfrischender Selbstklärungsprozeß innerhalb der Bewegung ein: Die «Rajneesh Times» wurde wieder lesbar, weil sie auch wieder kontroverse Meinungen abdruckte; viele Sannyasins verließen die Bewegung, andere stellten sich die Frage, warum sie sich nicht gegen den Machtmißbrauch durch ihre Leiter und die Kritiklosigkeit in den eigenen Reihen gewehrt hatten:

> «Warum wir dies jahrelang gemacht haben, obwohl uns die Überpositivität oft selbst zum Hals heraushing, fragt sich so mancher. Das wichtigste Kriterium war, Bhagwan und die Kommune nicht zu gefährden, und für diesen Preis waren wir bereit, alles zu verschweigen, was uns in irgendeiner Weise angreifbar machen würde. Denn daß die Kommunen und auch Bhagwan gefährdet und massiven Angriffen und Vernichtungsabsichten ausgesetzt waren, das war nicht nur Sheelas Erfindung, das haben wir auch hier in Deutschland am eigenen Leib erfahren. Wir haben geschwiegen, weil wir erfahren haben, wie Presse, Öffentlichkeit und Politiker mit der Wahrheit umgehen. Uns saß die Berichterstattung, die über den Ashram in Poona veröffentlicht wurde, noch in den Knochen. Wir erinnerten uns an die Berichte über die Center und Ashrams hier in Deutschland. Unschuldig und unbedarft hatten wir alles gezeigt, was dort vor sich ging. Wir zeigten unsere Herzen, unsere Schlafzimmer und unsere Therapiegruppenräume, und da passierte eben viel, was die Tabus vom Otto Normalverbraucher massiv berührte und deshalb schockierend war. Wir befürchteten, wenn wir über Dinge berichteten, die schiefgelaufen waren, hätte man das gegen uns verwenden können.» [17]

Ein anderer Gesichtspunkt, den Sannyasins zur Erklärung ihres eigenen Verhaltens anführten, war ihre Angst, die Kommune verlassen zu müssen, wenn sie ihre wahre Meinung geäußert hätten. Ausschlaggebend war nach Meinung vieler Sannyasins jedoch ihr Glaube daran, daß Sheela in Bhagwans Auftrag handelte:

«Die Quelle der Macht Sheelas über uns war offensichtlich. Wir liebten Bhagwan, wir liebten einander, wir wollten mit IHM zusammen in einer Kommune leben, und da ER schwieg, war Sheela für uns die einzige Verbindung. Sein Schweigen gab ihr die Möglichkeit, uns auszubeuten.» [18]

Nach Sheelas Weggang sparten die Sannyasins weder an Selbstkritik noch an Kritik bezüglich ihrer Organisation: Eine Sannyasin meinte, sie kämen sich «teilweise wie blöde Lämmer vor, die einfach geschluckt hatten, was man ihnen vorgesetzt hatte». [19] Bei anderen Sannyasins war das Vertrauen gegenüber den eigenen Leuten, die Machtpositionen innehatten, stark angeknackst; die Koordinatoren der Kommunen wurden kritisiert, speziell die Leiter der Kölner Kommune wurden zu Zielscheiben des Ärgers:

«Warum ist Sheela so gerne, so häufig nach Köln gekommen? Dort sind die unselbständigsten, die angepaßtesten Leute. Auf so einem Nährboden gedeiht der Faschismus.» [20]

Trotz der ehrlichen und teilweise schonungslosen Selbstkritik der Sannyasins und trotz ihres Bemühens, die Hintergründe für den Machtmißbrauch in Rajneeshpuram zu erkennen, erhielten sie ein Tabu aufrecht: Bhagwan selbst wurde nicht kritisiert. Nur wenige Sannyasins wagten es, sich die Frage zu stellen, «welche Suppe er da gekocht hat» [21]. Für die meisten Sannyasins änderten auch die jüngsten Ereignisse nichts an ihrer Beziehung zu Bhagwan; sie idealisierten sie weiterhin und nahmen ihm sein Bekenntnis ab, er habe von allem nichts gewußt, weil er lange geschwiegen und sehr zurückgezogen gelebt hätte. Manche interpretierten die Ereignisse in Rajneeshpuram sogar als Lehrstück Bhagwans:

«Ich erlebe, daß Bhagwan uns allen eine großartige Gelegenheit gibt, etwas Wesentliches über Macht und Verantwortung und die Funktion des ‹Bösen› zu lernen.» [22]

Ähnlich wie in Rajneeshpuram brach auch in den europäischen Kommunen nach Sheelas Weggang erst einmal das Chaos aus. Viele Sannyasins weigerten sich, wieder ihre Arbeit aufzunehmen; andere verließen die Kommunen. Nach kurzer Zeit wurde jedoch klar, daß die neugewonnene Freiheit auch Schwierigkeiten brachte, weil wieder mehr Selbstverantwortung übernommen werden mußte. Trotzdem wurde das Leben für die Sannyasins wesentlich leichter. Die Arbeitszeit wurde kürzer, Arbeitswünsche und Partnerschaften wurden berücksichtigt, und es gab wieder Taschengeld. In der Berliner Kommune, die von 130 auf ca. 80 Mitglieder schrumpfte, wird täglich nur noch acht Stunden gearbeitet. Ein Tag in der Woche ist frei; jeder hat vier Wochen Urlaub.

Auch die Hierarchien in den Kommunen wurden aufgelöst; die Sannyasins bestimmen nun selbst, wie sie zusammenleben und arbeiten wollen. Nach vielen Diskussionen entschieden sie sich dafür, ihren Alltag in Zukunft selbst zu organisieren; das beschlußfassende Organ ist jetzt jeweils ein wöchentliches Treffen aller Sannyasins der entsprechenden Gemeinschaft, in dem jeder stimmberechtigt ist.

Auch die Wohnsituation änderte sich: Die Sannyasins wohnen nicht mehr so beengt wie vorher, wenn möglich, hat jeder ein eigenes Zimmer. Die restlichen Mitglieder der Kota-Kommune in Zürich erproben in der Wohnanlage ihrer ehemaligen Kommune sogar eine neue Form des Zusammenlebens. Die 17 Wohnungen werden von einem oder mehreren Sannyasins privat gemietet. Eine der Wohnungen wurde von allen gemeinsam übernommen; dort wird gekocht und gegessen. So kann jeder dann mit den anderen zusammensein, wenn er es will, kann sich aber auch zurückziehen.

Auch die organisatorische Verbindung der europäischen Kommunen löste sich auf. Kontakte finden jetzt nur noch auf informeller Ebene statt, meist über Freunde, die sich gegenseitig informieren, wie sich ihre Gemeinschaften entwickeln.

Die Ablösung der einzelnen Kommunen von ihrer Mutterkommune gestaltete sich anfangs komplizierter. Eine Sannyasin berichtete aus Oregon, daß die neuen Leiter wieder neue Strukturen einführten und bald unflexibel und rigide wurden, so daß es sehr schnell wieder Kommunikationsstörungen zwischen ihnen und den Sannyasins in der Kommune gab. Auch versuchten sie, Einfluß auf die europäischen Kommunen zu nehmen, die sich jedoch zunehmend widersetzten. Mit der Auflösung von Rajneeshpuram hörte diese Reglementierung zunächst auf.

Danach entstand für eine längere Zeit ein Machtvakuum: Die alte Struktur der Weltkommune löste sich auf; eine neue war nur in Umrissen erkennbar. Es scheint, als würde Bhagwan nun selbst di-

rekten Einfluß auf die Organisation der Bewegung nehmen wollen. Aus seinen Vorträgen läßt sich schließen, daß er aus dem Machtmißbrauch der Leiter von Rajneeshpuram Konsequenzen gezogen hat. So scheint er vorsichtiger beim Einsatz der weltlichen Leiter geworden zu sein. So ist die Nachfolgerin von Sheela – Ma Prem Hasya – seine Sekretärin lediglich in bezug auf internationale Angelegenheiten. Für seine eigenen Angelegenheiten ist eine indische Sannyasin – Neelam – zuständig. Bhagwan läßt sich nicht mehr so abschirmen wie früher; er strebt wieder direkten Kontakt mit seinen Schülern an. Deshalb will er auch keine große Kommune mehr um sich herum entstehen lassen, sondern nur ein kleines Besuchszentrum, in dem seine Schüler nicht mehr ständig leben können.
Momentan ist die Situation tatsächlich so: In Bombay, wo Bhagwan im Haus eines Schülers wohnt, kann er nur zu ca. 150 Menschen sprechen; für mehr Zuhörer ist dort kein Platz. Als neue Organisationsform der Bewegung schwebt ihm ein Weltzentrum vor, das in Europa entstehen soll. Von diesem Zentrum aus sollen die Öffentlichkeitsarbeit, die Veröffentlichung seiner Bücher und rechtliche Angelegenheiten abgewickelt werden.

Der Verdacht liegt nahe, daß durch dieses Weltzentrum wahrscheinlich wieder eine starke Kontrolle auf die europäische Sannyasbewegung ausgeübt werden kann. Schon schlägt Hasya erschreckend ähnliche Töne wie Sheela an: So wendete sie sich z. B. gegen die Veröffentlichung kritischer Leserstimmen in der «Rajneesh Times». Sie verbat sich Kritik generell mit dem Hinweis darauf, daß sie und die Leute, die sich um Bhagwan kümmerten, Unterstützung brauchten. Es sei an der Zeit, sich darauf zu besinnen, was Bhagwan bedeute und auf welche Weise ihm alle helfen könnten.
Auch viele Sannyasins fallen schon wieder in ihr altes, angepaßtes Verhalten zurück. Sie ziehen zwar Parallelen zwischen Hasyas und Sheelas Verhalten und sind voller Mißtrauen ihr gegenüber; letzten Endes beruhigen sie sich dann aber wieder mit den gleichen Argumenten wie seinerzeit bei Sheela:

> «Es geht um Vertrauen. Schließlich hat Bhagwan Hasya zu
> seiner Sekretärin gemacht... Wenn ich bei Bhagwan bleiben
> will – und das will ich –, dann muß ich letztlich vertrauen.» [23]

Auf Grund dieser und ähnlicher Anzeichen ist zu befürchten, daß sich die Bewegung wieder in Richtung einer hierarchischen, stark strukturierten Organisation entwickeln könnte. Wenn auch die einzelnen Zentren vorläufig noch auf einer demokratischen Ebene funktionieren, so bleibt die Leitung der gesamten Bewegung jedoch weiterhin autokratisch: Was Bhagwan bzw. Hasya anordnen, daran muß sich ein Sannyasin in den Zentren halten, anderenfalls muß er wie früher damit rechnen, aus der Bewegung ausgeschlossen zu werden.

8. Wirtschaftliche Aktivitäten

**Wirtschaftliche Aktivitäten
der europäischen Sannyaskommunen
während der Sheela-Zeit**

Nach der Rückkehr der europäischen Sannyasins aus Poona in ihre
Heimatländer entstand aus den Meditationszentren, Ashrams und
Kommunen heraus eine Vielzahl von Dienstleistungsfirmen mit
Millionenumsätzen. Angeblich gab es 1985 rund 90 Sannyasin-Un-
ternehmen in der Bundesrepublik, die meistens einer der Kommu-
nen unterstanden: Das Gewicht aller ihrer Unternehmungen lag da-
bei auf der Gastronomie; unter dem geschützten Namen «Zorba the
Buddha» machten ca. 50 Diskotheken, Restaurants, Bistros und
Kioske Geschäfte in ganz Europa.

Alexis Zorbas, eine Romanfigur des griechischen Schriftstellers
Nikos Kazantzakis, versteht es, sein Leben in vollen Zügen zu genießen. Für ihn, der zugleich ein Buddha ist, ist es wichtig, den
ganzen Menschen in sich zu entwickeln, den Menschen, der seinen
Körper wertschätzt und versteht, aber darüber hinaus nicht ver-
gißt, daß er eine Seele hat. Dieser Mensch kennt seine beiden Seiten
und kann beide in sich verwirklichen; er ist der «neue Mensch» und
lebt seiner selbst bewußt und ohne innere Zerrissenheit. Menschen
wie Alexis Zorbas braucht die Erde, sagt Bhagwan, damit sie überleben kann.

Das Konzept der Rajneesh-Diskotheken war besonders gewinnträch-
tig: Die großen Diskotheken in Köln und Berlin z. B. erwirtschafteten 1984 3 Millionen DM Umsatz; der Jahresumsatz aller europäischen Diskos wurde auf 20 Millionen Mark geschätzt. Die Rechte
besaß mittlerweile die «Rajneesh Licensing International» (RLJ),
die 1983 gegründet worden war. Für 5 % vom Nettoumsatz als Pa-

tentgebühr vergab sie den Markennamen «Zorba the Buddha», jedoch nur an solche Unternehmungen, die den Qualitätsansprüchen der RLJ-Manager genügten. Die Lizenznehmer waren Kleinbetriebe, die von den örtlichen Sannyaskommunen gegründet worden waren. Neben den Lizenzen für das Diskokonzept konnten sie sich bei RLJ auch um ein «Zorba the Buddha Rajneesh Restaurant Paket» bewerben.

Die «Wirtschaftswoche» vom Mai 1985 stellte Ähnlichkeiten zwischen dem Sannyaskonzept der Diskos und Restaurants und der Fast-food-Kette MacDonalds fest.

Nicht nur der Slogan «Have a taste of style», unter dem die vegetarische Küche angeboten wurde, erinnere an «das etwas andere Restaurant» MacDonalds, sondern auch die Tatsache, daß unabhängige Geschäfte unter einem Markennamen Waren und Dienstleistungen anböten und der Franchise-Geber dabei Werbung, Organisation und Verkaufsstrategie gleich mitlieferte. Was für den Hamburger-Konzern das große «M» sei, seien bei RLJ zwei grafisch stilisierte Vögel.

Auch mit dem «Anderssein» würde kräftig geworben. Bei den Sannyasins würde es durch die auffällige Kleidung in den Farben des Sonnenaufgangs, die Mala und die zuvorkommende Bedienung deutlich. Die genormte «Corporate Identity» würde durch hauseigene Layouter, durch das Architektenteam und die eigenen Baufirmen garantiert. Auch die Verkaufsmaxime der Sannyasins erinnere an die amerikanische Bulettenfirma; ihr QSS bedeute: Qualität, Service, Sauberkeit.

Schon in der äußeren Gestaltung hoben sich die Sannyas-Diskos von anderen Diskotheken ab, die eher dunkel, eng und etwas unsauber wirken. Sie waren hell, freundlich und weiträumig konzipiert, hatten eine große Tanzfläche, einen Zen-Garten und verwendeten sparsame Lichteffekte mit großer Wirkung. Die Sannyasins wollten ihren Gästen ermöglichen, sich zu öffnen zu Tanz und freier Bewegung. Das Gefühl von Offenheit, Helligkeit und Spontanität war in den Sannyasdiskotheken vorherrschend. Es gab dort keine vollen Aschenbecher und keine Kippen auf der Tanzfläche. Die Garderobenaufbewahrung war kostenlos, und die Toiletten waren nachts um eins noch genauso sauber wie bei der Eröffnung.

Auch die Begrüßung der Gäste war ungewöhnlich: Jeden Abend,

bevor es so richtig losging, begab sich die gesamte Crew auf die Tanzfläche und erhob die gefalteten Hände zum «Namasté», dem indischen Gruß der Sannyasins. Die Diskjockeys, alle Barkeeper und Kellner drehten sich mit gefalteten Händen langsam einmal um sich selbst und schauten dabei die Gäste an. Ein Swami meinte, er würde wirklich jeden einzelnen ansehen, es sei ein sehr intensiver Augenblick. Auch die Musik hob sich von der anderer Diskos ab. Der Publikumsgeschmack war für die Diskjockeys nicht ausschlaggebend. Aggressiven Rock lehnten sie ab:

> «Durch Tanz und Bewegung wird eine Menge Energie frei, und durch aggressive Musik werden auch nur aggressive Energien angesprochen. Durch das Training (für Sannyasin-Diskjockeys) habe ich gemerkt, wie wichtig es ist, daß mehr Herz in die Musik kommt und sie dadurch ausgewogen und abgerundet wird, und daß ein richtiges Mischungsverhältnis hergestellt werden muß.» [1]

Deshalb war das Musikprogramm sehr vielseitig: von Heino über Klassik zum Jazz und der gängigen Diskomusik bis zu New Wave, Punk, Reggae und afrikanischem Rock. Negative Texte wurden abgelehnt, nur Positives sollte in Musik und Texten zum Ausdruck kommen, um auch eine positive Resonanz hervorzurufen.

Auf dem Treffen der europäischen Sannyasin-Diskjockeys wurde gelehrt, daß allein wichtig sei, selbst ein Gefühl für sich, die Umgebung und die Musik zu entwickeln:

> «Irgendwie wurde mir in diesen Tagen sehr klar, daß es nicht darauf ankommt, eine persönliche Note oder einen persönlichen Stil und Geschmack in der Disko durchzusetzen, und auch, daß Trends und Mode und Namen und Berühmtheitsgrade der Sänger und Gruppen überhaupt nicht ins Gewicht fallen, sondern daß es einfach nur darauf ankommt, authentisch zu sein und den Fluß zwischen Publikum und Diskjockey herzustellen.» [2]

Auch die Verfassung der gesamten Disko-Crew spiele in diesem Zusammenhang eine Rolle, denn wenn das Team «klar» sei, würde sich das auf die Verfassung der Gäste und die Stimmung des Abends auswirken:

> «Und klar zu sein beginnt für uns erst mal mit ‹Cleaning›. Wir räumen die Disko, nachdem wir geschlossen haben, total

auf ... Und ‹cleaning› heißt auch, daß wir uns alle Störungen und Schwierigkeiten, die zwischen uns da sind, bewußt machen und bereinigen. Sonst könnten wir nicht so gut zusammenarbeiten und gut drauf sein. Das ist ein sehr wichtiger Teil unserer Arbeit.» [3]

In den Sannyasin-Diskos waren Drogen streng verboten, aufdringliche Angebote an alleinstehende Frauen waren hier unüblich, so daß auch viele Frauen allein kamen, die sonst nicht den Mut hatten, ohne Begleitung auszugehen.

Ungewöhnlich war auch die Freundlichkeit und der Spaß der Disko-Leute bei der Arbeit; dies gab sogar ein kritischer Beobachter der Sannyas-Szene vom Frankfurter «Pflasterstrand» zu: «Es fehlt der gewohnte leere Frustblick endlos Abgeturnter, Markenzeichen alternativer Kulturtempel.» [4]

Das Konzept der Zorba-Restaurants hatte den bewußten, vegetarisch-kulinarischen Eßgenuß zum Ziel, der aus der Verknüpfung des körperlichen Wohlbefindens mit einer ausgesucht schönen Präsentation und einem umsichtigen Service entsteht. Dazu gehörte auch, daß der Koch sensibel für die Eigenschaften seiner Materialien sein mußte und jedes Gericht auch ein Genuß für das Auge war.

Die Sannyasin-Köche wollten die vegetarische Küche gesellschaftsfähig machen und beweisen, daß vegetarische Küche durchaus wohlschmeckend und sättigend sein und auch den hohen Ansprüchen eines Gourmets genügen kann.

Während eines einwöchigen Trainings der Koordinatoren aller «Zorba Restaurants» in Europa wurde ihre ungewöhnliche Unternehmensphilosophie deutlich. Die Restaurants sollten nicht in erster Linie das Wohl der Gäste im Auge haben, sondern den Sannyasins eine angenehme Arbeitsstätte bieten. Diese Berücksichtigung der Bedürfnisse des «Personals» war der Schlüssel zum Erfolg: Anders als in vielen First-class-Restaurants dürfte in keinem der Rajneesh-Restaurants die häßliche Kehrseite einer glanzvollen Fassade zu finden sein.

Nicht nur mit Diskos und Restaurants, sondern *auch im Therapiebereich waren die Kommunen wirtschaftlich erfolgreich.* Besonders lohnend waren die Wochenendgruppen, die von Therapeuten aus Oregon geleitet wurden und für die in der Regel 250 DM bezahlt wurden. Während früher von den Einnahmen der Therapeuten aus Oregon ein Drittel an den Therapeuten, ein Drittel nach Oregon und ein Drittel an den Ashram oder die Kommune ging, blieb jetzt mehr Geld für die Kommunen übrig: Seit der Zentralisierung und Vereinheitlichung der Bewegung mußten die Therapeuten in den Kommunen wohnen, und ihr Geld blieb auch dort.

Die Therapiegruppen wurden in den Instituten für Spirituelle Therapie und Meditation veranstaltet. Eine zusätzliche Einnahmequelle waren therapeutische Einzelsitzungen, Videos aus Rajneeshpuram mit Bhagwans Vorträgen, offene Abendgruppen und diverse Meditationen.

Auch die *Bauabteilungen der Sannyaskommunen* brachten erfreuliche Erträge. Die «Rajneesh-Bau» in Köln war beispielsweise so gut eingeführt, daß sie auf Monate hinaus ausgelastet war. Von ihren Aufträgen profitierten auch andere Abteilungen der Kommune, denn die Sannyasins machten ein Rundum-Angebot: von der Bauplanung bis zum Partyservice für das Einweihungsbuffet. Auch das Angebot eines «Renovierungspaketes» von der Planung bis zur Durchführung erwies sich meist als sehr günstig: Schwierigkeiten wegen unterschiedlicher Firmen und Handwerker waren von vorneherein ausgeschlossen, da alles zentral koordiniert wurde. Viele Auftraggeber hatten sich an eine Rajneesh-Firma gewandt, «weil die sich untereinander einig sind und nicht zanken.» Dazu meinte eine Koordinatorin:

> «Wir haben immer die Ausführung abgesprochen. Und das ist unsere Stärke. Dazu kommt der menschliche Kontakt. Die Auftraggeber fühlten sich als Bauherrn auch immer gut betreut, weil wir selbst wegen Detailfragen ständig in Kontakt standen.» [5]

Gute Geschäfte machten die Sannyasins auch mit dem Verkauf von Büchern und Kassetten der Vorträge Bhagwans. Die Kölner «Rajneesh Services Verlags- und Handels GmbH» organisierte zentral den Verkauf von Ton- und Videokassetten, von Büchern, Postern und Fotos von Bhagwan. Sie betrieb auch den Sannyasverlag und stellte die «Rajneesh Times» her; sie unterhielt einen «Rajneesh Translation Service» für Übersetzungen in und aus den meisten westeuropäischen Sprachen. Auch vollständige Buchproduktionen von der Übersetzung bis zum Druck wurden übernommen. Zusätzlich führte die Kölner Kommune eine Rajneesh-Design-Firma und ein Reisebüro, das die Flüge nach Oregon buchte.

Manche Sannyaskommunen verdienten auch Geld mit *Wohnungspflege* und *Gebäudereinigung*, andere mit *Antiquitätengeschäften*. Die Sannyasins der Kommune in München machten einen Antiquitätenladen auf, in dem viele Second-hand-Raritäten angeboten wurden. Auch antiquarische Kunstsammelbände, Trödelsachen, Modeschmuck und Postkarten konnte man dort finden. Die Attraktion innerhalb des Ladens war ein Kiosk, in dem es ca. 50 verschiedene Süßigkeiten gab, die per Hand abgewogen wurden.

Manche Sannyaskommunen unterhielten *Arztpraxen oder medizinische Zentren*. Das medizinische Zentrum der Mailänder Kommune behandelte zwar Krankheiten, bot jedoch auch eine Vielzahl von Massage- und anderen Techniken an, die der Vorbeugung von Krankheiten dienten. Man hatte erkannt, daß Fürsorge und Zuneigung oft heilsamer waren als schwerwiegende Eingriffe am geschwächten Körper.

In Hamburg gab es neben einer Sannyasin-Allgemeinpraxis, einer psychologischen Praxis und einer krankengymnastischen Einrichtung noch eine *Rajneesh-Naturheilpraxis*, wo vier Sannyasins in Teamarbeit homöopathische Behandlung, Rebalancing und Shiatsu-Massagen anboten. Jeder der Mitarbeiter gestaltete seinen Arbeitsbereich selbst bis hin zur eigenhändigen Fertigung des Massagetisches.

Zusätzlich unterhielten die Kommunen *Friseur- und Schönheitssalons, Boutiquen*, Firmen für *Computer-Software, Bioläden, Wolläden* und *Töpfereien*; auch *Inneneinrichtung* und *Gartenservice* standen auf dem Programm.

Zu Beginn ihrer wirtschaftlichen Aktivitäten war dieser Erfolg nicht vorherzusehen. Die meisten Sannyasins kehrten ohne Geld aus Poona zurück. Swami Ramateertha beispielsweise, der zeitweilige Leiter der Kölner Kommune, besaß nur noch ein Fahrrad und einen Rucksack. Er lieh sich von anderen Sannyasins 10 000 DM und machte mit Freunden ein Meditationszentrum auf. Ähnlich wie Ramateertha liehen sich viele Sannyasins Geld und bauten damit wirtschaftliche Unternehmen auf, die sich häufig dank ihres sich schnell entwickelnden Geschäftssinns als lukrativ erwiesen. Dabei lag das Risiko jeweils bei den einzelnen Sannyasunternehmern selbst:

> «Es handelt sich um eine Art Kristallisation von Projekten. Sie wachsen organisch heran. Die Sannyasins bilden ein enormes Potential an wacher Umweltwahrnehmung, Intelligenz und kreativem Können. Einer hat die Idee, ein anderer steuert das Geld hinzu, ein Dritter versteht sich auf dies, ein Vierter auf jenes. Und so bilden sich Kerne, die wachsen oder auch nicht wachsen, je nachdem, wie real das Ganze war. Natürlich gibt es in den Ashrams Koordinatoren, die haben ein spezielles Sensorium für das, was Erfolg haben kann, aber die Impulse kommen von den Individuen. Es wird eigentlich nur bewußter erfaßt und wahrgenommen, wo die Energie einzelner Leute oder Gruppen sowieso hin will. Und da wird regulierend geholfen, geraten, finanziell, menschlich – bei uns sind ja die geschäftlichen Prozesse nicht von den menschlichen zu trennen.»[6]

Die Finanzierung der gastronomischen Unternehmungen erfolgte meist über Privatkredite, Bankkredite mit privaten Bürgschaften und über die branchenüblichen Brauereikredite. Auch steckten vermögende Sannyasins ihr Geld in die Sannyasbetriebe, allerdings auf eigene Verantwortung. Die Gemeinschaft haftete nicht bei Verlusten, Schulden und Pleiten. Wer zum Sannyasunternehmer avancieren wollte, mußte das Startkapital selber beschaffen; das Risiko lag bei den im Handelsregister eingetragenen Privatpersonen. Swami Ramateertha vermutete allerdings, daß die Kommunen bei Pleitefällen «wohl für eine saubere Abwicklung sorgen»[7] würden, um den guten Ruf der Sannyasins in ihrer jeweiligen Stadt zu wahren. Florierte ein Unternehmen, wurde es beim Einzug eines Sannyasins in die Kommune von ihr übernommen, falls derjenige das wollte.

Die Löhne der Sannyasins in den Kommunen differierten je nach Ertragslage: ca. 1500 bis 2000 DM zahlten die Kommunen im Durchschnitt. Sie zahlten auch die entsprechenden Gelder für die Sozial-, Kranken- und Rentenversicherung. Die Gehälter waren nach der Funktion gestaffelt: Die Koordinatoren und Leiter erhielten höhere Gehälter als die einfachen «Worshipper». Sämtliche Nettogehälter aber gingen in einen Topf, egal wie hoch das Einkommen des einzelnen Sannyasins war. Davon wurden Miete, Essen, Kleidung und der alljährliche Flug zum Weltfestival nach Oregon bezahlt.

Die meisten Sannyaskommune-Unternehmen hatten Erfolg; es gab aber auch einige Pleiten. So machte die Wiesbadener Disko pleite; Ende Januar 1985 stellten die Geldgeber den Konkursantrag für die Firma «RUSH Rajneesh Unternehmensförderung für Service- und Handelsbetriebe GmbH», die in Wiesbaden die Zorba-Diskothek betrieben hatte. Andere Sannyasbetriebe, die zuwenig Profit abwarfen, wurden wieder geschlossen, so z. B. ein Weinladen, eine Boutique in Köln, ein Zorba-Restaurant in Kiel und ein kleines Stehcafé in Tübingen. In Berlin mußte das Zorba-Restaurant in ein Tanzcafé verwandelt werden, da die Gäste ausgeblieben waren. Auch die «Tuli»-Fensterfirma löste sich Ende 1984 auf, weil ihre Kalkulation nicht stimmte. Unrentabel waren vor allem die Betriebe in kleineren Städten, die nur von wenigen Sannyasins lebten; sie konnten ebensowenig überleben wie die Center und Ashrams in diesen Orten.

Die Sannyasins versuchten, nach dem Vorbild von Klöstern und alternativen Betrieben *die geeigneten Betriebsformen* für ihre Unternehmen zu finden. Zunächst waren die meisten Sannyasinbetriebe als GmbHs organisiert, dann aus steuertechnischen Gründen als GBRs (Gesellschaften des Bürgerlichen Rechts). Eine GBR kann im Gegensatz zur GmbH beliebig viele Gesellschafter haben – ideal bei der Vielzahl der Sannyasins. Durch eine Vielzahl von Gesellschaftern wird außerdem der Gewinn steuertechnisch minimiert.

Aber auch die Rechtsform GBR war später von den Sannyasins verworfen worden, weil sie ihrer Meinung nach für ihren Lebens- und Arbeitsstil nicht geeignet war. Manche Kommunen wie die in Berlin wählten die Form der Offenen Handelsgesellschaft (OHG) mit 35 Gesellschaftern, die als rechtliche Form meist nur für kleine Familienbetriebe angewandt wird. Alle Gesellschafter waren gleichberechtigt, sie waren somit auch Unternehmer und Eigentümer der Betriebe.

Eine andere Rechtsform der Sannyaskommunen war die Genossenschaft; die erste dieser Art – die «Wioska Rajneesh Neo-Sannyas Kommune Genossenschaft» – wurde im Oktober 1984 in Köln gegründet. Geplant war, daß nach und nach alle Betriebe, Organisationen und Unternehmungen der Kommune in die Genossenschaft eingegliedert werden sollten. Die Genossenschaft schien nicht nur den rechtlichen Erfordernissen, sondern auch dem Wesen der Sannyaskommune zu entsprechen, da jedes Mitglied – d. h. jeder Genosse – Teilhaber der ganzen Kommune und ihrer Betriebe ist. Außerdem hätten die älteren Genossenschaften den Menschen in all seinen Lebensbereichen gefördert; genau das sei der Sinn des Zusammenlebens in einer Sannyaskommune. Die Form der Genossenschaft ermöglichte auch, daß die Kommune ihre eigene Schule, ihren Kindergarten und ihre Klinik gründen konnte. Außerdem bietet die Rechtsform der Genossenschaft den Vorteil, daß keine Gewerbesteuer erhoben werden kann, sofern die Genossenschaft eingetragen ist.

Was geschah nun mit dem Geld, das die Sannyasins mit ihren diversen Firmen erwirtschafteten? Entgegen manchen Vermutungen sollen die Überschüsse nicht nach Oregon überwiesen, sondern neu investiert worden sein, sofern sie nicht für eine Erhöhung des Lebensstandards verwendet worden waren. Für die Manager der Sannyasbetriebe war Geld kein Lebenszweck, sondern «eine Form von Energie. Lasse ich es auf dem Bankkonto liegen, nutze ich das Potential nicht aus. Wir halten Geld nicht, wir lassen es fließen.»[8] Sie plädierten dafür, finanzielle Risiken einzugehen, da nur so gute Geschäfte gemacht werden könnten.

In Köln wurden beispielsweise innerhalb von drei Jahren 300 neue Arbeitsplätze geschaffen. Diese Investitionsbereitschaft der Deutschen war Sheela angeblich ein Dorn im Auge. Sie soll sich beklagt haben, daß die bundesdeutschen Unternehmen immer gleich wieder investieren würden. Denn natürlich war Rajneeshpuram an europäischem Geld interessiert. Und trotz der offiziellen Aussage der Sannyasin-Manager, die Kommunen seien wirtschaftlich autark, floß offenbar viel europäisches Geld nach Oregon, etwa die Lizenzgebüren, die an das RLJ für das Zorba-Paket bezahlt wurden. Es muß auch immer wieder Forderungen aus Oregon gegeben haben, die dann von den Kommunen erfüllt wurden. Höchstwahrscheinlich haben die Kommunen auch von sich aus finanzielle Hilfe angeboten, wenn teilweise auch unter moralischem Druck. Auf Sheelas Bemerkung: «Was immer wir haben, teilen wir, und was immer wir nicht haben, schaffen wir gemeinsam»[9], reagierten europäische Sannyasins solidarisch, «denn wir sind auch nur ein weiterer Tempel der Ranch»[10].

Auch die größte europäische Firma Rajneesh Services International (RSI) mit Sitz in London, zu der beispielsweise die «Air Rajneesh» und die «Rajneesh Services GmbH» in Köln gehörten, hatte finanzielle Verbindungen zu Oregon oder unterstand sogar direkt der Kommune in Oregon; das läßt sich schwer klären, da die Sannyasbetriebe ein schwer zu durchschauendes Firmenkonglomerat bildeten. Langfristig sollte, so die «Wirtschaftswoche», auch in der Bundesrepublik eine Riesenkommune wie in den USA entstehen.

Wirtschaftliche Aktivitäten in Europa nach der Sheela-Zeit

Im Zuge der Auflösung der großen Kommunen wurden teilweise auch ihre Betriebe aufgegeben. Die *kota-Kommune in Zürich* mußte im Januar 1986 Konkurs anmelden, eine kleine Gruppe von Sannyasins blieb jedoch übrig und baute ein neues Meditationscenter auf. Die ehemalige *Kölner Kommune* erhielt ihre Betriebe dagegen aufrecht. Die Unternehmen machten sich jedoch unabhängig von der Kommune und wurden von kleineren Gruppen (2 bis 40 Personen) in eigener Regie weitergeführt. Während sie früher eine Riesenkommune ernähren mußten, «sind wir heute nur noch für uns selbst verantwortlich, natürlich bleibt da finanziell mehr für uns übrig»[11]. Die Löhne orientierten sich dabei am wirtschaftlichen Erfolg des jeweiligen Unternehmens. In der ehemaligen *Amsterdamer Kommune* geschah eine ähnliche Entwicklung wie in Köln: Alle Betriebe wurden unabhängig, die Kommune als Versorger und Träger aller Lasten löste sich auf.

Durch die *Auflösung der Mutterkommune in Rajneeshpuram* ergaben sich finanzielle Vorteile für die Betriebe der ehemaligen Kommunen. Die Unterstützung für Oregon entfiel, und auch die jährlichen Reisekosten nach Oregon für alle Mitglieder der Gemeinschaft mußten nicht mehr aufgebracht werden. Viele Sannyasins, die nicht in den ehemaligen Kommunen blieben, bauten entweder neue kleine Ashrams mit einer Disko, einem Restaurant oder einem anderen Dienstleistungsbetrieb auf, oder sie gründeten kleine Meditations- und Therapiezentren. Mehr und mehr entstanden Initiativen kleiner Sannyasgruppen oder auch einzelner Sannyasins.

Wirtschaftliche Aktivitäten einzelner Sannyasins

Sannyasins machten sich bevorzugt im Dienstleistungsbereich selbständig. Sie betrieben Instrumenten- und Schuhgeschäfte, Fahrschulen, Naturkostläden, Cafés, astrologische und psychologische Praxen.

Manche Sannyasins arbeiteten auch im *Möbel- und Design-Bereich*. Ein Hamburger Swami stellte beispielsweise fernöstliche Möbel her. Er hatte zunächst Tischler gelernt und dann Psychologie studiert. Sein Studium finanzierte er durch den Handel mit japanischen Reisstrohmatten. Durch sein Interesse an der japanischen Wohnkultur entschloß er sich nach Abschluß seines Studiums, wieder als Handwerker zu arbeiten. Er begann, für das Hamburger Futon-Studio japanische Tische, Lampen und mit Papier bespannte Schiebewände zu konstruieren. Außerdem bot er dünne, aus mehreren Schichten Baumwolle bestehende Matratzen-Futons zum Verkauf an. Neben seiner Tätigkeit für das Futon-Studio arbeitete er zunehmend auch für Privatkunden, denen seine schlichten, handwerklich gutgearbeiteten Möbel gefielen.

Andere Sannyasins verdienten ihr Geld auf eine ungewöhnliche Art und Weise, die viel Kreativität und Experimentierfreude voraussetzt. So etwa das «*Rajneesh Center for Natural Birth and Meditation*», das von einem Swami, der als Arzt in der Hausgeburtshilfe tätig war, und einer Sannyasin geführt wird, die ursprünglich Psychologie studiert hatte. Zum Programm des Zentrums gehören Geburtsvorbereitung für schwangere Frauen, aber auch für werdende Väter, die Betreuung von Eltern und Kind nach der Geburt, die Geburt selbst sowie Fortbildungskurse für Ärzte und Hebammen.

Der Arzt arbeitet in der Geburtsvorbereitung; die Psychologin betreut schwangere Frauen in Gruppen, wo sie ihnen zeigt, wie sie mit Hilfe von Joga und Meditation ihren Körper verstehen und entspannen lernen. In Einzelsitzungen macht sie Rebirthing und Energiearbeit mit den Frauen. Im Laufe ihrer Arbeit stellte sich heraus, daß sich Steißlagen von Kindern durch Energiearbeit verändern ließen; darauf hat sie sich nun spezialisiert. Wenn das Kind Schwierigkeiten hat, die Steißlage zu verlassen, arbeitet der Arzt mit Visualisierung und leichten Massagen:

> «Ich stelle mir vor, daß das Kind richtig herum liegt, spreche mit dem Kind und zeige ihm mit Massagen den Weg zum richtigen Platz; ich gehe davon aus, daß das Kind ein waches Bewußtsein hat und alles versteht.»

Der Arzt kam auf Grund seiner Berufserfahrung und der genauen Beobachtung der Körper der Schwangeren zu einer interessanten Deutung der Schwangerschaftsphasen:

> «Die Energie geht während der neun Monate durch alle Energiezentren (Chakren) im Körper, und dadurch werden bei der Frau wichtige psychische Prozesse ausgelöst. Im dritten Monat ist die Energie z. B. im Bauch-Chakra: Wenn die Frau hier loslassen kann, dann stirbt in ihr das Mädchen, und die Mutter wird geboren. Die hier auftretenden Übelkeiten sind ein Zeichen dafür, daß sich die Frau gegen diesen Prozeß wehrt. Im siebten Monat ist die Energie im Hals-Chakra. Hier werden Erinnerungen an alte Verletzungen, vor allem psychischer Art, ausgelöst, die sie in ihrem ganzen Leben erfahren hat und die wieder schmerzhaft ins Bewußtsein der Frau kommen. Kann sie sich darauf einlassen, erlebt sie diese Situation noch einmal und ist danach davon frei ... Frauen, die sich nicht auf diesen Schmerz einlassen können, erleben dann häufig eine Fehlgeburt, weil sie die Energie nicht nach oben steigen lassen, sondern nach unten drücken ... Kann eine Frau diese Erinnerungen durchleben, kann sie durch ihre Schwangerschaft bewußter und damit von ihrer Vergangenheit frei werden; aber natürlich nur, wenn dieser Prozeß bewußt abläuft. Nach dem siebten Monat steigt die Energie noch höher, und das ist dann die Zeit, wenn die schwangeren Frauen richtig zu strahlen beginnen.» [12]

Zwei Sannyasin-Frauen aus München *gründeten die Firma «Herzens-wunsch»*. Nach dem Motto: «Wir erledigen (fast) alles!»[13] versuchen sie, auch die ausgefallensten Träume verwirklichen zu helfen. Ein Mann wollte z. B. unbedingt einmal als Clown vor ein Publikum treten. Ein Brautpaar wünschte sich eine originelle Hochzeitsfeier mit gregorianischen Gesängen und einen Videofilm als Erinnerung. Ein Rollstuhlfahrer suchte Gesprächspartner, und ein Ehepaar wünschte sich, einmal zu Hause verwöhnt zu werden und nichts mit Einkaufen, Kochen, Servieren und Abwaschen zu tun zu haben. Es gibt aber auch normale Aufträge wie den eines Junggesellen, schnell zehn Hemden gebügelt zu bekommen. Die Herzenswünsche der beiden Sannyasin-Frauen sind, «in der Nähe Bhagwans zu sein» und «Geld zu verdienen, aber nicht des Geldes wegen, sondern mit dem Gefühl, es wieder auszugeben»[14].

Eine andere Sannyasin, von Beruf Floristin, besitzt ein *«Rollendes Blumenstudio»*. Auf Wunsch stellt sie Blumen und Pflanzendekorationen in Wohnungen, Büros und Restaurants für Feste, Vortragsabende, Empfänge und Konzerte.

Wenn sie zur Ausschmückung einer Wohnung gerufen wird, mißt sie zunächst mit dem Belichtungsmesser die Lichtverhältnisse, damit die Pflanzen die besten Lebensbedingungen erhalten. Sie achtet auch sehr darauf, was für ein Verhältnis die Kunden zu Pflanzen haben. Wenn nur an repräsentativen Stellen dekoriert werden soll, die den Pflanzen keine Lebenschancen geben, verzichtet sie lieber auf den Auftrag. Ansonsten wählt sie die Pflanzen passend zum Kunden und seiner Wohnung aus:

> «Es muß die richtige Pflanze am richtigen Ort stehen, und das ist meine Stärke... Und die meisten, die mich rufen, haben einen sehr starken Sinn dafür.»[15]

Wirtschaftliche Aktivitäten in Rajneeshpuram

Die Organisation und Leitung von Rajneeshpuram geschah durch die «Rajneesh Foundation International» (RFI), ihre Einnahmen gehörten zu den Haupteinnahmequellen der Bewegung. Die RFI verkaufte die Bücher und die Ton- und Video-Kassetten von Bhagwan; außerdem organisierte sie das jährliche Festival in Rajneeshpuram. Eine Woche Zeltaufenthalt in Rajneeshpuram kostete inklusive Flug 3500 DM, im Hotel angeblich über 12000 DM.

Während des Sommerfestivals boten sich zusätzliche Verdienstmöglichkeiten. So wurden z. B. alle möglichen Mitbringsel verkauft. Es gab T-Shirts mit dem Gesicht Bhagwans oder mit der Aufschrift: «Live, Love, Laughter». Andere Souvenirs waren Kaffeetassen, Flaschenöffner, Badetücher, Aschenbecher und Plastikeimer mit dem Bild Bhagwans. Während des Weltfestivals wurde eine Modenschau für die Gäste veranstaltet. Drei italienische Sannyasins stellten eine elegante Kleiderkollektion in allen nur möglichen Rottönen vor. In der Boutique von Rajneeshpuram wurden modische Sannyasin-Modelle verkauft; auf dem Unterhaltungssektor konnten die Festivalbesucher unter verschiedenen Angeboten wählen: Sie konnten den Spielsalon, die «Omar Khayyam Lounge», besuchen, aber auch verschiedene Restaurants, Saft- und Snackbars, Eisdielen, eine Bar und eine Diskothek.

Die «Rajneesh Foundation International» gründete ständig neue Tochterfirmen, so auch die «Rajneesh Investment Corporation» (RIC), der das Gelände und die Gebäude auf der Ranch gehörten; schließlich zählte man 26 Firmen auf der Ranch. Schon im ersten Jahr ihres Bestehens konnte die RIC ihre Bilanzsumme um 100 Prozent erhöhen. Ende 1981 wurden die Aktiva laut «Stern» mit 10,23 Millionen ausgewiesen, Ende 1982 schon mit 21,17 Millionen. Für die Abwicklung der Geschäfte war die «Rajneesh Neo-Sannyas International Commune» (RNSIC) zuständig.

Die wichtigsten *Dauereinnahmen* der Kommune in Rajneeshpuram erbrachten die *Kurse der Rajneesh International Meditation University*, auch eine Tochterfirma der RF. Geht man von einer Anzahl von 500 Teilnehmern aus, von denen jeder im Schnitt 80 US-Dollar täglich zahlte, ergibt sich ein Jahresumsatz von 15 Millionen Dollar. Es kamen aber auch Besucher, die nur das Leben in der Kommune kennenlernen wollten. Für 40 Dollar pro Tag konnten sie in der Kommune leben und mitarbeiten.

Eine andere Einnahmequelle der Kommune war der *Verkauf der Rolls-Royce*, die Bhagwan gefahren hatte. Bhagwan sollen insgesamt 84 dieser Luxusautos zur Verfügung gestanden haben. Sie waren jedoch nicht in seinen Besitz übergegangen, sondern gehörten dem «Rajneesh Modern Car Collection Trust». Dieser Trust erwarb einen Rolls-Royce für etwa 108 000 Dollar; nachdem Bhagwan ihn eine Zeitlang gefahren hatte, wurde das Auto dann an wohlhabende Sannyasins für 125 000 Dollar verkauft.

Zusätzliche Einnahmen erbrachte die *amerikanische «Rajneesh Times»*, die von der Firma «Rajneesh Times Incorporated» hergestellt und vertrieben wurde. Sie hatte eine Auflage von 4000 Exemplaren und war eine der auflagenstärksten Wochenzeitungen in Zentraloregon. Neben dem Verkauf der Zeitung brachten auch die Anzeigen von Sannyaskommunen und -betrieben zusätzliches Geld in die Kommunenkasse. Als zum 3. Weltfestival eine Sonderausgabe der «Rajneesh Times» erschien, grüßten Sannyasins aus aller Welt Bhagwan in teils ganzseitigen Anzeigen, etwa: «Beloved Master, we dance at your feet» oder «Beloved Bhagwan, our love will always follow».[16] Der Anzeigenpreis lag dabei pro Seite bei 800 Dollar.

Die Landwirtschaft in Oregon war 1985 bereits so weit entwickelt, daß nicht nur die Kommune selbst autark war, sondern mittlerweile auch Überschüsse auf den Märkten von Portland verkauft werden konnten. Auf der Surdas-Gemüsefarm etwa gab es eine gezielte Produktion von Sprossen, die für Abnehmer aus der Umgebung hergestellt wurden.

In Rajneeshpuram wurden 200 Millionen Dollar investiert, und innerhalb von wenigen Jahren war eine autarke Kommune aufgebaut worden. Diese hohe Investitionssumme konnte die Kommune alleine nicht aufbringen, deshalb wurde sie auf der Basis von Darlehen und Krediten finanziert. Diese Kredite stellten einerseits Sannyasins, andererseits aber auch Freunde der Bewegung zur Verfügung, die sich nicht entschließen konnten, Sannyas zu nehmen, den Aufbau von Rajneeshpuram jedoch unterstützen wollten; die Bankgeschäfte für Rajneeshpuram wurden von der «Rajneesh Services International LTD» (RSJ) abgewickelt.

Auch Spenden spielten beim Aufbau von Rajneeshpuram eine große Rolle.

In jeder Kommune soll es einen Sannyasin gegeben haben, dessen Aufgabe es war, wohlhabende Sannyasins zu Spenden aufzufordern; in manchen Mitgliederkarteien sollten neben den Adressen auch die Vermögensverhältnisse festgehalten worden sein. Für die

Spenden erhielt man zwar eine Spendenbescheinigung, erwarb aber keinerlei Rechte. Dennoch bestanden für jemanden, der einen größeren Betrag gespendet hatte, eher Möglichkeiten, in Oregon zu leben.

Nach dem Zusammenbruch der Kommune in Oregon sollten die Menschen, die ihren Aufbau durch ihr Investment mitfinanziert hatten, möglichst schnell ausgezahlt werden. Das war jedoch nicht möglich, weil es zu viele Gläubiger gab und so vor Gericht geklärt werden mußte, welche Gläubiger vorrangigen Anspruch auf das Geld der Kommune hatten. Die Finanzexperten der Kommune schätzten die Schulden auf 15 Millionen Dollar. In einer riesigen Ausverkaufsaktion wurde nun aller Besitz der Kommune öffentlich verkauft. Für das Gebäude der Ranch ließ sich allerdings bis heute kein geeigneter Käufer finden – verlangt werden 28,5 Millionen Dollar. Anfang Dezember 1985 wurde gegen die Kommune eine Bankrottklage erhoben; seitdem wurden und werden alle aus den Verkäufen erzielten Gelder so lange auf ein spezielles Konto eingezahlt, bis die Gerichte darüber befinden, welche Schulden vorrangig sind.

9. Worin besteht die Attraktivität der Bhagwan-Bewegung?

Gespräche mit Sannyasins und ehemaligen Sannyasins

In unserer Diplomarbeit (1984) untersuchten wir die Gründe für die Motivation zum Eintritt in die Bhagwan-Bewegung. Wir führten dazu eine Erhebung durch, in der wir versuchten, einer tieferen Motivation zur Sannyasnahme auf die Spur zu kommen[1], indem wir Teile der Kindheitsgeschichte und die Vorgeschichte des Eintritts besonders berücksichtigten. Wir interviewten nicht nur aktive, sondern auch ehemalige Sannyasins, um ein differenziertes Bild zu erhalten. Nicht nur die individuelle Motivation für den Beitritt war dabei von Interesse, sondern auch der desolate Zustand unserer Gesellschaft, vor dessen Hintergrund sich manche Verhaltensweisen anders interpretieren ließen. Denn ließe man die gesellschaftliche Situation außer acht, könnte man Sannyasins leicht als unfähige, lebensuntüchtige Eskapisten abtun. Wir betrachten Sannyasins jedoch als Suchende, als Menschen, die aus einer unbefriedigenden Lebenssituation heraus aktiv werden.

Wir führten unsere Befragung Mitte 1983 durch. Obgleich sich danach in der Sannyasbewegung ein gravierender Wandel vollzog, sind unsere Ergebnisse größtenteils noch relevant, vor allen Dingen, was die Bedürfnisse und Sehnsüchte von Sannyasins betrifft. Wir befragten 20 Sannyasins und 20 ehemalige Sannyasins. Diesen Interviews ging eine Reihe von ausführlichen Vorinterviews mit sechs Sannyasins und vier Ehemaligen voraus, deren Ergebnisse Grundlage für den eigentlichen Fragebogen waren.

Die Mehrzahl unserer Interviewten hatte eine Hochschulzulassung (82,5 %) oder eine akademische Ausbildung (72,5 %). Im Vergleich dazu hatten nach den Angaben der Media-Analyse von 1983 nur 11 % der Gesamtbevölkerung einen Hochschulzugang.

Den relativ hohen Anteil von Intellektuellen in der Bhagwan-Bewegung erklären wir uns dadurch, daß Bhagwan einerseits einen intellektuellen Zugang zu wesentlichen Themen der menschlichen Existenz ermöglicht und andererseits praktische Möglichkeiten anbietet, wie man damit umgehen kann. Da Bhagwan als Intellektueller auch westliches Gedankengut in seine Vorstellungen mit aufnahm, können westliche Intellektuelle leichter zu seinen Lehren Zugang finden als zu denen anderer indischer Gurus.

In unserer Befragung wurde deutlich, daß die meisten Sannyasins aus einer unbefriedigenden Lebenssituation heraus in die Bewegung gingen und sich von ihrem Beitritt eine Lösung ihrer Probleme erhofften. 87,5 % aller Befragten erzählten uns von ihrer frustrierenden Lebenssituation vor der Sannyasnahme; 90 % hatten etwas Einschneidendes vor der Sannyasnahme erlebt, das sie sehr belastete. Viele konnten sich kaum noch positive Lebensziele vorstellen.

D., ein Sannyasin, der über zehn Jahre als Lehrer gearbeitet hatte, beschrieb seine Situation vor der Sannyasnahme so:

> «Ich hatte keine Lust mehr, bis zu meiner Pensionierung einfach nur zu funktionieren; durch das Spielen dieser Rolle war nicht wirklich ich gemeint; das machte mich von Tag zu Tag unzufriedener, und ich wurde zunehmend depressiver. Während dieser persönlichen Krise ging auch noch die Beziehung zu meiner Freundin in die Brüche, und ich klappte zusammen. Ich spürte, es muß etwas passieren, so wagte ich den Sprung zu Bhagwan.»

Für S. lag die Ursache für ihre Unzufriedenheit in einer schwierigen Zweierbeziehung und deren Auflösung:

> «Meine sechsjährige enge Partnerbeziehung war emotional und sozial festgefahren. Es war immer ein ‹Sich-nicht-Hinterfragen›, ich habe immer die Schuld im anderen gesucht, ich war ratlos, hatte keine Perspektive und hatte viele Depressionen. Ich habe mich von meinem Partner getrennt, meine Werte waren wie weg. Ich war das erste Mal auf mich alleine gestellt, habe drei Umzüge gemacht, von einem zum anderen. Ich fühlte mich wurzellos.»

Die Sannyasin K. beschrieb sich in der Zeit vor dem Eintritt als sehr ängstlich und orientierungslos. Ihrem Freund fühlte sie sich ständig unterlegen, wobei sie ihn sehr idealisierte. Der Tod dieses Freundes löste dann eine tiefe Krise bei ihr aus:

> «Durch diesen Todesfall, da war ich also sehr auf mich selbst zurückgeworfen, sehr allein und sehr einsam. Ja, ich bin so völlig zusammengesackt.»

Sie meint, sie hätte regelrecht am Leid geklebt, deshalb beschloß sie, sich daraus zu befreien und Sannyas zu nehmen.

R. beschrieb ihre Lebenssituation so:

> «Meine politische Arbeit und das Studium machten mich total unzufrieden; ich war perspektivlos und hatte keinen Bezug mehr zu dem, was ich tat. Ich trat innerlich auf der Stelle.
> Mein Freund fuhr plötzlich nach Poona. Mit dem Gefühl des Verlustes bin ich hinterhergereist. Meine politische Arbeit, die ich acht Jahre lang leistete, war erschöpft, ich kam gefühlsmäßig einfach nicht mehr weiter.»

Der Sannyasin O. empfand vor seiner Sannyasnahme nichts mehr in seinem Leben als positiv. Er war streng katholisch erzogen worden und hatte sein Elternhaus als sehr beengt erlebt. Um sich aus dieser Enge zu befreien, verließ er nach dem Abitur sein Zuhause sehr schnell und studierte relativ wahllos irgend etwas. Er lebte in einer Wohngemeinschaft und war politisch aktiv; seine ehemalige Situation beschreibt er so:

> «Meine Erziehung war nicht o.k., das Studium war nicht o.k., meine Freunde waren nicht o.k., überall hat Scheiße drangeklebt. Ich konnte zu gar nichts einfach nur ‹Ja› sagen. Politische Gruppen haben mir in dem Sinne keine Geborgenheit gegeben. Bei Demos hab ich mich immer komisch gefühlt, immer nebendran. In den Politgruppen gab es oft dieses Kampfgetümmel und das Niedermachen von anderen. Die Leute waren oft so negativ drauf, ich war oft so depressiv und lustlos und hab mich auch so isoliert gefühlt. Ich hab vieles aus Protest gemacht und hatte immer irgendwie das Gefühl, das, was ich gerade mache, ist noch nicht das Richtige.»

Er schildert, daß er auch beruflich sehr desorientiert war, was ihn sehr beunruhigte. Es war vorauszusehen, daß er nach dem Abschluß seines Studiums mit größter Wahrscheinlichkeit arbeitslos geworden wäre. Auch die Beziehung mit einer Frau erlebte er als unbefriedigend und kampfbetont:

> «Das war einfach nicht so das reine Glück, wie wir versucht haben, uns umzudrehen, gegenseitig einen anderen Menschen aus uns zu machen. Wir sind zwar zusammen nach Poona gefahren, da haben wir uns dann aber ziemlich schlagartig getrennt...»

H., ein ehemaliger Sannyasin, schildert seinen Zustand vor der Sannyasnahme als «wurzellos». Das Ende seiner Schulzeit war für ihn einschneidend, da er danach jeden Halt verlor. «Ich nahm Drogen, machte Gelegenheitsarbeiten und trank.» Hinzu kam die Auflösung seiner Wohngemeinschaft, die ihn stark belastete.

J., ein Therapeut und Ex-Sannyasin, erinnerte sich ebenfalls an eine Zeit voller Perspektivlosigkeit:

> «Im Jahr vor der Sannyasnahme hatte ich keine konkrete Aufgabe, ich hatte mir auch keine gestellt. Innerlich befand ich mich in einer Umbruchsituation. Für mich war eine neue Selbstdefinition nötig. Ich hatte viel studiert und Körpertherapie gemacht, es war aber alles nichts mehr für mich.»

Hinzu kam ein ihn sehr belastendes Ereignis:

> «Meine Freundin wurde von mir schwanger. Zu ihr hatte ich eine 15jährige Freundschaftsbeziehung gehabt. Dann hatten wir lange keinen Kontakt, bis wir uns plötzlich wiedertrafen und sie schwanger wurde. Dadurch kam ich zusätzlich in eine Konfliktsituation, weil ich unschlüssig war, ob ich diese Verantwortung übernehmen wollte oder nicht.»

A., ein Sannyasin, befand sich in einer derart kritischen Lebenssituation, daß er keinen anderen Ausweg mehr sah, als entweder Selbstmord zu begehen oder Sannyas zu nehmen:

> «Mein Leben war chaotisch, für mich gab's nur die Wahl entweder Sannyas oder Selbstmord. Meine Ehe war sehr

chaotisch und zerrissen, ich war selbständig, war in ein Geschäft eingestiegen und nicht glücklich dabei. Ich gab meinen Beruf auf und war sehr damit beschäftigt, in meiner Ehe zu klären, was aber aussichtslos erschien, machte eine Gesprächstherapie und fing an, in körperorientierten Therapien Erfahrungen zu machen. In meiner Beziehung änderte sich wenig, und es kam zum Zusammenbruch der Ehe, meine Frau zog mit unserer Tochter aus. Für mich brach eine Welt zusammen. Sannyas war für mich die Rettung.»

Von den belastenden Ereignissen, die fast alle Interviewten im Jahr vor der Sannyasnahme erlebten, waren die Hälfte Verlusterlebnisse, wobei es sich meist um die Trennung vom Partner handelte. Andere belastende Erlebnisse waren außerdem: «Aufenthalt in der Psychiatrie», «Freundin nahm Sannyas», «Verhaftung», «schwere Krankheit», «Fasten, danach psychosomatische Beschwerden», «30. Geburtstag als Wendepunkt», «Kündigung nach 8 Jahren Arbeit», «Geburt eines Kindes», «Identitätskrise durch starke Veränderungen der Vorstellungen und des Lebens.»

Die von uns beschriebenen belastenden Ereignisse sind nicht spezifisch für Sannyasins. Jeder Mensch muß sich mehr oder weniger diesen Krisen im Leben stellen. Bestenfalls führen belastende Situationen dazu, daß der Mensch sein Leben neu überdenkt und andere Prioritäten setzt. Die Sannyasnahme ist solch ein Versuch, eine Krise positiv zu bewältigen.

Ein anderes Ergebnis unserer Befragung war, daß 92,5 % unserer Interviewten *kein gutes Verhältnis zu ihrem Vater hatten*. 72,5 % erlebten ihn nicht als positives Vorbild. Der Vater war entweder passiv distanziert und kümmerte sich kaum um sein Kind, oder er war beherrschend und einengend; eine «Mischform» gab es ausgesprochen selten.

P. berichtet:

«Zu meiner Mutter habe ich eine gute Beziehung. Zu meinem Vater ist sie nicht so gut, er hält große Distanz, ich weiß nicht, woran ich bei ihm bin. Während meiner Kindheit habe ich nichts Liebevolles gespürt, es gab viel Repression, ich mußte

meinen Freiraum erkämpfen und hatte oft Schlägereien mit
meinen Eltern, speziell mit meinem Vater.»

Wohl deshalb erlebte sie nicht ihren Vater, sondern ihren älteren
Bruder als Vorbild.

N. beschreibt ihren Vater als passiv und innerlich zurückgezogen:

«Und so mit meinem Vater war das schon so eine ganz andere
Beziehungsstruktur. Also – das, was bei meiner Mutter zu nah
und zu eng war, hab ich bei ihm eher als das genaue Gegenteil
erlebt. Da war erst mal nichts, ich würde das erst mal als nichts
bezeichnen – erst mal ja.»

Durch Erfahrungen in Therapiegruppen kam N. dann jedoch zu
folgender Erkenntnis:

«Er war schlichtweg ein Vater, der sich permanent weigerte,
ein Vater zu sein.»

Sie betont, daß in erster Linie ihre Mutter ihr Werte vermittelte:

«Mein Vater hat sich eigentlich konstant da rausgehalten; von
ihm ist mir der Satz in Erinnerung ‹Um des lieben Friedens
willen›, er wollte immer seine Ruhe haben, also
Konfliktvermeidung bis zum Geht-nicht-Mehr.»

Auch O. schildert seinen Vater als innerlich zurückgezogen:

«Mein Vater, der hält sich da mehr zurück, der ist irgendwie
gleichgültiger, scheinbar. Er ist mir irgendwie ein Rätsel in
vielen Dingen. Der behält vieles für sich und ist oft
unzugänglich. Meine Mutter ist da irgendwie offener, die
plappert halt alles raus, sie ist umgänglicher.»

W.s Verhältnis zu seinem Vater ist von Enttäuschung geprägt:

«Ich lebte im Osten, mein Vater lebte im Westen. Er war kaum
da. Er hatte nämlich eine langjährige Beziehung zu einer
anderen Frau. Als ich 12 Jahre alt war, versuchte mein Vater
stark von mir Leistungen zu verlangen. Zu meiner Mutter
habe ich ein rundherum offenes Verhältnis, es ist eine ganz
starke Liebesbeziehung. Ich habe sie als Vorbild erlebt; meinen
Vater nicht. Ich wünschte mir, mein Vater wäre nicht so
gespalten gewesen mit den zwei Frauen. Ich hätte mir ein

gemeinsames Leben mit ihm und meiner Mutter gewünscht.»

Auch J.s Verhältnis zum Vater war von Enttäuschung gekennzeichnet:

> «Ich konnte meinen Vater nur wenig im Alltag erleben, da er über längere Zeit beruflich außerhalb zu tun hatte. Wenn er zu Hause war, dann nur im Urlaub oder kurz und dann konzentriert. Ich wurde meiner Stiefmutter, die ich nicht mochte, überlassen. Habe mich alleinegelassen gefühlt, oft bekam ich von meinem Vater Schläge, er war sehr fahrig. Ich hatte Angst vor meinem Vater, er war sehr ungeduldig und streng, oft versteckte ich mich, wenn er kam. Ich wurde oft zum Essen gezwungen, sonst bekam ich eine Strafe.»

Obwohl sich J. von seinem Vater zutiefst enttäuscht fühlte, verehrte er ihn dennoch, da er ihn als sehr ehrlich, korrekt und zutiefst religiös empfand.

U. beschreibt ihren Vater als sehr einengend und intolerant:

> «Er war sehr besitzergreifend mit seiner umgarnenden Liebe. Mein Vater trägt die stille Illusion in sich, über meine Person erfüllt zu werden. Um ihn herum habe ich eher einen Bogen gemacht, ich hatte mehr Bezug zur Liebe meiner Mutter.»

Auch D. fühlte sich stark von seinem Vater eingeengt:

> «Er hat mir vieles aufgedrängt und permanent von mir Leistung verlangt; wirklich innerlich erkannt und geliebt fühlte ich mich nicht von ihm, sondern von meiner Mutter.»

Zusammenfassend läßt sich sagen, daß einerseits die Orientierung an positiven männlichen Leitvorstellungen fehlte, andererseits aber auch die positive Zuwendung und Anerkennung vom Vater. Diese Mischung scheint Bhagwan anzubieten: Er akzeptiert seine Schüler, aber er fordert sie auch heraus. Er verlangt von ihnen, ihr Ego aufzugeben, das bedeutet harte Arbeit an sich selbst.

K. P. Horn unterschied in seiner Dissertation zwei Gruppen von Sannyasins hinsichtlich ihrer Beziehung zu Bhagwan: «Sannyasins mit *Hingabehaltung* und andere mit *Selbsterfahrungshaltung*».[1] Die Hingabehaltung, die «mystische Haltung» beschreibt Horn so:

«Schilderung der Erfahrung als ein erfüllendes, beglückendes oder auch erschreckendes Erlebnis, das dem Betreffenden zustößt, ihn verschwinden läßt, bis er sich in der alten Realität wiederfindet.»

Dagegen:

«Es sind Erfahrungen gleicher Natur, die aber darüber hinaus von einem unbeteiligten Bewußtsein des Prozesses begleitet werden. Der Erfahrene weiß, was mit ihm geschieht, er beobachtet seine Reise in eine andere Realität.»[2]

Nach Auswertung unserer Interviews läßt sich verallgemeinernd feststellen, daß diejenigen, die nach wie vor Sannyasins sind, eher zum Hingabetyp gehören und diejenigen, die aus der Gemeinschaft austraten, eher dem Selbsterfahrungstyp zuzuordnen sind.

Der Hingabetyp hat ein stark emotionales Verhältnis zu Bhagwan, er ist tendenziell antirational und mystisch verklärend. Die Haltung von Ausgetretenen ist dagegen «mystisch bewußt», sie haben ein funktionaler orientiertes Beziehungsverständnis, sehen Bhagwan eher als Lehrer und können jeweils den Bezug zu ihrem eigenen Entwicklungsprozeß herstellen.

Wir haben Horns Definition des Selbsterfahrungstyps um den Zusatz der *kritischen Haltung* erweitert, er beschreibt diesen Sannyasintyp lediglich als bewußt reflektierend mit einer Fähigkeit zur Distanz auch bei gefühlsmäßiger Beteiligung. Unsere Erfahrungen mit Ex-Sannyasins und die Auswertung der Interviews legten diesen Zusatz jedoch nahe.

Sannyasins dagegen akzeptieren Bhagwan und die Bewegung eher unhinterfragt, sie reflektieren ihre eigene Entwicklung weniger; Selbstreflexion gilt für viele als «mindtrip». Diese unterschiedlichen Haltungen drücken sich nicht nur in der Beziehung zu Bhagwan aus, sondern auch in der Wahrnehmung von Therapieerfahrungen und in der Einschätzung der Bewegung.

Unsere Annahme, daß Sannyasins sich Bhagwan «mystisch» hingeben, während Ausgetretene dies eher mit dem Ziel der Selbstverwirklichung taten, stellte sich in unserer Erhebung weitgehend als richtig heraus.

Sannyasins drückten ihre Gefühle für Bhagwan so aus:

«Er ist ein Tor, er ist alles, er öffnet mir das Tor zum Leben, zur Liebe.»

«Bhagwan ist für mich wie die Blume, die ihren Duft verströmt und nicht danach fragt, für wen. Er gibt mir seine ganze Präsenz und löscht meinen Durst nach totaler Zufriedenheit.»

«Bhagwan nimmt meine Sehnsucht an die Hand, treibt sie weiter und gibt mich mir zurück, er führt mich zu meiner Quelle und beschützt mich dabei.»

«Bhagwan versteht mich ganz tief, akzeptiert mich, er ist mir sehr vertraut, er hält mich wach, ich fühle mich bei ihm zu Hause. Er hilft mir, zum Leben ‹Ja› zu sagen. Dafür bin ich ihm sehr dankbar.»

«Bhagwan ist für mich ein Meister, ein Regenbogen, dem ich mich total anvertrauen kann. Er gibt mir die Freiheit, nach innen zu gehen, nicht alles im Äußeren zu suchen, in meinem Zentrum zu sein.»

Dagegen beschreiben ehemalige Sannyasins Bhagwan folgendermaßen:

«Er verbindet tiefes psychologisches Erkennen mit Witz, fast mit Schlitzohrigkeit – dafür bewundere ich ihn. Durch den Kontakt zu ihm lernte ich, mir selbst näher zu kommen.»

«Er ist ein Meister, von dem ich viel lernen kann, speziell, meine spirituelle Seite zu erkennen, sie zu fördern. Ich habe durch ihn gelernt, einen neuen Ausdruck durch Tanzen und Singen zu finden und mehr Verantwortung für mich zu tragen.»

«Bhagwan war für mich ein Wegweiser, ein väterlicher Beschützer, der Wunschtraum einer Kommune, ohne aus der Gesellschaft zu flüchten, ohne die Verantwortung abzugeben.

Er ermöglichte mir sehr viel Selbsterfahrung, Selbstreflexion, ich begriff plötzlich, daß ich meine Kindheit aufarbeiten kann. Bei ihm habe ich meine religiöse Suche wiederentdeckt und belebt.»

«Bhagwan ist für mich als Person wichtig gewesen. Er war ein Mensch, der mir was zu sagen hatte. Ich suche Menschen, die mir was zu sagen haben, denn ich bin auf der Suche nach dem Lebenssinn und der Bedeutung des Todes. Bei der Beantwortung dieser Fragen kann auch der Schuster um die Ecke sehr hilfreich sein. Durch Bhagwan hatte ich religiöse Erlebnisse, die für mich sehr wichtig waren, sie gehören zu meinem Wachstumsprozeß. Wichtig finde ich es, mich zu beobachten und den Prozeß auf mich selbst zu beziehen und nicht alles auf Bhagwan zu beziehen, dabei ich selbst zu bleiben.»

«Ich sah ihn als eine große Projektionsleinwand. Die Sachen, die ich sonst auslaß, z. B. Tod, konnte ich auf ihn projizieren. Durch ihn kam etwas in den Raum, was bei mir gewisse Gefühle ansprach, die ich aber als meine empfand. Bhagwan ermöglichte mir die Auseinandersetzung mit dem Weg der Erleuchtung, mit dem Leben nach dem Tod, mit dem Akzeptieren. Speziell die Auseinandersetzung mit dem Tod war mir wichtig, wegen dem Tod meines Freundes.»

Auch bei der Schilderung der Erfahrungen in den Therapiegruppen steht bei Sannyasins das Bedürfnis nach Akzeptiertwerden im Vordergrund, während Ehemalige sich stärker selbst reflektieren. Sannyasins beschreiben ihre Therapiegruppenerfahrungen so:

«Die wichtigste Gruppenerfahrung war für mich das Gefühl, einfach akzeptiert zu werden und mich selbst akzeptieren zu können, in mir die Kraft zu spüren.»

«Für mich war es am wichtigsten, über die Schwelle meiner Angst gehen zu können, darin akzeptiert und aufgefangen zu werden.»

Zwei ehemalige Sannyasins beschreiben ihre Erfahrungen dagegen
so:

> «In den Gruppen bekomme ich einen intensiven Spiegel
> vorgehalten, und ich werde gezwungen, mir meiner
> Persönlichkeitsmerkmale bewußt zu werden. Das wirkt
> verändernd in meinen Alltag hinein. In der Geborgenheit der
> Gruppen habe ich erlebt, trotz all der bewußt werdenden
> Häßlichkeiten, die ich zum Ausdruck brachte, geliebt zu
> werden. Dadurch wuchs in mir sehr viel Mut, mich zu zeigen,
> mich zu konfrontieren, zu reflektieren. Meine Angst, mich zu
> zeigen, wurde immer geringer.»

> «Es war wichtig für mich, endlich Frau zu werden, das
> Konkurrieren, Kämpfen loszulassen, keine Machtspielchen zu
> betreiben, ehrlicher zu werden, sensibler auch für den eigenen
> Körper zu werden.»

In unserer Befragung fanden wir auch heraus, daß die Hälfte der
von uns interviewten Sannyasins in bezug auf Bhagwan kindliche
Bedürfnisse ausleben wollten, d. h., sie wollten von ihm völlig akzeptiert werden. Sie stellten ihre Person Bhagwan gegenüber in den
Hintergrund, gaben stärker ihre Eigenverantwortung ab und nahmen die Worte Bhagwans eher passiv auf.
Ex-Sannyasins hingegen sahen sich selbst mehr im Vordergrund,
nahmen die Worte Bhagwans gestaltend auf und übernahmen für
sich selbst die Verantwortung.
Eine Sannyasin beschreibt sich Bhagwan gegenüber als passiv:

> «Bhagwan versteht mich ganz tief, akzeptiert mich, er ist mir
> sehr vertraut, er hält mich wach, ich fühle mich bei ihm zu
> Hause. Er gibt mir das ‹Ja› zum Leben, er hilft mir, meinen
> Weg zu gehen, ich bin ihm dafür sehr dankbar. Bei Bhagwan
> fehlt mir nichts, ich kann dort alles haben, was ich will. Es ist
> für mich das Wichtigste, akzeptiert zu werden, mich fallen
> lassen zu können, Vertrauen zu haben.»

Eine Ex-Sannyasin dagegen sieht sich selbst eher als aktiven, gestal-
tenden Teil:

«Bhagwan erlebe ich eher als Freund, von dem ich viel lernen
kann. Er ist für mich ein Medium zur Selbsterkenntnis. Ich
habe erkannt, daß ich für mein Leben selbst verantwortlich
bin und auf eigenen Beinen stehen muß und kann. Ich habe
gelernt, mich liebevoll anzunehmen. Ich hatte immer Angst,
meine Gefühle zu äußern, in den Gruppen habe ich mich
zunehmend damit konfrontiert und gelernt, meine Angst
diesbezüglich abzubauen.»

Im allgemeinen hatten Ehemalige während ihrer Sannyaszeit eine
größere Distanz zur Bewegung. Die meisten Sannyasins dagegen
schirmten sich von der Außenwelt stärker ab. Sie lebten in Wohngemeinschaften, hauptsächlich mit Sannyasins zusammen, während Ehemalige stärker den Kontakt zu Nichtsannyasins aufrecht-
erhielten.
*Die meisten Sannyasins empfanden die äußeren Zeichen von Sannyas
– die Mala und die rote Kleidung – eher als angenehm.* Für sie bedeutete
vor allem die Mala eine Erinnerung, bewußt zu leben: Etwa 50 %
empfand sie als Schutz.
Manche Ex-Sannyasins erlebten die äußeren Zeichen von Sannyas
zwar auch positiv; ein anderer Teil nahm jedoch eher die Konfrontation wahr, die durch sie ausgelöst wurde; einige empfanden gar
das Tragen der roten Kleidung und der Mala als negativ. So J., ein
Ex-Sannyasin:
«Diese Hürde, mich äußerlich zu erkennen zu geben, fiel mir
schwer. Ich fand es lästig, angesprochen zu werden, und fühlte
mich manchmal unter Druck, mich in meiner neuen Rolle
rechtfertigen zu müssen. Die Äußerlichkeit wurde zur
Masche. Ich empfand mich oft als Prediger, was ich eigentlich
nicht wollte. Wenn Leute fragten, fiel es mir schwer, ehrlich zu
sein, einfach zu sagen: ‹Frag mich nicht!›.»

Obwohl die Ehemaligen während ihrer Sannyaszeit eine eher kritisch distanzierte Haltung einnahmen, berichteten auch sie von ihren positiven Veränderungen durch Sannyas:
«Ich lernte, bewußter mit meinem Körper und meinen
Krankheiten umzugehen. Vor der Sannyasnahme war ich
demgegenüber ausgeliefert. Der Begriff der Krankheit hat

sich auch mit Bhagwan sehr verändert. In Poona wurde gelehrt, daß 90 % aller Krankheiten psychischer Ursache sind. Nun habe ich Kontrolle über meine Krankheiten. Ich weiß genau, warum ich krank werde, und kann selbst etwas dagegen tun.»

«Ich habe gelernt, mich selbst als Ganzheit zu erkennen, ich begriff dort ineinandergreifende Prozesse meiner Person. Seither gehe ich mit Krankheit einfach anders um. Vor der Sannyasnahme hatte ich oft Halsentzündungen, die extreme Auswirkungen hatten auf mein Wohlbefinden. In dieser Bewegung lernte ich, diesen Zusammenhang zu erkennen. Immer, wenn ich Streit mit meinem Freund hatte und nicht heulen konnte, mich nicht ausdrücken konnte, schluckte ich viel runter, und danach bekam ich dann eine Halsentzündung. Seitdem ich den Zusammenhang erkannt hatte und daran arbeitete, meine Gefühle auch in der Auseinandersetzung ausdrücken zu können, verschwand auch das Symptom.»

Diese ganzheitliche Sichtweise empfanden viele Sannyasins und Ex-Sannyasins als positiv. Sie hoben hervor, daß in der Bhagwan-Bewegung der ganze Mensch berücksichtigt würde, d. h. das Zusammenwirken von Körper, Geist und Seele. Wichtig war dabei für sie, daß sie nicht nur geheilt wurden, sondern daß sie ein Instrument in die Hand bekamen, mit dem sie die Ursachen ihrer Krankheit erkennen konnten. Dadurch, daß sie die symbolische Bedeutung ihrer Krankheit zu entschlüsseln lernten, konnten sie sich oft selbst heilen und ihre Krankheit als Chance zur Selbstveränderung nutzen.

Für viele Sannyasins und Ehemalige waren die *Erfahrungen in den Meditationen eine Hilfe,* ihren eigenen Impulsen mehr zu vertrauen und dadurch ein positiveres Lebensgefühl zu erlangen:
«Durch die innere Begegnung mit mir selbst in den Meditationen hatte ich religiöse Erlebnisse, und ich konnte meinen eigenen Bedürfnissen mehr Vertrauen schenken. Ich entwickelte gegenüber anderen Menschen mehr Offenheit, war nicht mehr so vorurteilsbeladen. Ich lernte, das Leben als

Prozeß zu akzeptieren, meine Lebensfreude auszudrücken. Ich erlebte Poona als riesiges Sanatorium, wo die Leute depressiv hinkamen und nach ein paar Wochen fröhlich waren, auch ich.»

«Ich gewann starke Lebensenergie in den Gruppen und Meditationen, dabei machte ich tiefere Erfahrungen in der Sexualität, ich habe gute Impulse bekommen und mache jetzt alleine weiter.»

Allgemein wurden die Erfahrungen in der Bewegung als positiv zusammengefaßt:

«Gefunden habe ich viel Kraft, vor allem mehr Selbstvertrauen und innere Beweglichkeit, mich selbst steuern und lenken zu können.»

«Ich habe dort die Möglichkeit erfahren, wie man in großem Rahmen zusammenleben kann.»

«Ich habe einen wesentlichen Teil von mir gefunden, der das Leben bejaht.»

«Gefunden habe ich, mich selber zu bejahen, den Menschen in seiner Ganzheit zu sehen, das Leben in seiner Gesamtheit zu akzeptieren.»

«Ich finde eine Identifikation und einen Kontakt mit anderen, der mir Stärke gibt, zusätzlich finde ich ein anderes Verhältnis zu Arbeit und Freude und Spaß. Ich lerne auch, immer wieder Risiken einzugehen.»

«Ich finde Liebe und Vertrauen in allem, was passiert.»

«Ich lerne, keine Erwartungen mehr zu haben, das ist sehr, sehr viel.»

Die Ergebnisse unserer Erhebung legen nahe, daß die Motivation von Sannyasins zur Sannyasnahme eine komplexe Struktur hat:

So kann das Fehlen eines positiven väterlichen Vorbildes ein Grund für die Motivation zum Beitritt sein. Ein weiterer Grund liegt in der Vorgeschichte der Sannyasnahme, denn eine unbefriedigende Lebenssituation verbunden mit einem belastenden Erlebnis trägt offensichtlich zur Bereitschaft, Sannyas zu nehmen, bei. Der Entscheidung zur Sannyasnahme geht übrigens bei den meisten ein längerer Prozeß von Reflexion voraus. Ein weiterer Grund, Sannyas zu nehmen, besteht offensichtlich in dem Wunsch nach der Verbesserung des Lebensgefühls. Sannyasins erhoffen sich eine positive Veränderung der gesamten Lebenssituation. Auch die äußeren Zeichen von Sannyas scheinen durchaus ein Grund für den Beitritt zu sein. Es stört viele Sannyasins offenbar nicht, Außenseiter dieser Gesellschaft zu sein, sie fühlen sich dadurch nicht isoliert, im Gegenteil: Die Zugehörigkeit zu einer Außenseitergruppe bietet ihnen Geborgenheit und einen Raum, in dem sie immer wieder mit ihren inneren Zielen konfrontiert werden.

Entscheidend aber ist die Person Bhagwans: Ein Teil der Sannyasins kann in der Beziehung zu ihm kindliche Bedürfnisse ausleben; sie können ihr Bedürfnis nach Hingabe verwirklichen.

Zusammenfassend läßt sich sagen, daß Sannyasins keine einheitliche Gruppe bilden, sondern daß diese Bewegung durchaus unterschiedliche Positionen ihrer Mitglieder verkraftet. Hierin mag auch ihre Anziehungskraft für Außenstehende liegen. Sie spüren, daß sie in der Sannyasbewegung – sofern sie nicht in einer Sannyasgemeinschaft leben – bei entsprechender Durchsetzungskraft durchaus ihren eigenen Weg der Selbstverwirklichung finden können. Ein Sannyasin, der nicht in einer Sannyaskommune wohnt – und das ist die überwiegende Mehrheit –, kann ganz normal in der Gesellschaft leben, mittlerweile – wenn er will – sogar unerkannt. Er verhält sich damit durchaus im Sinne Bhagwans, der immer wieder fordert, auf den Marktplatz zu gehen und sich nicht in die Einsamkeit zurückzuziehen. Er kann seine Bedürfnisse nach innerem Wachstum und Spiritualität ausleben, ohne sich deshalb aus der Gesellschaft zu entfernen und ohne seine kritische Urteilsfähigkeit aufzugeben. Er ist auch nicht gezwungen, sich den Normen der Bewegung kritiklos anzupassen, obgleich es sicher nicht immer einfach ist, dort eine differenzierte kritische Position zu vertreten. Die Möglichkeit von individuellen Freiräumen, die die Bhagwan-Bewegung bietet, unterscheidet sie stark von anderen religiösen Gruppierungen, so daß die Motivation zur Sannyasnahme nur teilweise auch für den Beitritt zu anderen religiösen Gruppen gilt. Das gleiche gilt für den Austritt aus der Bewegung. Genauso freiwillig und wohlüberlegt, wie die Entscheidung zum Beitritt gefällt werden kann, kann die Entscheidung zum Austritt getroffen werden. Die Bewegung läßt so viel Freiraum, daß ein Austritt nicht von schlechtem Gewissen begleitet werden muß, da sie zugesteht, daß auch außerhalb der Bewegung positive Erfahrungen gemacht werden können. Nicht wenige Sannyasins gehen auch zu anderen Therapeuten und spirituellen Lehrern, um von ihnen zu lernen.

Die Abkapselung anderer religiöser Gruppen läßt positive Erlebnisse außerhalb dieser Gruppen oft nicht zu. Die unkomplizierte Möglichkeit, die Bewegung wieder zu verlassen, und die Tatsache, daß ehemalige Sannyasins nicht befürchten müssen, verfolgt zu werden, mag auch ein Grund für die Motivation zum Beitritt sein.

Die Mischung aus Festlegung und Freiheit, die die Sannyasbewegung anbietet, scheint besonders anziehend für Intellektuelle zu sein.

Viele der Sannyasins, die wir interviewt hatten, hatten schon vor ihrer Sannyasnahme anders als der Durchschnitt der Bevölkerung gelebt:

Etwa 50 % lebte in Wohngemeinschaften; fast alle hatten Therapieerfahrungen. Sie hatten zwar überwiegend eine akademische Ausbildung absolviert, arbeiteten aber schon in der Zeit vor der Sannyasnahme z. T. nicht in dem Beruf, für den sie ausgebildet waren. Nach der Sannyasnahme arbeitete nur noch ein kleiner Teil von Sannyasins in seinem erlernten Beruf; bei Ex-Sannyasins war es während ihrer Sannyaszeit noch knapp die Hälfte.

Diese Ergebnisse lassen den Schluß zu, daß sich die Mehrzahl der Sannyasins in einer ungebundenen, verpflichtungsfreien Situation befindet und sich beruflich und privat nicht festlegen will, jedoch die innere Entwicklung entfalten möchte. Unsere Ergebnisse stimmen mit denen von Horn überein, der in seiner Untersuchung

die soziale Situation der Mehrheit seiner Befragten in Poona beschreibt

> «als junge, akademisch orientierte Großstädter mit noch
> hoher beruflicher Flexibilität und einer deutlichen Abneigung
> gegen berufliche und private Festlegung, in oder in Fühlung
> mit der Wohngemeinschaftsszene lebend.»[3]

Die Ergebnisse unserer Untersuchung können sicher nicht als
repräsentativ für alle Sannyasins angesehen werden, wir können
jedoch davon ausgehen, daß sie im Ansatz repräsentativ sind. Her-
vorheben möchten wir noch einmal unsere Vermutung, daß zwischen unserer Hypothese über die kindlichen Bedürfnisse in Verbindung mit Bhagwan und unserer Hypothese über das Fehlen
eines positiven väterlichen Vorbildes ein Zusammenhang bestehen
könnte.

In unserer Untersuchung haben wir einen der wichtigsten Aspekte
der Motivation zum Beitritt vernachlässigt, nämlich *den Aspekt der
Spiritualität*. Bei fast allen Befragten war die Suche nach religiöser
Erfahrung im Zusammenhang ihrer Sannyasnahme wichtig. Spirituelle Bedürfnisse lassen sich jedoch kaum in einer solchen Erhebung erfassen; die Grenzbereiche menschlicher Erfahrung, des
Glaubens und der religiösen Wünsche lassen sich nur oberflächlich
erfragen; hier hätten wir nur auf Tiefeninterviews zurückgreifen
können.

Die Ehrlichkeit, mit der sowohl Sannyasins als auch ehemalige
Sannyasins über ihre Schwierigkeiten und auch ihre Freuden berichtet haben, hat uns sehr beeindruckt. Denn fast alle Menschen
haben Probleme mit sich und anderen, versuchen aber, sie vor sich
selbst und anderen zu verstecken. Die Folge sind psychosomatische
Krankheiten oder eine vorübergehende Erleichterung durch Drogen. Sannyasins dagegen gehen ihr Leben meist aktiv und positiv
an.

Wichtig ist es für uns alle, die von den Sannyasins benannten Bedürfnisse ernstzunehmen und als Ausdruck der Defizite unserer Gesellschaft zu betrachten, anstatt in Diffamierungen der Sannyasbewegung steckenzubleiben.

10. Einschätzung der Bhagwan-Bewegung

Die zwei folgenden Unterkapitel stellen die Bewegung teilweise gegensätzlich dar. Um unsere Leser nicht zu verwirren, möchten wir das kurz erklären: Die meisten Gesichtspunkte, die wir als positiv einschätzen, beziehen sich auf die Poona-Zeit oder die erste Zeit danach, als die Sannyasbewegung noch offener war und die Sannyasins sich nicht in großen, zentral geführten Kommunen zusammengefunden hatten, sondern in Ashrams und Meditationscentern. Diese Gesichtspunkte sind in dem nun folgenden Unterkapitel zusammengefaßt.

Das zweite Unterkapitel dagegen zieht die Mehrzahl seiner kritischen Aspekte aus der Zeit der großen Kommunen und der allgemeinen Zentralisierung.

Positive Anregungen durch die Bewegung

Die meisten Sannyasins waren von ihrem «Hunger nach Entwicklung» – wie es eine Sannyasin ausdrückte – motiviert, in die Bewegung einzutreten. Sie erhielten dort die Chance, *ihre Phantasien auszuleben und ihre Grenzen kennenzulernen*. So erkannten z. B. Sannyasins, die immer wieder ihre sexuellen Partner wechseln konnten, wenn sie Lust dazu hatten, dann doch irgendwann, daß sie eigentlich etwas anderes suchten. Die sexuelle Freizügigkeit ermöglichte ihnen das Ausleben ihrer sexuellen Bedürfnisse, so daß sie dann ihren wirklichen Wunsch nach einer tiefen Beziehung, nach Nähe und Zärtlichkeit erkennen konnten. Eine ehemalige Sannyasin, die früher hektisch und unruhig gelebt hatte, erkannte durch ihr exzessives «Nach-außen-Gehen» in sich auch ein starkes

Bedürfnis nach innerer Ruhe. Ein Sannyasin lebte in Poona sein Zurückgezogensein total aus:

> «Ich entdeckte an mir asketische Neigungen, ich genoß die Einfachheit, das Nüchterne, das Schlichte. Dabei wurde ich immer fanatischer. Ich versuchte, mir eine kleine Insel zu bauen, wo ich bestimmen konnte.»[1]

Er trennte sich von seiner Freundin, weil er sich auf sie nicht mehr einstellen konnte, und führte eine Art Einsiedlerleben. Nach einiger Zeit wurde ihm dann klar, daß er sich völlig von seiner Umwelt isoliert hatte. Danach konnte er seine Zurückgezogenheit aufgeben und wieder auf andere Menschen zugehen.

Die Atmosphäre in den Therapiegruppen und in den Meditationscentern stellte einen *physischen und sozialen Freiraum* dar, in dem es möglich war, sich so zu verhalten, wie man sich fühlte; auch Verrücktheiten wurden akzeptiert. Eine Sannyasin erlebte das so: «Ich hatte das Gefühl, wenn ich da bin, habe ich ein Stück mehr Narrenfreiheit gewonnen.»[2]

In diesem Schonraum hatten die Sannyasins die Chance, bisher unterdrückte, nicht gelebte Persönlichkeitsanteile an die Oberfläche zu bringen und in ihre Gesamtpersönlichkeit zu integrieren. Auf die Frage, was sie bei Bhagwan gefunden hätte, antwortete eine Sannyasin: «Einen Teil von mir. Ich habe mich als einen anderen Menschen kennengelernt. Ich konnte mit mir und anderen neue Erfahrungen machen.»[3]

Selbst diejenigen, die sich in der Bewegung nie so recht wohlgefühlt hatten, bestätigten diese Erfahrungen. Eine Sannyasin sprach von einer Art Maskenschrank, aus dem sie früher eine jeweils passende Maske ausgewählt und spazieren geführt hätte:

> «So innerhalb der Familie hat's wirklich gestunken, und nach außen haben wir also die totale Maskerade aufgeführt, also perfekt vorgeführt, bis aufs I-Tüpfelchen, also inklusive Kleidung und Benehmen... Bhagwan hat mir die Möglichkeit gegeben, authentisch zu werden, oder authentischer zu werden... Ja, und wesentlich ist eben auch, daß ich dieses Versteckspielen aufgegeben habe.»[4]

Im Ashram in Poona und in den Meditationscentern im Westen entwickelte sich eine spezifische Atmosphäre, in der Bedürfnisse ausgelebt werden konnten, die üblicherweise Erwachsenen in unserer Gesellschaft nicht zugestanden werden:

> «Bhagwan gibt den Sannyasins eine riesige Spielwiese, wo es keine Tabus gibt und wo man spielen kann. Du darfst Kind sein, spielen, ausprobieren etc.»[5]

In den Meditationscentern konnte man die üblichen gesellschaftlichen Regeln und Höflichkeitsfloskeln außer acht lassen und beispielsweise selber entscheiden, wann man freundlich sein wollte und wann nicht. Für Menschen, die sich bisher stark an Konventionen ausgerichtet hatten, war es eine wichtige Erfahrung, ihre eigenen Vorstellungen entdecken und entwickeln zu können:

> «Bhagwan macht auch Mut. Er macht mir Mut, zu meinen Gefühlen zu stehen und nicht ängstlich zu sein.»[6]

Wenn auch während des Prozesses der Selbsterfahrung Phasen von Egoismus und Verantwortungslosigkeit durchlebt werden – Eigenschaften, die manche Kritiker den Sannyasins nachsagen –, kann eine solche Entwicklung für den einzelnen Menschen sehr produktiv sein. Denn erst nach einer solchen Phase der Konzentration auf die eigene Person kann er eine Verantwortlichkeit entwickeln, die er innerlich auch tragen kann.

Ungewöhnlich und wohltuend ist die Anregung Bhagwans, das ganze *Leben als ein Fest* zu begreifen. In unserer Gesellschaft wird das Leben oft mit Pflicht und Arbeit gleichgesetzt. Und viele Menschen verstehen ihre Arbeit, ihre Kontakte zu anderen Menschen auch in Ehe und Familie nur als Last, die sie tragen müssen. Da wirkt die Einstellung der Sannyasins, daß man auch im Alltag gelöst und fröhlich sein kann, einfach anregend. Sannyasins neigen dazu, das Leben nicht so ernst zu nehmen und aus einer Situation möglichst viel Spaß herauszuholen. Manchen Sannyasins gelang es auch, diese Haltung in ihr normales Leben zu integrieren; die meisten machten damit gute Erfahrungen. So schrieb ein ehemaliger Manager der Großindustrie über seine Erfahrungen am Arbeitsplatz:

> «In einem gewissen Sinn hat mir die Arbeit Spaß gemacht. Aus der Reaktion meiner Mitarbeiter und Geschäftspartner hatte ich das Gefühl, daß sie mit mir und meiner Arbeit zufrieden waren. Weil ich im Gegensatz zu anderen die Arbeit

nicht nur von einer ernsthaften Seite betrachtet habe, sondern z. B. große Besprechungsrunden dazu gebracht habe, herzhaft zu lachen. Und ich habe gemerkt, daß dieser etwas leichtere Umgangsstil der Arbeit durchaus förderlich ist.»[7]

Gerade für Intellektuelle kann diese Lebenseinstellung befreiend und hilfreich sein, genauso übrigens wie der Anspruch der Bewegung, nicht in Vergangenheit und Zukunft, sondern in der Gegenwart zu leben. Viele Menschen sind so gefangen in den Mustern ihrer Vergangenheit oder den Anforderungen der Zukunft, daß sie die Gegenwart kaum bewußt wahrnehmen. Dadurch entgeht ihnen viel Lebensfreude und -genuß:

> «Also, ich hatte auch früher mal den Eindruck, mein ganzes Leben ist nur Vorbereitung auf den Moment. Und ich hab mitgekriegt, der Moment ist immer jetzt und nie irgendwo in der Zukunft. Also, ich hab auch gemerkt, daß ich immer auf was hingearbeitet hab, und wenn das eingetreten ist, hab ich das kaum mitgekriegt, obwohl ich dafür tausend Entbehrungen in Kauf genommen hatte.»[8]

Auch *die positive und akzeptierende Haltung dem Leben gegenüber* machte die Bewegung so attraktiv. Viele Sannyasins hatten der linken Szene angehört und gegen die Gesellschaft opponiert. Oft aber fehlte ihnen dabei eine positive eigene Lebensdefinition:

> «Der einzige Unterschied ist, daß ich früher gewußt habe, was ich nicht will, und sich jetzt immer mehr herauskristallisiert, was ich will... Jetzt kann ich mein ‹Ja› entwickeln, das ist manchmal gar nicht so einfach, wenn man immer ‹dagegen› war. Die Sannyasins empfinde ich wie eine Vielzahl von Individuen, die sich immer nach Spontaneität und Kreativität gesehnt haben und das jetzt umsetzen.»[9]

Nicht gegen alles zu kämpfen, vor allen Dingen nicht dann, wenn man es nicht ändern kann (wie Tod, Alter etc.), kann viel Kraft und Produktivität freisetzen, die sich kreativ für eine neue Lebensgestaltung nutzen lassen. Eine Sannyasin, die heute als «Heilerin» arbeitet, beschreibt, daß sie schon als Kind immer mit dem Kopf durch die Wand wollte; später kämpfte sie als aktive Feministin bis zur Selbstzerstörung gegen die Macht der Männer. Nach einer schweren Krankheit erkannte sie, daß sie ihr sinnloses Kämpfen aufgeben mußte, da sie dadurch nur unglücklich und krank geworden war.

Bhagwan fordert, daß sich der einzelne nicht als Opfer der Umstände verstehen und nicht ständig darüber jammern sollte, sondern daß er endlich die Verantwortung für sein Leben übernehmen muß. Das bedeutet vor allen Dingen, mit seinen Änderungswünschen nicht andere zu konfrontieren, sondern erst einmal bei sich selbst anzufangen.

In den Meditationscentern wurde besonderes Gewicht auf das direkte zwischenmenschliche Miteinander gelegt. Die Sannyasins mußten sich nicht permanent kontrollieren und konnten so viel entspannter sein. Lachen, Weinen, Singen und Tanzen wurde wieder spontan möglich. Ein Stück von dieser Spontaneität würde sicher vielen Menschen helfen, ihr Leben besser und freudiger zu bewältigen. Die größere Gelassenheit vieler Sannyasins ist sicher auch auf ihr regelmäßiges Meditieren zurückzuführen. Auch das könnte für Nicht-Sannyasins durchaus nachahmenswert sein. Meditation bietet die Möglichkeit, aus der Oberflächlichkeit und Hektik unseres Alltags herauszutreten, um sich auf tiefere Bereiche des Lebens zu besinnen.

Kritische Anmerkungen zur Bhagwan-Bewegung

Obwohl die Bewegung – auch während der Sheela-Zeit – immer den Anspruch erhoben hatte, den ganzen Menschen entwickeln zu wollen, wurde dieser Anspruch im Bereich der Emotionen schon nicht eingelöst. Denn «negative» Gefühle wie z. B. Wut oder langanhaltende Traurigkeit waren verpönt. So soll Hugh Milne – ein ehemaliger Leibwächter Bhagwans – Sheelas Mißfallen erregt haben, weil er seit dem Tod eines Freundes traurig war. Ihm wurde vorgeworfen, schlechte Vibrationen auszustrahlen; Sheela verbannte ihn deshalb von der Ranch. Mehrere ehemalige Sannyasins bezeichnen das Sannyasmilieu als unecht, weil dort nach ihrer Meinung keine wirkliche Auseinandersetzung stattfindet und «Zweifel, Skepsis, überhaupt der Verstand negiert werden»[10]. Was nicht in das Bild des fröhlichen, lebenslustigen Sannyasins paßte, wurde ausgeblendet: «Es störte mich, daß Kritik sofort abgewürgt wurde, da entsteht

Abhängigkeit.»[11] Ein Ehemaliger empfand es zunehmend als Zwang, sich ständig gut fühlen zu müssen: «Nur wenn du gut drauf warst, wurdest du akzeptiert.»[12]

Der Anspruch, eine positive Haltung zum Leben zu entwickeln, wurde zunehmend dazu mißbraucht, Kritik und Zweifel zu unterdrücken und sie als Ausdruck eines unentwickelten Bewußtseins einzustufen. Auf diese Art und Weise wurden Sannyasins in eine schwierige Situation gebracht: Einerseits sollten sie sich ganz spontan verhalten, also auch ihre Gefühle offen zeigen – was vielen schwer fiel; andererseits aber durften sie nur bestimmte Gefühle – die positiven – zulassen. Die negativen Gefühle wurden aus dem täglichen Leben weitgehend ausgegrenzt und nur in den Therapiegruppen bearbeitet. Das Gefährliche dieses Vorgehens liegt bereits darin, Gefühle wie Ärger, Wut und Aggression als negativ und nur als Ausdruck von Projektionen einzustufen. Diese fälschlicherweise als negativ bezeichneten Gefühle sind dagegen durchaus sinnvoll, etwa wenn man sich selbst behaupten und seine Interessen vertreten muß.

Menschen, die ihre Aggressivität nicht rauslassen können, leiden erwiesenermaßen häufiger unter psychosomatischen Krankheiten; einige Forscher glauben sogar, daß auch der Krebs dazugehört.

Eine Folge der ständigen Unterdrückung von negativen Gefühlen ist eine Oberflächlichkeit im Umgang miteinander:

> «Gefehlt hat mir in der Bewegung, Sensibilität auch für andere zu haben und Tiefe. Es war zu oberflächlich, negative Gefühle wie Traurigkeit wurden schnell unterdrückt.»[13]

Das Verbot der Kritik an den Vorstellungen der Organisation führte dazu, daß manche Sannyasins regelrecht intellektuelle Klimmzüge machen mußten, um auf jeden Fall eine gegebene Situation als positiv ansehen zu können. Bei der Diskussion um die Aids-Vorsorge erreichte diese Argumentationsakrobatik eine ganz besondere Perfektion, beispielsweise dann, wenn ein Swami seine sexuelle Erlebnisfähigkeit durch die Aids-Vorsorge sogar noch gesteigert sah:

> «Ich bin jetzt wirklich da beim Sex und ‹mache› weniger. Ich bin entspannter und habe keine Vorstellungen mehr, wie es laufen soll. Am Anfang war es etwas komisch, weil es mir so erschien, als würde nichts mehr passieren, aber jetzt merke

ich, daß ich mehr Energie durch den Sex kriege, anstatt welche zu verlieren. Ich habe nie richtig verstanden, was Bhagwan mit Tantra meint, aber ich glaube, jetzt habe ich es ausprobiert.»[14]

Ein anderer Swami glaubte, daß Sexualität durch die Aids-Vorsorgemaßnahmen viel offener und selbstverständlicher geworden ist:

«Mit den Handschuhen und den Präservativen wird jetzt ganz deutlich, daß Sex passiert, es ist wie in einem Theaterspiel, und ich kann noch mehr über mich lachen.»[15]

Durch das Kritik-Tabu bekamen alle Aussagen etwas Beliebiges und Austauschbares, beinahe unabhängig vom Gesprächsgegenstand. So sagte z. B. ein Pflanzer in Rajneeshpuram, seine Arbeit würde eine Menge Spaß machen und sei hart – «aber es ist in Wirklichkeit dasselbe, oder?»[16]

Ein Sannyasin, der gerade vom 3. Weltfestival aus Rajneeshpuram zurückgekommen war, genoß es besonders, Liebe und Entspanntheit aus Rajneeshpuram auch nach Hause mitnehmen zu können:

«Und zu spüren, daß dasselbe auch hier geschieht. Daß es keinen Unterschied gibt. Ich bin schon zweimal von der Ranch weggefahren, und es gab jedesmal einen Bruch. Und jetzt ist es so, als sei ich nicht mehr weggefahren, als hätte ich nicht neun Stunden Flugzeit und Tausende von Kilometern hinter mir, denn was hier passiert, ist genauso intensiv und spannend und leicht und spielerisch.»[17]

Zusätzlich zu der tendenziellen Gleichförmigkeit der Aussagen ist bei den Sannyasins eine Neigung zur Idealisierung zu beobachten, die durchaus etwas mit dem Verbot von Zweifeln und Kritik zu tun hat. Wenn ein Journalist der «Rajneesh Times» sich beispielsweise sehr enthusiastisch über das Leben in Rajneeshpuram äußerte:

«Wenn die Freiheit von jeder Besitzgier zum Lebensstil wird – dann kann alles Gute, was das Leben zu bieten hat, ohne Zögern genossen werden. Und es wird tatsächlich genossen, von Augenblick zu Augenblick, in diesem wunderschönen, sich ständig ändernden und entwickelnden Zuhause»[18],

dann mutet diese Beschreibung wie die einer Märchenwelt an, wunderschön, harmonisch und ohne Konflikte. Und alle scheinen gleich zu empfinden:

«Gleich von Anfang an waren wir in einem totalen Herz-‹Space›. Es war nur eine einzige Frau im Bus während der ganzen Fahrt, und es gab kein einziges Problem. Wir waren alle eins. Es war einfach schön.»[19]

Die Sehnsucht nach einer umfassenden Harmonie ist zwar verständlich; wenn aber bestimmte Bedürfnisse nur noch kollektiv ausgelebt werden, bleibt für die Individualität des einzelnen, ganzen Menschen kein Raum mehr. Ehemalige Sannyasins kritisieren denn auch, daß auf die individuellen Bedürfnisse des einzelnen nicht eingegangen worden wäre.

Die Sehnsucht der Sannyasins nach Harmonie und Gemeinsamkeit wurde von der Organisation zunehmend ausgebeutet. In Poona, wo noch die Entwicklung des einzelnen im Vordergrund stand, gab Bhagwan den Sannyasins auch sehr unterschiedliche Ratschläge, je nach ihrem jeweiligen Entwicklungsstand. Seit der Etablierung des Rajneeshismus als Religion jedoch waren die Richtlinien für alle gleich, es galt nicht länger als positiv, wenn der einzelne seinen eigenen Weg ging, sondern wenn er sich der Organisation anpaßte:

«Nach Meinung der Bischöfe (der Leiter der Bewegung) wäre Weiterkommen Anpassung an die Gruppe, an die Family.»[20]

Grundlegende Veränderungen gingen immer seltener von der Basis aus, hervorgerufen durch die Bedürfnisse der einzelnen: Sie wurden von der Leitung verkündet und mußten von den Sannyasins nachvollzogen werden. Eine ehemalige Sannyasin kritisierte:

«Die Entwicklung hin zum Rajneeshismus, die blinde Hörigkeit, hat mich abgestoßen. Die Grundlage jeder Religion ist Freiheit.»[21]

Ob es die Aids-Botschaft oder die Aufnahme der Obdachlosen war: Dem einzelnen Kommune-Mitglied blieb nur die Wahl, die Veränderungen mitzumachen oder die Gemeinschaft zu verlassen.

Die eigenen Interessen mußten denen der Gesamtorganisation untergeordnet werden; das galt allerdings hauptsächlich für die in Kommunen lebenden Sannyasins. Diese Entwicklung höhlte die ursprüngliche Forderung Bhagwans nach einem neuen, unabhängigen Menschen immer mehr aus. Sannyasins, die außerhalb der Gemeinschaften lebten, betrachteten diese neuere Entwicklung mit Sorge.

Auch die Auflösung der kleineren Zentren und Ashrams diente nur den Interessen der Organisation. Denn in den kleineren Ashrams konnten die Sannyasins ihre Individualität ausleben, sie prägten die Atmosphäre dort selbst, und nicht eine übergeordnete Leitung, das machte sie unberechenbar. In den großen Kommunen fand Individualität keinen Platz mehr, besonders auch deshalb, weil sie alle nach dem gleichen Schema straff durchorganisiert waren. Als die Zentren aufgelöst worden waren, hatten viele Sannyasins einen vertrauten Zufluchtsort verloren; das machte sie unsicherer und einsetzbarer für die Interessen der Organisation. Viele Sannyasins, die von einer Kommune zur anderen geschickt wurden, konnten auch keine feste Identifikation mehr mit einem Ort und mit bestimmten Menschen entwickeln. Die «Leitung» griff sogar in den täglichen Umgang der Sannyasins miteinander ein. So sparte Sheela nicht mit Ratschlägen, wie sie miteinander umgehen sollten: Auf einer Kommuneversammlung in Rajneeshpuram bat sie jeden einzelnen, auf sich und die anderen achtzugeben und sich gegenseitig zu unterstützen. In Rajneeshpuram wurden an das morgendliche Gebet Verhaltensregeln angehängt: «auf seinen Körper zu achten, nicht rumzutratschen, insbesondere nicht über Liebesaffären, Bhagwan zu lieben, etc.»[22] Eine ehemalige Sannyasin fühlte sich daher in Rajneeshpuram «permanent unter Kontrolle».

Während die Bewegung früher spirituelle und therapeutische Ziele hatte, wurde später das Materielle wichtiger:

> «Die Stärke, die wir hätten haben können, das Spirituelle und das Meditative, geht mehr und mehr verloren. Immer wieder fallen die Worte Erfolg oder Geld.»[23]

> «Die äußere Entwicklung in der Bewegung, die Äußerlichkeiten stießen mich ab, der Kommerz, die Geldgier.»[24]

Eine Sannyasin ärgerte sich sehr über die Finanzpolitik der Center: Als sie mit ihrem Kind zu Gast in einer italienischen Kommune war, mußte sie dort für ihr Kind den doppelten Preis zahlen, weil es nicht als Arbeitskraft eingesetzt werden konnte. Eine ehemalige Sannyasin, die unentgeltlich in einer Disko arbeitete, erzählte uns, daß sie bei einem privaten Besuch immer Eintritt zahlen mußte und daß sie auch während ihrer Arbeitszeit noch nicht mal das Essen gratis hatte. Sie hatte außerdem beobachtet, daß begüterte Sannyasins immer wieder in regelmäßigen Abständen sanft, aber energisch gedrängt wurden, Geld zu spenden. Berichte dieser Art lassen den Eindruck entstehen, daß die Bhagwan-Bewegung jede Gelegenheit nutzte, um Geschäfte zu machen. Selbstverständlich mußte die Bewegung für einen guten Lebensstandard ihrer Mitglieder sorgen und sich deshalb nach geeigneten Verdienstmöglichkeiten umsehen, aber ihre Geschäftemacherei und Geldgier strapazierte das Verständnis vieler und stieß ab.

Auch *im Verhältnis vieler Sannyasins zu Bhagwan* scheint sich ein Wandel vollzogen zu haben: Während der Kontakt mit Bhagwan früher die Selbstentwicklung förderte, schien später vielen Sannyasins allein seine Gegenwart zu genügen. Ein bekannter Therapeut aus Rajneeshpuram meinte:

> «Der einzige Grund, der noch nicht einmal ein Grund ist, zu tun, was wir tun, und zu sein, wo wir sind, ist, daß wir in diesen Mann verliebt sind. Alles andere hat einfach keinen Sinn, es ist absurd und lächerlich.»[25]

Genau diese Haltung kritisierte ein ehemaliger Sannyasin; es störte ihn, «daß die Leute alles auf Bhagwan beziehen statt auf sich selbst»[26].

Eine enttäuschte Sannyasin drückt das noch krasser aus:

> «Die Sannyasins, die die heutige Sekte bilden, sind für mich nichts weiter als Sannyasattrappen, die die Botschaft nie verstanden haben und die nur Bhagwan mißbrauchen – sie leben und arbeiten ‹für Bhagwan›, um die Arbeit an sich selbst nicht beginnen zu müssen.»[27]

Das Lernen von und mit einem Meister hat das Ziel, diesen Meister irgendwann einmal überflüssig zu machen, weil man dann sein eigener Meister geworden ist. Dieses Ziel scheinen viele Sannyasins nicht mehr anzustreben, möglicherweise deshalb, weil der Anspruch einer raschen Selbstveränderung derartig hoch ist, daß ihn niemand erreichen kann. Eine Sannyasin will z. B. «auf dem allerkürzesten Weg alle Fremdeinflüsse bis hin zu schweren seelischen Krankheiten (z. B. Normalität) aus dem eigenen Wesen entfernen».[28] Ihre Äußerung ist stellvertretend für die Meinung vieler Sannyasins, die glauben, daß sie ihre Persönlichkeit radikal zerstören müssen, um ein neuer Mensch zu werden.

Einschätzung

Eine Einschätzung der Bhagwan-Bewegung muß auf verschiedenen Ebenen ansetzen: Da ist einmal die Veränderung der Bewegung von Poona über Oregon bis hin zur neuesten Entwicklung. Ging es in Poona um die Selbstentfaltung des einzelnen, um das totale Ausleben unterdrückter Bedürfnisse und Schwierigkeiten, so wurden in Oregon die Schwerpunkte ganz anders gesetzt: So wurde der Freiraum der Sannyasins ganz erheblich eingeengt, weil der Aufbau von Rajneeshpuram und die Bedürfnisse der Organisation Priorität hatten. Lehnte Bhagwan noch in Poona jede organisierte Form von Religion ab, wurde in Oregon überstürzt eine Religion mit einer Priesterkaste ins Leben gerufen, deren Gebote befolgt werden mußten. Galten die Sannyasins in Poona eher als Rebellen, die nichts mit den etablierten Gesellschaftssystemen zu tun haben wollten und denen ein ungebundenes Ausleben ihrer Sexualität wichtig war, so war die Kommunebewegung von einem ungehemmt propagierten Streben nach maximalem Wirtschaftserfolg, Luxus und Reichtum geprägt und von einer überzogenen Angst vor *Aids*, die eine Einengung der sexuellen Freizügigkeit zur Folge hatte. Die Bhagwan-Bewegung entfernte sich immer mehr von ihrem ursprünglich gesetzten Ziel, die Entwicklung eines neuen Menschen zu fördern, der frei und ohne innere und äußere Zwänge leben kann.

In Poona wie auch in Oregon wurden jeweils Extreme gelebt: Wurden in Poona die absolute Freiheit, das Ausleben verborgener Bedürfnisse, speziell von Sexualität und Aggression, und die Abkehr vom Materiellen propagiert, so schlugen diese Werte in Oregon ins genaue Gegenteil um: Übersteigerte Einschränkung von Sexualität, Ablehnung von Aggression, zunehmende Unfreiheit und eine Orientierung am Materiellen bestimmten das Bild. Diese extreme Sichtweise war typisch für die Bhagwan-Bewegung und verhinderte geradezu die Entwicklung einer freien Gemeinschaft aus ganzen Menschen. Nur eine Integration aller Eigenschaften eines Menschen einschließlich der Extreme läßt diese Entwicklung zu.

Zur Zeit scheint man ein wenig von den extremen Positionen abzuweichen. So wird besonders die übertriebene Forderung nach Positivität kritisiert; an den übertriebenen Aidsvorsorgemaßnahmen wird aber teilweise immer noch festgehalten. Auch die Auseinandersetzung mit Sheela ist längst noch nicht abgeschlossen und verläuft weiterhin in extremen Bahnen: Sheela wird als absolut böse und verderbt hingestellt; ihre Kleider und das angeblich von ihr verfaßte Buch «Rajneeshismus» wurden öffentlich verbrannt – diese eher hysterische Reaktion verhinderte eine Bewältigung dessen, was dort wirklich geschah.

Denn um zu einem umfassenderen Verständnis der Ereignisse in Rajneeshpuram zu kommen, hätte die Rolle Bhagwans sehr viel genauer analysiert werden müssen. Die meisten Sannyasins jedoch hielten sich an seine Aussage, er habe von allem nichts gewußt. Das ist unverständlich, da Bhagwan doch immer behauptet hatte, als Erleuchteter eine viel größere Wahrnehmungsfähigkeit zu haben als alle anderen Menschen.

Dieser Widerspruch läßt sich nur auflösen, wenn wir uns vor Augen halten, daß die Beziehung von Sannyasins zu Bhagwan von ihrer Suche nach einem positiven väterlichen Vorbild bestimmt ist. Bhagwan bietet ihnen eine großartige Projektionsfläche für eine idealisierte Vaterfigur an. Er hält sich für einzigartig; als erleuchteter Meister behauptet er, allmächtig und allwissend zu sein, alle menschlichen Probleme überwunden zu haben und einer anderen Bewußtseinsdimension anzugehören. Er ist davon überzeugt, jede Art von Abhängigkeit abgelegt zu haben. Und noch ein anderer Aspekt kommt hinzu: Der Kern der Lehre Bhagwans basiert auf der Annahme seiner Erleuchtung; deshalb kann diese Lehre von seinen Schülern selbst dann nicht angezweifelt werden, wenn die Ereignisse im September 1985 gegen diese Annahme sprechen. Die ungeheure Produktivität, die die Sannyasbewegung entfaltet hatte, ist sicher zum Teil auf die Tatsache zurückzuführen, daß sie sich als Gemeinschaft fühlt, die sich um einen ganz besonderen, vollkommenen positiven Menschen gebildet hat, dem sie rückhaltlos vertrauen kann, weil er ohne Egoismus und ohne Fehler ist:

> «Wir haben einfach gelernt auf Grund unserer Beziehung zu
> Bhagwan, nämlich unserer Liebesbeziehung zu ihm, daß er
> uns nichts wegnimmt, sondern uns nur gibt: sein Vorbild,
> seine Erfahrungen, wir können ihm einfach nur vertrauen.
> Das ist die Basis für ein Meister-Schüler-Verhältnis. Das ist
> das, was uns unterscheidet. Wir haben gelernt, zu
> vertrauen.»[29]

Durch die jüngsten Ereignisse wurde dieses Vertrauen bei vielen
Sannyasins zeitweilig erschüttert, trotzdem halten sie an der Idee
des uneingeschränkten Vertrauens fest: Wenn sie die Bewegung
nicht verlassen wollen, bleibt ihnen auch gar nichts anderes übrig,
denn Bhagwans Lehre ist auf dem vollkommenen Vertrauen seiner
Anhänger in die Unfehlbarkeit seiner Person aufgebaut.

Eine Sannyasin beschreibt ihre Gefühlsverwirrung sehr anschau-
lich:

> «Und dann wiederum mag, was ich gerade schreibe, auch nur
> ein weiterer Versuch sein, meine erschütterte Wirklichkeit zu
> rationalisieren. Es mag sich auch bloß um einen Trost
> handeln, damit ich weiter an meinem Traum, mit einem
> erleuchteten Meister zusammenzusein, festhalten kann. Eine
> Rationalisierung, daß es eine Wirklichkeit hinter meiner
> eigenen verwirrten, angstvollen Realität gibt. Mein Vertrauen
> steht ganz schön auf der Probe, wird über seine Grenzen
> hinaus gedehnt. Mein Herz platzt bei dem Versuch, mit
> seinem Herzen im Rhythmus zu bleiben, aber ich habe diese
> Vorstellung... Also einige Leute werfen das Handtuch, und
> etwa zwanzigmal am Tag fühle ich mich auch danach. Und
> dennoch, vielleicht... wird ein Tag kommen, wenn um IHN
> herum die sitzen, die durch das Feuer gegangen sind. Es wird
> ein ganz gewöhnlicher, schöner Tag sein, und er wird dieses
> verschmitzte, unwiderstehliche Lächeln haben und sagen:
> ‹Also, die Wahrheit...› Und obwohl ich mich nicht stark
> genug fühle, da jemals anzukommen – wenn es auch nur die
> geringste Möglichkeit dafür gibt, dann möchte ich da sein. Ich
> möchte wirklich da sein.»[30]

Der Selbstbetrug vieler Sannyasins, ihre Weigerung, Hierarchien
und Machtmißbrauch wahrzunehmen und Bhagwan von seinem

Thron zu holen, hat einen komplexen Hintergrund. Nicht unwesentlich haben die Widersprüchlichkeiten in den Lehren Bhagwans dazu beigetragen, mit denen sehr Unterschiedliches – geradezu Gegensätzliches – begründet werden kann. Wer Bhagwans Äußerungen wörtlich nimmt, bleibt verwirrt und ratlos, da Bhagwan sich erklärtermaßen auf nichts festlegen will. Bei Stellungnahmen zu aktuellen Anlässen ist seine Argumentation häufig nach einem *double-bind*-Prinzip aufgebaut – dies aber schafft starke Abhängigkeiten, wie wir mittlerweile von Psychologen wie Cooper, Laing und anderen wissen. Am Beispiel seiner Äußerungen über die jüngsten Ereignisse in Rajneeshpuram läßt sich das gut belegen. Während einer Pressekonferenz bezichtigte er Sheela und ihre Gruppe des versuchten Mordes, es sei gut, daß sie die Kommune verlassen hätten:

> «Diese kleine Gruppe war etwas Schweres und Schmutziges. Ich gebe diese Erklärung eigentlich, damit sie nie daran denken, zurückzukommen.»[31]

Kurz zuvor hatte er genau das Gegenteil behauptet:

> «Ich vertraue Sheela und ihrer Bande immer noch. Was sie gemacht haben, sind nur Taten, nicht ihr Sein. Und mein Vertrauen ist bedingungslos; wenn sie zurückkommen wollen, um Teil der Kommune zu sein, werden sie mit der gleichen Liebe und dem gleichen Respekt willkommen sein.»[30]

In diesem Stil verliefen und verlaufen viele seiner Äußerungen zu aktuellen Anlässen. Einerseits forderte er von seinen Sannyasins Unabhängigkeit, gleichzeitig erwartete er von ihnen, daß sie sich an die neue Führungsgruppe anpaßten.

> «Ihr müßt lernen, wenn man Euch etwas rät, es auch zu tun. Tut es zu Eurem Besten... Ihr müßt die Leute, die jetzt organisieren, entlasten, es ihnen leicht machen, so daß sie mit Euch glücklich sind.»[32]

Besonders undurchsichtig wird Bhagwans Argumentation, wenn er eine aktuelle tagespolitische und eine spirituelle Ebene miteinander verknüpft. In einem Vortrag wetterte er gegen die Tendenz der Sannyasins, nach Sheelas Weggang soviel zu diskutieren:

«Und welche Meinung könnt Ihr abgeben? Ihr seid blind, Ihr tappt im dunkeln, Ihr lebt in Unbewußtheit. Wenn ich Euch nicht gesagt hätte, was Sheela tut, hättet Ihr völlig problemlos unter Sheela weitergelebt. Ihr müßt erkennen, daß Eure Meinung keinen Wert hat. Wenn Ihr nicht erleuchtet seid, ist Eure Stimme nur Dummheit... Es ist Eure Stimme, die Adolf Hitlers, Josef Stalins, Benito Mussolinis erzeugt. Eure Stimmen bedeuten gar nichts. Und Eure Meinungen – was für Meinungen habt Ihr denn? Seid Ihr hier, um Eurer Meinung Ausdruck zu geben oder um an einen Punkt des Schweigens, der Meditation zu kommen, wo alle Meinungen verschwinden? Einfach um Klarheit, eine Vision zu bekommen, um zu sehen?

Blinde haben Meinungen. Das ist lediglich eine Meinung. Sie enthält nichts Solides. Ein Mensch mit Klarheit hat keine Meinung. Er hat die Wahrheit. Und in meiner Kommune hat nur die Wahrheit das Recht zu entscheiden. Sonst bewirkt Ihr nur den Selbstmord der Kommune.»[33]

Bhagwans Vorgehen war sehr geschickt. Natürlich hatte er einerseits recht: Sicher waren die Sannyasins nicht bei ihm, um zu diskutieren, sondern um eine tiefere Ebene der Wahrheit zu erfahren. Andererseits konnte das jedoch nicht bedeuten, daß sie keine Meinung zu den Vorgängen um sich herum haben und äußern durften. Durch die Einbeziehung der spirituellen Ebene erzeugt Bhagwan in den Sannyasins Schuldgefühle. Sie fühlen sich nicht «spirituell genug» und unterlassen ihr «falsches Verhalten».

Mit solchen Äußerungen fördert Bhagwan ein Untertanenverhalten bei seinen Schülern und handelt damit wie Sheela, die er im gleichen Atemzug verurteilt. Die neuen Leiter wie Hasya, Bhagwans persönliche Sekretärin, und Prem Prasad, Kanzler der im Herbst 1986 neu gegründeten «Universität für Mystik», haben zwar andere Namen, ihre Kompetenz leitet sich jedoch wieder davon ab, daß sie Stellvertreter Bhagwans sind – damit besteht die Gefahr eines erneuten Machtmißbrauchs. Denn da sie von Bhagwan eingesetzt wurden, sind sie genausowenig kritisierbar wie die früheren Leiter.

Bhagwan lehrt, daß die Aufgabe des Ego ein zentrales Ziel sei. Viele Sannyasins mißverstehen das als Aufgabe ihrer Denk- und Urteilsfähigkeit. Z. B. analysiert ein Sannyasin zwar sehr differenziert die Unterschiede zwischen den einzelnen Kommunen Deutschlands und kommt dann zu einem kritischen Urteil über die Kommune in Köln; zum Abschluß aber relativiert er dieses Urteil und stellt es nur als seine eigene «Meinung» dar.[34]

Viele Sannyasins übernehmen Bhagwans Äußerung, sie seien alle nicht wach – d. h. unbewußt –, so total, daß sie ihre eigenen Gefühle und Gedanken abwerten, da sie eventuell «egoverhaftet» sein könnten.

So waren auch gelegentlich aufkommende Verdachtsmomente gegen Sheela immer wieder unterdrückt worden.

> «Das einzige, was ich wußte, war, daß ich Angst vor Sheela
> hatte. Und ich dachte, ja, das ist nun mal mein Ego.»[35]

Der hohe Anspruch Bhagwans, seine Schüler sollten ihr Ego fallenlassen, führt dazu, daß sie meinen, alle ihre Wünsche, Hoffnungen, Ängste etc. aufgeben zu müssen meinen. Dabei sind sie auf Bhagwans Hilfe angewiesen:

> «Mit Bhagwan zum Freund weiß ich einfach, daß er mir ganz
> genau das gibt, was wirklich richtig für mich ist. Und gerade
> das ist ja das Ungeheure – wenn man einen Meister hat, der
> lebt: Daß du gewiß bist, daß sich da keine von deinen alten
> ‹Platten› im Kopf und nichts von dem, was dir eingetrichtert
> wurde, oder von deinen persönlichen Sehnsüchten
> einschleichen kann, weil du nur auf seine klaren Hinweise zu
> hören brauchst. Du weißt, daß es nichts von deinem alten
> Zeugs ist. Es ist einfach ein unvorstellbares Glück, einen
> lebenden Meister zu haben. Du weißt, du bist an dem
> allerperfektesten Ort, den die Schöpfung dir in diesem
> Moment zu bieten hat.»[36]

Diese Verherrlichung Bhagwans korrespondiert mit einer stark kritischen Haltung sich selbst gegenüber. Immer wieder stellen sie sich in Frage, während Bhagwan es meisterhaft versteht, Selbstzweifel von sich fernzuhalten. Insofern findet zwischen Bhagwan und seinen Schülern eine Symbiose statt: Er drückt für sie Stärke und einen latenten Größenwahn aus, während sie für ihn – vermutlich stellvertretend – Schwäche und den Wunsch nach Unterwerfung ausleben. Seine Selbstsicherheit, die er sehr effektvoll zur Schau stellt, hindert viele Sannyasins möglicherweise daran zu erkennen, wie sehr ihr Meister am Materiellen orientiert ist und welch hohes Maß an Bewunderung er braucht.

Im Zusammenhang mit der Bedeutung Bhagwans als Vaterfigur muß die Tatsache auffallen, daß der überwiegende Teil der Sannyasins Deutsche sind.

Nach Meinung des amerikanischen Pädagogen und Medienforschers Neil Postman ist ein wesentliches Merkmal der heutigen Deutschen, daß sie ihre Vergangenheit als «unbrauchbar» empfinden. Er meint, die Deutschen könnten mit ihren kulturellen Traditionen gar nichts anfangen, denn bei jeder Beschäftigung mit ihr würde sich die Frage stellen: «Wohin hat es geführt? Was für geistige Anregungen, was für Lehren gingen davon aus?»[37]

Nach Postmans Meinung sind die Deutschen deshalb stillschweigend zu dem Schluß gekommen, daß ihre Vergangenheit als Wegweiser für die Zukunft nicht zu verwenden sei. Postmans These klingt einleuchtend: Die Eltern der Nachkriegsgeneration – vermutlich speziell die Väter – waren so verunsichert, daß sie ihren Kindern wenig Orientierung anbieten konnten. Ihre innere Fixierung auf eine Führerfigur blieb dennoch erhalten und mußte sich ihren Kindern zwangsläufig unterschwellig mitteilen.

Bei der Verarbeitung dieser typisch deutschen Problematik kann sich Bhagwan als hilfreich erweisen. Ein amerikanischer Ex-Sannyasin fand dafür folgende – sehr boshafte – Begründung:

> «Bei Bhagwan finden die Deutschen alles, was sie sich wünschen: einen Führer, einen Befehl, ihre Vergangenheit zu vergessen; und die Aufforderung zum rücksichtslosen Egoismus.»[38]

Die Attraktion, die Bhagwan auf seine Schüler ausübte, lag sicher auch daran, daß er für sie in seinen Reden eigene, als utopisch geltende Zukunftswünsche formulierte:

> «Die Verbindung von Leben und Arbeiten, Auflösung einengender traditioneller Familienstrukturen, gemeinsame Arbeit an einem Projekt, Freiwilligkeit und Reduktion äußerer Sanktionen, unaggressive, liebevolle Umgangsweisen, Zulassen von Emotionen und bedingungsloser Sexualität.»[39]

Sannyasins sind überwiegend Menschen, die experimentierfreudig sind und sich immer wieder verändern wollen; viele halten sich für Abenteurer und Rebellen: «Ich finde Unsicherheit schön. Sicherheit ist langweilig auf die Dauer.»⁴⁰ Dieses Streben nach Veränderung und nicht nach Sicherheit um jeden Preis hat durchaus positive Aspekte, wird aber problematisch, wenn es zu einer Bindungsunfähigkeit wird. Eine Lebensweise, die sich jeden Moment wieder neu orientiert, macht es möglich, schwierigen Situationen schnell auszuweichen. Das kann jedoch dazu führen, daß wesentliche Bereiche des Lebens verschlossen bleiben, weil diese eine gewisse Ausdauer erfordern. So haben Sannyasins z. B. in Relation zu ihrer Altersgruppe erstaunlich selten Kinder. Denn die Entscheidung für Kinder bedeutet, sich auf Jahre hinaus festzulegen, und genau das widerstrebt vielen Sannyasins.

Die Geborgenheit, die eine eigene Familie im besten Fall vermitteln kann, finden die Sannyasins in ihrer Gruppe. In ihrem Schutz fällt es manchem leichter, Liebesbeziehungen aufrechtzuerhalten:

> «Auch Liebesbeziehungen kann ich mir nicht anders
> vorstellen, als daß sie in die Kommune eingebettet sind, denn
> außerhalb, was soll man da schon miteinander teilen, außer
> Alltagsprobleme und Sex.»⁴¹

Andere Sannyasins empfinden ihre Beziehung zu Bhagwan als Liebesbeziehung – Sannyasin zu sein ist eine Liebesaffäre –, in der sie sich aufgehoben und akzeptiert fühlen. In dieser idealisierten Beziehung fallen die alltäglichen Konflikte und Probleme weg, die eine normale Liebesbeziehung oft so schwierig machen. Auch die Angst vor Bindung kann dort gut verdrängt werden. In der Geborgenheit der Sannyasfamilie nehmen einzelne Sannyasins ihr Bedürfnis nach einer tiefen Liebesbeziehung gar nicht mehr wahr.

Eine klare Einschätzung von Bhagwan und der Sannyasbewegung gelingt nur schwer. Die Überzeugung Bhagwans, die Menschheit befinde sich in einer Krise, die nur dadurch verändert werden kann, daß jeder einzelne bereit ist, sein Bewußtsein zu verändern, läßt sich leicht teilen. Unterstützt aber die Sannyasbewegung den einzelnen auch darin, sich mehr Klarheit über sich selbst zu verschaffen mit dem Ziel, ein erwachsener Mensch zu werden, der für sich und andere Verantwortung übernehmen kann? Der Gesichtspunkt der Unabhängigkeit ist auch für Rudolf Bahro, ehemaliger Regimegegner aus der DDR und maßgeblich an der Gründung der Partei «Die Grünen» beteiligt, bei der Beurteilung der Rolle Bhagwans wichtig:

«Wer er wirklich ist, wird sich nicht zuletzt daran erweisen, ob
und wann und wie er sie wieder zurückstößt in die
Unabhängigkeit.»[42]

*Die Entwicklung der Bewegung hat deutlich gezeigt, daß Bhagwan seine
Schüler nicht in die Unabhängigkeit entläßt*, sondern versucht, sie in
Abhängigkeit zu halten. Anstatt eine Klärung darüber zuzulassen,
was sich in Rajneeshpuram wirklich abspielte, nahm Bhagwan zu
einer oberflächlichen Bereinigung der Machtproblematik in Rajneeshpuram Zuflucht, indem er Sheela die ganze Schuld an der Veränderung der Bewegung zuschob. Durch seine «unerleuchtete»
Art, Sheela zu brandmarken, verhinderte er auch bei seinen Schülern eine Bewältigung ihrer Autoritätsfixiertheit. Dazu hätte er
seine eigene Rolle bei dem Drama in Rajneeshpuram zur Diskussion stellen müssen. Trotz seiner Beteuerungen, die Selbständigkeit
seiner Schüler fördern zu wollen, zeigt eine genaue Betrachtung
seines Vorgehens, daß er sehr geschickte Methoden entwickelt hat,
die sowieso schon vorhandene Abhängigkeit seiner Schüler eher
noch zu verstärken.

Sannyas zu nehmen war und ist für viele Sannyasins offenbar ein
Versuch, den Weg zur Selbständigkeit abzukürzen, statt den lang-
wierigen und sehr mühsamen Weg einer Therapie zu beschreiten.
So haben die meisten Sannyasins zwar Therapieerfahrungen, meist
im Bereich der humanistischen Psychologie, nahmen aber entweder nur sporadisch an Therapieveranstaltungen teil oder brachen sie
verfrüht ab, weil sie dort zu stark mit ihren Schwächen und Ängsten in Kontakt gekommen waren. Statt dessen schlossen sie sich
Bhagwan an, wodurch sich ihr psychischer Zustand meist schnell
besserte. Dieser Versuch einer Beschleunigung der Selbstentwicklung mit Hilfe Bhagwans kann jedoch auf Dauer nicht funktionieren, da der wirkliche Reifungsprozeß nur von jedem einzelnen
selbst vollzogen werden kann. Auch der beste Therapeut kann seinen Klienten die Ängste und Schmerzen nicht abnehmen, er kann
sie nur begleiten.

Der Prozeß hin zur Selbständigkeit, an dessen Ende man voll verantwortlich für sein Leben einsteht, scheint in den Sannyasin-The-
rapiegruppen nicht gefördert zu werden. Hier findet «ein viel zu
schneller Durchbruch von neurotischen Strukturen» statt – wie es
eine ehemalige Sannyasin ausdrückte –, als daß eine wirkliche Sta-

bilisierung eintreten könnte. Widerstände, die ein Therapeut normalerweise respektiert, werden von Sannyasintherapeuten oftmals übergangen; dadurch kann die Abwehr des einzelnen unterlaufen werden, was wiederum leicht zu einem psychischen Zusammenbruch führen kann. Die bedingungslose Zustimmung, die viele Therapeuten erwarten, erreicht genau das Gegenteil von dem, was eine Therapie normalerweise bewirken sollte: Statt zunehmender Selbstkenntnis und innerer Freiheit wird Abhängigkeit gefördert. In Rajneeshpuram soll die Therapie zum Ende hin direkt als Instrument der Unterdrückung aufmüpfiger Sannyasins eingesetzt worden sein. Der letzte Kanzler der Rajneesh Internationel Meditation University berichtete, daß die Therapien unter Sheela «als ein Werkzeug zur Unterdrückung benutzt» wurden, «als ein psychischer Waschsalon, in den die ‹negativen› Arbeiter geschickt» wurden, «damit sie ihren Shit loswerden, um dann so schnell wie möglich wieder an ihre Arbeit zurückgeschickt werden zu können».[43] Sannyasins, die in Kommunen lebten, standen unter dem Zwang, Kompromisse einzugehen, die Gefahr, daß sie dabei ihre Persönlichkeit und damit ihre eigene Urteilsfähigkeit aufgaben, war sehr groß. Ein erschreckendes Beispiel dafür sind die Sannyasins, die Sheela jahrelang hofiert hatten und sie dann – als das offiziell erlaubt war – als ein Ungeheuer darstellten, das vor keiner Bosheit zurückschreckte.

Für Sannyasins dagegen, die nur vorübergehend in der Bewegung bleiben, vielleicht auch in einer Kommune oder einem Center leben und dort bestimmte Erfahrungen machen, kann diese Zeit *durchaus produktiv für ihre Entwicklung* sein. Im Schutz der Sannyasgemeinschaft können sie den Zwängen der Gesellschaft für eine Zeit entfliehen und mit bestimmten Facetten ihres Selbst experimentieren. Selbst ehemalige Sannyasins, die der Bewegung insgesamt kritisch gegenüberstanden, weisen darauf hin, daß sie in ihrer Sannyasin-Zeit Seiten von sich ausleben konnten, die sie vorher nicht kannten, etwa Spaß und Lebensfreude. Auch das Leben in einer Sannyaskommune bot neben Einschränkungen natürlich auch einige Vorteile: Man war nie einsam, das Leben war überschaubar geregelt, der Tagesablauf klar strukturiert, die Kommune übernahm – wie eine Mutter – fast alle Tätigkeiten, die normalerweise jeder einzelne selber machen mußte, vom Waschen über Putzen bis zum Kochen.

In der Kommune fand offenbar eine Art Nach-Sozialisierung statt: Die Sannyasins wurden von der Mutter – der Kommune – versorgt, der Vater – Bhagwan – bot ihnen eine Orientierung und ein Vorbild an, und mit den Geschwistern – den anderen Sannyasins – konnte man spielen und vieles ausprobieren. Dieses Durchleben eines neuen Kindheitsprozesses hatte und hat für viele zweifellos eine heilende Wirkung. Für eine Zeitlang mag es sicher fruchtbar sein, sich den Wunsch nach Versorgung befriedigen zu lassen, weil dadurch viel Kreativität und Lebensfreude freigesetzt wird. Bedenklich wird es dann, wenn diese Phase nicht überwunden wird, wenn erwachsene Menschen weiterhin zu zweit oder dritt zusammenleben, praktisch keine Intimsphäre haben und ihnen kein Geld für ein Eigenleben zur Verfügung steht:

Neben dem Ausleben kindlicher Bedürfnisse bot die Bewegung offenbar manchen Sannyasins die Möglichkeit, ihre Autoritätsfixiertheit kennenzulernen und dadurch ein Stück zu überwinden. Eine ehemalige Sannyasin vertrat die Meinung, sie hätte aus dem Beispiel der Verantwortungslosigkeit von Sannyasins gelernt und würde jetzt mehr Verantwortung übernehmen. Das ist sicher ein harter Weg des Lernens. Wir glauben, daß eine Therapie sanftere Möglichkeiten anbieten kann, sich zu verändern.

Viele Menschen verleugnen sich selbst und ihre Kraft. Und doch steht jedem Menschen ein enormes inneres Potential zur Verfügung, um ganz er selbst zu werden, d. h. ganz und gar nach seinen Fähigkeiten zu arbeiten und zu leben. Anscheinend kann die Bhagwan-Bewegung in dieser Richtung Anstöße geben; sie kann vielen Sannyasins helfen, sich selber besser kennenzulernen. Fast alle der von uns interviewten Ex-Sannyasins meinten, von ihrer Sannyasin-Zeit profitiert zu haben: So hatten viele aus einer depressiven Entwicklung herausgefunden, manche ließen sich in der Bewegung erstmalig auf Begegnung und Kontakt ein, andere konnten sich von ihrer Suchtproblematik – Drogen oder Alkohol – befreien. Einige Ex-Sannyasins hoben hervor, daß sie während ihrer Sannyaszeit viele Ängste verloren hatten und sich dadurch insgesamt mehr stabilisieren konnten, andere erwähnten, daß sie zum erstenmal mit Freude gearbeitet hätten.

Die Öffentlichkeit stürzte sich voller Schadenfreude auf die Ereignisse in Rajneeshpuram und übersah dabei, daß die Sannyasbewegung etwas Wesentliches anbietet, was unsere Gesellschaft oft nicht mehr zu leisten vermag: einen Lebenssinn, der über das Materielle hinausgeht. Der Erfolg dieser Bewegung ist im wesentlichen mit den Defiziten unserer Gesellschaft zu erklären. Bhagwan bietet nicht nur eine spirituelle Lehre an, sondern auch ihre praktische Umsetzung. Seine Vision eines neuen Menschen kann schon jetzt ansatzweise gelebt werden – auch wenn diese Umsetzung sehr unvollkommen ist. Bei aller Kritik an der Sannyasbewegung und den Machtproblemen, die dort herrschten, ist es nicht zu übersehen, daß sie Elemente eines neuen Miteinanders entwickelt hat, in dem unterdrückte Seiten des Menschen gelebt werden können und neue Formen des Umgangs mit der Natur entwickelt wurden, wobei das ganze Leben in einen religiösen Zusammenhang gestellt wurde. Bhagwans Vorstellung von der Bedeutung des Todes und seine Vorschläge, wie seine Sannyasins konkret damit umgehen können, scheint uns eine Alternative zur herkömmlichen Tabuisierung des Todes darzustellen.

So, wie die Sannyasins ihre negativen Gefühle und Machtkonflikte leugnen, so leugnet die Gesellschaft die Bedürfnisse, die Sannyasins teilweise überzogen ausleben. Es scheint, als würden die Sannyasins der Gesellschaft einen Spiegel vorhalten, in dem sie ihre unterdrückten Bedürfnisse überdeutlich sehen kann. Diese unterdrückten Bedürfnisse sind beispielsweise die, in einer Gemeinschaft produktiv miteinander zu leben und zu arbeiten, sind auch Wünsche nach Vorbildern, nach Orientierung an einem festen Weltbild, nach Hingabe, Geborgenheit und Abhängigkeit. Abhängigkeit und Orientierungslosigkeit sind große Themen auch für unsere Gesellschaft, sie sind beileibe nicht nur typisch für Sannyasins. Die meisten Menschen leben in der einen oder anderen Form in Abhängigkeit. Das manifestiert sich in Drogen-, Fernseh- und Arbeitssucht bis hin zu psychosomatischen Krankheiten.

Viele Psychosomatiker halten lieber jahrelang Schmerzen aus oder werden medikamentenabhängig, als daß sie bereit wären, sich mit den Ursachen ihrer Krankheit auseinanderzusetzen, denn das würde bedeuten, sich mit sich selbst und den eigenen Lebensbedingungen zu konfrontieren und sich möglicherweise von einengenden Beziehungen, Arbeitsplätzen etc. lösen zu müssen. Nur wenige Menschen sind in der Lage, sich selbst zu bestimmen und eine wirklich unabhängige Existenz zu führen.

Dieter Duhm schreibt dazu in «Aufbruch zu einer neuen Kultur»:
> «Das politische Ideal scheitert wie immer an der
> psychischen Realität. Das Eltern-Kind-Verhältnis ist
> nirgends überwunden. Die Erwachsenen sind nicht
> erwachsen. Die Menschen sind sensibel geworden gegen
> soziale und politische Bevormundung und autoritäre
> Strukturen und glauben deshalb, sie wünschten die
> Demokratie.»[44]

Viele Schwachpunkte unserer Gesellschaft spiegeln sich in der Sannyasbewegung wider: Wir haben sie zwar benannt; unser Ansatz war dabei jedoch nicht, sie zu diffamieren, sondern ihre positiven und negativen Seiten zu beschreiben, um daraus zu lernen. Schön wäre es, wenn unsere Gesellschaft die Sannyasbewegung als Anstoß verstehen könnte, auch etwas über sich und ihre verdrängten Bedürfnisse zu erfahren, statt sie pauschal zu verurteilen.

Nicht zuletzt sind es auch die religiösen Bedürfnisse, die die Menschen in unserer Gesellschaft nicht befriedigen können. Im asiatischen Kulturbereich sind religiöse Bedürfnisse etwas ganz Natürliches – man weiß dort, daß ihre Unterdrückung den Menschen unglücklich macht. In unserer Gesellschaft gelten sie eher als suspekt; im besten Fall werden

> «religiöse Aufbrüche als Störung empfunden und eher dem
> allgemeinen Bedürfnis des Menschen nach Trost,
> Gemeinschaft und therapeutischer Betreuung zugeordnet,
> statt daß sie als ernsthafter Wille zu einer verbindlichen
> Lebensordnung anerkannt werden.[45]»

Das religiöse Erleben von Menschen in mystischer Form wird leicht als Kennzeichen einer pathologischen Entwicklung gedeutet, dabei ist der religiöse Bereich neben dem des Traums und der Kunst der einzige Raum, der Normalbürgern eine gewisse «Nebenrealität» ermöglicht:

> «Immer dann, wenn solch eine Nebenrealität wirklich gelebt
> wird, wenn sie zur Hauptrealität wird, scheint sie manche zu
> bedrohen, die dann ihre eigene Nebenrealität plötzlich als

gefährliche Andersartigkeit in den anderen sehen und sich dagegen abgrenzen.»[46]

Religiöse Gemeinschaften wirken provokativ, weil es in unserer weitgehend nihilistischen Gesellschaft verpönt ist, an etwas zu glauben. Durch diese Haltung werden Sannyasins zusätzlich in eine Außenseiterposition gebracht. Sie – wie viele andere Menschen auch – haben im Rahmen ihrer Sozialisation in unserer Gesellschaft nicht gelernt, zwischen echter gelebter Religiosität und einer gepredigten Religiosität, deren Prediger nicht das lebt, was er lehrt, zu unterscheiden. Für die Inder war das einfacher: Da die Religion ein Teil ihres Lebens ist, konnten sie ihre Wahrnehmung von Bhagwan besser differenzieren: Für die meisten war er ein religiöser Lehrer, auf den sie sehr kontrovers reagierten, keinesfalls aber ein erleuchteter Meister.

Der Vorwurf, Sannyasins würden sich einfach der Gesellschaft verweigern, ist nur teilweise berechtigt, da es auch Sannyasins gibt, die ein bürgerliches Leben führen. Und auch viele der sogenannten guten Bürger verweigern sich unserer Gesellschaft, wenn auch nicht so auffällig sichtbar. Es gibt viele Menschen, die ohne Vitalität und Lebensfreude ihre Pflicht erfüllen, die arbeiten, heiraten, Kinder in die Welt setzen und jahrzehntelang nur auf den ersehnten Urlaub und ihre Pensionierung hinleben. Diese Menschen übernehmen nur äußerlich gesellschaftliche Verantwortung; innerlich sind sie längst «ausgestiegen».

Gesellschaftliche Verantwortung zu übernehmen bedeutet mehr, als nur äußerlich zu funktionieren. Diese Fähigkeit setzt voraus, daß ein Mensch die Vielschichtigkeit seiner Bedürfnisse erkannt hat und versucht, sie in sein Selbst zu integrieren. Nur ein Mensch, der sich im Einklang mit seinen Bedürfnissen befindet, kann darauf verzichten, andere zu diffamieren, und kann eine Verantwortung für sich und seine Umwelt übernehmen, die aus der Tiefe seines Selbst kommt.

11. Bhagwan – schon ein Mythos zu Lebzeiten?

Bhagwan hat es lange verstanden, um seine Person einen Mythos aufzubauen, einerseits mit seiner Erklärung, erleuchtet zu sein, andererseits mit dem Kult, der um seine Person zelebriert wird. Die meisten seiner Schüler sind bereitwillig auf seine Vorstellungen eingegangen; erst in letzter Zeit regen sich auch bei Sannyasins Zweifel, ob Bhagwan wirklich über alle menschlichen Regungen erhaben ist. Bisher hatte Bhagwan es geschickt verstanden, diese Zweifel gar nicht erst aufkommen zu lassen. Trotz seines ganz offensichtlichen und nur allzu menschlichen Bedürfnisses nach Luxus und Prunk gelang es den meisten Sannyasins immer wieder, hier andere Erklärungen zu finden: Das eben sei das Besondere an diesem Meister, daß er so anders sei als alle anderen; außerdem stehe er so meilenweit über allem Irdischen, daß er es sich schon wieder leisten könne, sich mit Rolls-Royce, teuren Armbanduhren etc. zu umgeben. In Wirklichkeit sei das nur ein Spiel, da er darauf nicht angewiesen sei. Er täte es im Grunde nur seinen Sannyasins zuliebe, da diese ihm unbedingt etwas schenken wollten.

Schon bald nachdem Bhagwan in Bombay seine ersten Schüler um sich versammelt hatte, entwickelte er eine große Geschicklichkeit darin, einen Kult um seine Person aufzubauen. Er gab sich einen neuen Namen – statt Archarya Rajneesh nannte er sich nun Bhagwan Shree Rajneesh –, wies auf sein Erleuchtungserlebnis mit 21 Jahren hin, ließ überall Bilder mit seinem Porträt aufhängen und bestimmte die Regeln, nach denen seine Schüler mit ihm kommunizieren durften. So mußten sie sich einer Geruchskontrolle unterziehen, bevor sie sich ihm näherten, da er gegen Duftstoffe allergisch war, auch durften sie in seiner Gegenwart bestimmte Textilien, etwa aus Wolle, nicht tragen.

Bei seinen Vorträgen wurde jeweils die Frage eines Sannyasins vorgelesen, die er dann beantwortete.

Ein Dialog fand nicht statt; diesen Zustand spiegelte auch die Sitzordnung wider: Die Sannyasins saßen auf dem Boden zu Bhagwans Füßen, während er auf einem Sessel saß, der sich dazu noch auf einem Podest befand. Ein Schüler, der Bhagwan nur aus dieser Perspektive kannte, beschreibt den Unterschied, als er ihm dann einmal aufrecht gegenübergetreten war:

> «... Bhagwan selbst kam, grüßte, lächelte, ging vorbei, und
> alles, was mein armes Hirn denken konnte, war: ‹Mein Gott,
> wie klein er ist.› Ich war ihm immer nur auf dem Boden
> sitzend begegnet, meine Augen in Höhe seiner
> übereinandergeschlagenen Knie... Die Begegnung ‹in voller
> Länge› war nach der neunjährigen, anders eingeübten
> Perspektive ein wahrer Schock!»[1]

Der Mythos der Erleuchtung Bhagwans wurde auch dadurch aufrechterhalten, daß Bhagwan sich als ein Mensch darstellte, der nicht auf andere angewiesen ist und völlig ohne Bindungen an andere Menschen lebt; er schien keine Gefährtin oder Freunde zu benötigen.

Als er dann in sein Schweigen eintrat, schien er damit zu beweisen, daß er nun auch die sprachliche Kommunikation mit anderen nicht mehr nötig hatte. Er hätte nun eine höhere Dimension der Existenz erreicht, in der Sprache keine Bedeutung mehr hätte, so interpretierten seine Sannyasins dieses Verhalten. Statt dessen half sein Schweigen möglicherweise zu verschleiern, wie menschlich doch vieles an Bhagwan war. So konnte er in Oregon bestimmten Leidenschaften wie Autofahren oder Bootfahren nachgehen und sich auch andere materielle Wünsche erfüllen und dennoch durch sein geheimnisvolles Schweigen den Mythos des Erleuchteten aufrechterhalten. Nicht unwesentlich wurde das durch seine persönliche Ausstrahlung unterstützt; allein seine Gegenwart löste bei vielen Sannyasins bereits freudige bis ekstatische Gefühle aus.

Erst seine Auseinandersetzungen mit Sheela und ihre Enthüllungen über ihn haben den Mythos des erleuchteten Meisters etwas angekratzt.

Bhagwans direkte Einmischung in die weltlichen Angelegenheiten der Kommune zeigte Charaktereigenschaften, die er vorher in seinen spirituellen Vorträgen hatte verbergen können. Nach Sheelas Abreise übernahm er teilweise ihre Rolle; so trieb er seine Sannyasins genauso vehement wie Sheela zur Arbeit an:

> «Die Leute wenden sich nicht ihrer Worship zu, sie tun ihre Arbeit nicht so gut wie vorher, sie gehen früher von ihrer Arbeit fort, als ob sie eine Diktatur bräuchten, um die notwendige Arbeit zu tun ... Deshalb muß es ab heute jeder besser machen, als er es vorher getan hat. Jeder muß an seine Worship gehen, und diese Entschuldigungen wie ‹Ich habe mich heute nicht danach gefühlt...› gelten nicht. Vier Jahre lang habt Ihr Euch immer gut gefühlt. Und jetzt ist plötzlich eine großartige Transformation mit Euch geschehen. ‹Ich wollte mal ein bißchen länger schlafen.› Und was war in den letzten vier Jahren? Wenn Sheela wollte, daß Ihr 14 Stunden am Tag arbeitet, habt Ihr gearbeitet. Hasya* versucht auf jede mögliche Art Eure Arbeitszeit zu verkürzen, aber nicht die Qualität der Arbeit, nicht das Ergebnis der Arbeit.»[2]

Genauso unverblümt wie Sheela stellte nun auch Bhagwan seine Forderungen. Hatte er noch kurze Zeit zuvor angeprangert, daß die Kommune unter Sheela nur auf die Arbeit ausgerichtet gewesen sei, so versuchte er jetzt im wesentlichen diese Ausrichtung beizubehalten.

Ähnlich rabiat versuchte er, die weitere Befolgung der Aids-Vorsorgemaßnahmen durchzusetzen. Nach Sheelas Weggang war die Aids-Vorsorge zu einem umstrittenen Thema in der Kommune geworden. Hasya fragte Bhagwan, ob etwas daran geändert werden sollte. Seine Antwort war ein klares Nein.

> «Wenn wir uns entscheiden, keine Vorsorgemaßnahmen durchzuführen, will er nichts mit uns zu tun haben. Wir können sterben, wenn wir wollen.»[3]

Durch solche Äußerungen entlarvte sich Bhagwan zunehmend selber; seine Rolle in der Auseinandersetzung mit Sheela wurde deutlicher. Dennoch gelang es ihm, ihr Zerwürfnis sehr geschickt für seine Interessen einzusetzen. Sheela konnte jetzt als Sündenbock

---

* Bhagwans persönliche Sekretärin.

herhalten für den jahrelang aufgestauten Ärger von Sannyasins über die Auflösung der Ashrams und Meditationscenter, über die viele Arbeit und die zunehmende Hierarchisierung. Durch einen geschickten Coup – die Auflösung der Religion des Rajneeshismus und die Abschaffung der äußeren Zeichen von Sannyas – versuchte er, die Verantwortung für alle Mißstände in der Bewegung Sheela anzulasten. Doch die Sannyasins, die sich ein kritisches Urteilsvermögen bewahrt hatten, wiesen darauf hin, daß Sheela gar nicht für die Entstehung des Rajneeshismus verantwortlich gemacht werden konnte. Denn nicht sie, sondern Ma Prem Arup, die von Bhagwan neu eingesetzte Vize-Präsidentin der «Rajneesh Foundation International» hatte seinerzeit in Berlin vor ca. vier Jahren den Rajneeshismus ausgerufen. *Sheela scheint im wesentlichen in Bhagwans Auftrag gehandelt zu haben.* Offensichtlich war sie ihm jahrelang ergeben und auch bereit, sehr unangenehme Aufgaben für ihn zu erledigen. Erst zum Schluß wendete sie sich gegen ihn, und zwar so konsequent, daß sie ihn überwachen ließ und seinen Arzt und Getreuen zu vergiften versuchte. In einer seiner ersten Stellungnahmen zu Sheelas Abreise gab Bhagwan selbst zu, von den Vorgängen in Rajneeshpuram gewußt zu haben:

> «Und die Kommune wird nicht nur zu einer Fabrik, wo
> Menschen nur noch arbeiten – sie haben sogar zur Liebe keine
> Zeit mehr. Das lag all die Jahre schwer auf meinem Herzen...
> Ihr werdet es nicht glauben, in manchen Nächten hatte ich
> Tränen in meinen Augen, aus dem einfachen Grund, daß ich
> meine Leute nicht zu Sklaven reduziert haben möchte,
> zumindest nicht, solange ich lebe.»[4]

In einem Interview mit der «Deutschen Rajneesh Times» beschrieb er Sheelas Funktion für die erste Aufbauphase der Kommune mit verblüffender Offenheit:

> «Aber sie hatte keinerlei Verständnis für die höheren Arten des
> Bewußtseins. Sie gehörte einer sehr pragmatischen,
> praktischen, niederen Stufe des Geistes an, und so war sie gut
> in der Arbeit. Sie war genau wie ein roher, unbehauener,
> häßlicher Stein, den man für das Fundament nimmt, wenn
> man ein Haus baut. Ich hatte sie gewählt, weil wir in
> Rajneeshpuram das Fundament für eine Kommune gesetzt
> haben. Und es war mir völlig klar, daß ich sie früher oder

später durch jemand anderen ersetzen mußte. Denn wenn das Fundament fertig ist, ist sie unnütz und gefährlich, da sie nur Fundament werden kann. Sie kann weiterhin aus diesen häßlichen Steinen höhere Wände bauen, dann wird es ein Gefängnis und kein Tempel. Ich wollte sie sowieso austauschen.»[5]

Bhagwan machte für den Machtmißbrauch hauptsächlich Sheela verantwortlich, warf aber auch seinen Sannyasins vor, sie seien blind gewesen, weil sie nicht bemerkt hatten, wie Sheela zur Diktatorin wurde.

Diesen Vorwurf akzeptierten nicht alle Sannyasins; eine Ex-Sannyasin wies darauf hin, daß es viele Leute gab, die sich in Rajneeshpuram auch kritisch geäußert hatten:

«Die sagten, Bhagwan, du bist ganz toll, aber die Kommune, wie die funktioniert, das ist ja irgendwie ganz merkwürdig, und die Leute erst, die da sitzen. Da waren Hunderte von Fragen in den Lectures. Und was hat er darauf geantwortet? Macht bloß keinen Unterschied zwischen mir und der Kommune, weil alles total mit mir in ‹tune› ist, und es ist meine Kommune, und ich weiß genau, was da passiert. Und jetzt das Häschenspiel zu spielen und zu sagen, Leute, mein Name ist Hase, ich wußte leider von nichts, weil ich drei Jahre lang geschwiegen habe!»[6]

Bhagwan übernahm keinerlei Verantwortung für das Geschehen in Rajneeshpuram. Er stellte sich nicht die Frage, wie es hatte passieren können, daß seine Schülerin Sheela so von seinen Lehren abweichen konnte. Genausowenig schien er darüber nachzudenken, warum seine Schüler augenscheinlich so wenig von seinen Lehren verstanden hatten. Anstatt sich dem Konflikt zu stellen, warum sich seine Lehre in seiner Kommune immer mehr in ihr Gegenteil verkehrt hatte, setzte er schnell eine halbherzige Reform in Gang, die die Verhältnisse in der Kommune im wesentlichen so beließ, wie sie vorher waren. Wie wenig ernst er es mit dieser Reform meinte, zeigte sich in vielen Einzelheiten. So hatte er zwar die Erlaubnis gegeben, die rote Kleidung und die Mala abzulegen, beklagte sich aber einige Tage danach bitter darüber, mit welcher Begeisterung seine Sannyasins dieser Erlaubnis nachgekommen wären:

«‹Ihr habt geklatscht, weil ich rote Kleider und Mala abgeschafft habe, und ihr wißt nicht, wie sehr mich das verletzt, wenn ihr klatscht›, sagte er. Die Leute hätten gejubelt und seien zur Boutique geeilt, um neue Kleider zu bekommen, was bedeute, daß sie Heuchler gewesen seien. ‹Warum habt ihr rote Kleider getragen, wenn es euch soviel Freude bereitet, sie abzulegen?›»[7]

In den Ereignissen um Rajneeshpuram und Bhagwans Unfähigkeit, seine Rolle in Frage zu stellen, offenbart sich nach unserer Meinung sein Grundkonflikt, der schon aus seinem ganzen Leben herauszulesen ist: Schon in frühester Jugend wollte er sich nicht anpassen, deshalb konnte er natürlich auch keine Schwächen zugeben. Er hatte schon sehr früh als Kind danach gestrebt, unabhängig zu sein.

Bhagwan hielt sich also offensichtlich schon früh für einen besonderen Menschen. Sehr entscheidend wurde er in dieser Einstellung durch die Tatsache bestärkt, daß er bei seinen Großeltern aufgewachsen war, die ihn sehr bewundert hatten. Bhagwans Großeltern waren sehr reich, und so konnten sie ihm ein angenehmes Leben anbieten; nach seinen eigenen Aussagen wuchs er bei ihnen auf wie ein Prinz, ja sein Großvater war sogar davon überzeugt, Bhagwan sei in einem vergangenen Leben ein König gewesen. So läßt sich vermuten, daß Bhagwan bei seinen Großeltern nicht lernte, sich mit anderen Meinungen und Verboten auseinanderzusetzen, sondern seinen Willen in allem durchsetzen konnte. Dafür spricht, daß Bhagwan bis heute ein Rebell geblieben ist, – nach Meinung von Psychologen sind Rebellen Menschen, die rebellieren, weil sie ständig auf der Suche nach einer Autorität sind, die ihnen Grenzen setzt.

Als Bhagwan mit 7 Jahren zu seinen Eltern kam, schien er sie nicht als Autoritäten zu akzeptieren. Sein Vater gab es offenbar schnell auf, sich gegen ihn durchzusetzen. Wenn sich Bhagwans Lehrer über ihn bei seinem Vater beschwerte, sagte er ihnen:

«Wer bin ich, daß sie sich bei mir beschweren? Meinen Sie, ich hätte Macht? Glauben Sie, er hört auf mich? Machen Sie alles, was Sie wollen. Bestrafen sie ihn, weisen sie ihn von der Schule oder was sie auch wollen; ich bin vollkommen einverstanden. Aber lassen sie mich in Ruhe. Denn den ganzen Tag lang habe ich vielleicht auch noch etwas anderes zu tun, als mir anzuhören, was er mit diesem Lehrer, jenem Lehrer, diesem Menschen, jenem Nachbarn angestellt hat.»[8]

Auch seine Lehrer oder andere Erwachsene konnte er nicht als Autoritäten akzeptieren:
«Ich konnte niemanden als meinen Lehrer akzeptieren,
... obwohl ich immer bereit war zu lernen – aber ich konnte niemanden finden, den ich meinen Meister hätte nennen können.»[9]

Bhagwan behauptet, er habe versucht, die Menschen zu achten, aber es wäre ihm nicht möglich gewesen:
«Ich konnte Flüsse, Berge und sogar Steine achten, aber keine Menschen... ich traf keinen solchen Lehrer, den ich spontan hätte achten können, weil ich niemals das Gefühl hatte, daß irgend jemand etwas wisse, das von so unumstößlicher Wahrheit wäre, daß das Leben ohne dies Wissen sinnlos wäre...»[10]

So kam er zu dem Schluß, daß er einzig und allein von sich selber lernen könnte.

Auch später konnte Bhagwan keine Autoritäten akzeptieren; er hat vielmehr Freude daran, über weltweit geschätzte und anerkannte Persönlichkeiten wie Gandhi, Mutter Teresa und den Papst zu spotten und sie herabzusetzen. Selbst Jesus war für ihn kein Vorbild:
«Jesus hatte keine Ahnung von Religion. Er war ein psychiatrischer Fall, weil er annahm, daß er Sohn Gottes und Retter der ganzen Welt sei. Er hat nie meditiert, sondern immer nur gebetet. Beten basiert auf Glauben, und Glaube basiert auf Ignoranz.»[11]

Sehr bedeutsam für die Entwicklung von Bhagwans Persönlichkeit war die Art und Weise, wie er mit dem Tod seines Großvaters – seiner ersten wesentlichen Bezugsperson – umging. Ganz offensichtlich traf ihn dieser Verlust so tief, daß er ihn nicht bewältigen konnte. Er selber idealisiert jedoch seine Reaktion auf den Tod seines Großvaters und meint, ab da habe er seine Einstellung aufgegeben, von anderen sein Glück zu erwarten, und habe sein eigenes Universum aufgebaut. Von diesem Zeitpunkt an sei er auf die üblichen Beziehungen zu Menschen, auf Freundschaft und Liebe, nie mehr angewiesen gewesen.

Diese Unabhängigkeit von anderen Menschen, die Bhagwan für ein Zeichen seiner besonders früh entwickelten freien Persönlichkeit hält, scheint vielmehr auf ein spezifisches Problem hinzuweisen: Da er den Tod seines Großvaters nicht wirklich verarbeiten konnte, konnte er keine Fähigkeiten entwickeln, eine tiefe Beziehung zu anderen Menschen aufzubauen. Da ihm keiner den tiefen Schmerz hatte ersparen können, den er durch den Tod des Großvaters erlitten hatte, blieb er auch in Zukunft in schmerzlichen Situationen allein und lehnte den Beistand von anderen Menschen ab. Auch Bhagwans intensives Interesse am Tod und an Situationen, in denen er mit der Angst und dem Tod experimentieren konnte, kann mit dem Tod seines Großvaters zusammenhängen. Bhagwan beschreibt dessen Sterben als sehr langsam und qualvoll, möglicherweise war er als Siebenjähriger völlig überfordert von dem, was er erleben mußte. Für diese These spricht die Tatsache, daß er immer nach jemandem gesucht hatte, der ihm erklären konnte, worin das Rätsel des Todes bestünde; er hätte jedoch niemanden gefunden:

«‹Jeder, den ich traf›, fährt Bhagwan fort, ‹war sehr stark mit dem Leben beschäftigt.›»[12]

Bhagwan geht davon aus, daß ihm sein Alleinsein nach dem Tod seines Großvaters dazu verhalf, sehr früh einen religiösen Weg einzuschlagen. Auch diesen Weg ging er allein: Er wollte keinen religiösen Lehren folgen und weigerte sich, die Göttlichkeit der Existenz anzunehmen, ohne seine Wirklichkeit persönlich erfahren zu haben. Durch jahrelange Meditationen gelang ihm das auch, seitdem glaubte er an die Göttlichkeit der Existenz.

Bhagwans provokatives, eigenständiges Denken und der Mut, mit dem er es auch gegen Andersdenkende vertrat, ebenso wie seine Fähigkeit, ohne Konzept stundenlang zu Menschen zu sprechen, machten ihn zu einem außergewöhnlichen Lehrer. Auch seine Rebellion gegen die überkommenen religiösen Traditionen Indiens war vermutlich für viele Inder befreiend; wohl deshalb wurden seine Vorträge von Tausenden von Menschen besucht. Als er dann jedoch anfing, Schüler aus dem Westen um sich zu versammeln, und sich als Erleuchteter bezeichnete, schien er immer mehr den Zugang zu seiner Spiritualität zu verlieren.

Für die Inder war und blieb er ein Mensch; für die Westler machte er sich zum Gott und wurde von ihnen noch darin bestärkt. Bhagwan beschreibt diese Umorientierung so:

> «Vor ein paar Jahren ließ ich Yoga Chinmaya zu mir kommen und bat ihn, ein neues Wort für mich zu finden, weil ich die Absicht hatte, in Zukunft auf neue Weise vorzugehen. Im ganzen Land war ich als Acharya bekannt.
>
> Acharya heißt Meister, Lehrer, und ich war ein Lehrer, und ich hatte gelehrt und war gereist. Das war jedoch nur das erste Stadium meiner Arbeit gewesen; sie hatte dazu gedient, die Menschen einzuladen... und dann rief ich eines Tages Yoga Chinmaya und sagte zu ihm: ‹Suche du einen neuen Namen für mich, denn das Wort Lehrer reicht nicht mehr aus.›»[13]

Was Bhagwan offenbar schon seit frühester Jugend fehlte, war eine Auseinandersetzung mit anderen Menschen, in der er auch einmal mit seinen Schwächen und Ängsten konfrontiert wurde. Scheinbar gelang es ihm immer, Beziehungen herzustellen, in denen sich die anderen um ihn bemühten. Er behielt die Position des Unabhängigen, der andere geriet automatisch in die Rolle des Abhängigen. Bhagwan berichtet, er wäre nie von sich aus zu jemandem gegangen, um ihn zum Freund zu gewinnen. Das scheint auch auf seine Jugendfreundin Shashi zuzutreffen: Sein Biograph schildert die Beziehung so, das Shashi diejenige war, die aktiv eine Beziehung zu ihm aufnahm, während er sie gewähren ließ. Durch Bhagwans Position als Erleuchteter verstärkte sich seine innere Einsamkeit noch: Alle Menschen, die ihn umgaben, waren seine Schüler. Selbst seine englische Lebensgefährtin Vivek, die seit 15 Jahren mit ihm zusammenlebt, ist seine Schülerin. Bhagwan ist nach unserer Auffassung in seiner psychischen und spirituellen Entwicklung irgendwann stehengeblieben, denn durch seinen Anspruch, vollkommen zu sein, konnte er sich menschlich nicht mehr weiterentwickeln.

Ein wesentlicher Teil des spirituellen Weges besteht darin, daß der Suchende – und auch Bhagwan ist nach unserer Meinung noch ein Suchender – sich mit den dunklen Seiten seines Wesens auseinandersetzt – andernfalls werden sie ihn heimlich beherrschen und seiner Spiritualität etwas Unechtes verleihen. Bhagwan konfrontiert sich offensichtlich nicht mit seinen Schattenseiten, etwa seinem Dominanzanspruch und seinem Bedürfnis nach materiellem Besitz. Hinzu kommt seine Unfähigkeit, Schwächen zuzugeben und Beziehungen auf einer gleichwertigen Ebene einzugehen. Auf diese mangelnde Konfrontation mit sich selbst ist wohl auch seine eigene Widersprüchlichkeit zurückzuführen. So fordert er von seinen Jüngern beispielsweise, ganz gewöhnliche Menschen zu sein, die sich an den einfachen Dingen des Lebens erfreuen, während er selber mit allen Mitteln versucht, weltweit Aufsehen zu erregen und eine starke Neigung nach den verfeinertesten Formen des Luxus hat. Er, der als brillanter Denker gilt, predigt seinen Schülern, den Verstand fallenzulassen. Er erklärt seinen Schülern, sie bräuchten die Unterstützung eines Meisters auf ihrem spirituellen Weg, während er ohne Meister seinen Weg fand und behauptet, sich alles selbst beigebracht zu haben.

Die Liste solcher Widersprüchlichkeiten ließe sich noch fortsetzen; wesentlich ist dabei, daß Bhagwan von seinen Schülern vieles fordert, was er selbst nicht leben kann. Er verlagert sein eigenes Problem auf seine Schüler und läßt es durch sie stellvertretend für sich selbst austragen.

Auch in anderen Bereichen ist er auf seine Schüler angewiesen. Während er einerseits eine geistige Unabhängigkeit zelebriert, ist er andererseits körperlich und materiell von seinen Schülern vollkommen abhängig. So läßt er sich von speziell dafür ausgewählten Sannyasins wie ein Kind versorgen. Eine Sannyasin, die jetzt in Bombay für ihn kocht, beschreibt ihn so:

«Vor allem ist er natürlich mein Meister, aber auf den Reisen hatte ich das Gefühl, er ist mein Kind. Meine ganzen mütterlichen Gefühle kommen da hoch.»[14]

Trotz unserer Einschätzung der Person Bhagwans gehen wir davon aus, daß er in den ersten Jahren des Aufbaus der Bewegung ein aufrichtiges spirituelles Anliegen hatte. Im Laufe der Zeit schien er dies jedoch mehr und mehr aus den Augen verloren zu haben. Er zehrte noch vom Mythos des erleuchteten Meisters, obwohl er den weltlichen Verführungen wohl längst erlegen war. Später schien er unersättlich darin, Macht auszuüben, berühmt zu sein und materiellen Besitz anzuhäufen.

Wie weit Bhagwan sich von einer spirituellen Haltung zum Leben entfernt hat, kann man auch an seiner Einstellung zu den Anfängen des menschlichen Lebens ablesen: So bezeichnet er Abtreibung als eine Tugend und setzt sich neuerdings dafür ein, daß Kinder nicht mehr auf natürliche Weise gezeugt werden, sondern im Reagenzglas, wo sie nach seiner Meinung auch aufwachsen sollen:

«Ich vertraue nicht mehr auf die blinde Biologie. Ich vertraue mehr auf einen bewußten Menschen. Es ist besser, die Geburt des Kindes einem Reagenzglas zu überlassen, wo wir den besten Samen, das beste weibliche Ei auswählen können. Und man braucht sich keine Sorgen zu machen, weil sie anonym sind. Ja, jedes Krankenhaus sollte eine Bank gleich parat haben. Sie haben Banken für Blut; sie sollten Banken für Samen haben, für weibliche Eier, und sie sollten die beste Samenzelle und das beste weibliche Ei auf eine sehr klinische Weise zusammenzubringen versuchen – in einem Reagenzglas, das nicht die Erbschaft eurer häßlichen Vergangenheit weiterträgt. Sie werden frische Wesen sein, und wir können diese Eier und die Samenzellen so programmieren, daß mehr Gesundheit, mehr Leben, mehr Intelligenz möglich wird.
Einer der großen Dichter in Indien, Rabindranath Tagore, er war das dreizehnte Kind seines Vaters.
Die anderen zwölf erwiesen sich einfach als Idioten. Niemand weiß selbst ihre Namen.
Nun, das ist ein langer blinder Weg dahin: Hätte Rabindranaths Vater nach dem zwölften Kind aufgehört – was ein guter Punkt zu sein scheint, um aufzuhören, ein Dutzend ist genug –, dann hättet ihr eines der schönsten Wesen auf Erden verpaßt: einen großen Dichter, einen großen Maler und ein großes menschliches Herz: in jeder Hinsicht schön.
Aber in einem Reagenzglas ist es ganz einfach. Jene zwölf hätten übergangen werden sollen. Wir hätten Rabindranath dazu bestimmen können, das erste Kind zu sein. Und wer weiß, wieviel mehr Potential in ihm gewesen wäre, wenn er

das beste weibliche Ei bekommen hätte. Niemand weiß es. Wir kennen nicht das Potential des Menschseins. Gebt ihm eine Chance. Was ich sage, ist … gebt ihm eine Chance. Es sieht am Anfang unmenschlich aus. Alles Neue sieht am Anfang unmenschlich aus.»[15]

Spirituelle Botschaften scheint er nur noch dann einzusetzen, wenn er bei seinen Sannyasins etwas erreichen will. So ließ er im Juli 1984 bekanntgeben, daß die Jünger eines erleuchteten Meisters, die in seiner unmittelbaren Nähe stürben, genau im Moment ihres Todes auch erleuchtet würden. Buddha wäre der erste Meister gewesen, der diesen Abstand sehr genau angegeben hätte:

«Er fand heraus, daß dies in einem Umkreis von 40 Kilometern geschieht. Auch Bhagwan bestätigte dies. Jeder, der Bhagwan angehört und ihm völlig hingegeben ist, wird unvermeidlich im Augenblick seines Todes erleuchtet werden, und zwar im Umkreis von 40 Kilometern, in dem die Energie des Buddhafeldes gleich bleibt.»[16]

Diese Botschaft Bhagwans war während einer Umbruchphase der Bewegung verkündet worden, kurz nachdem die Auflösung der Center und Ashrams gefordert worden war. Da liegt die Vermutung nahe, daß diese spirituelle Botschaft – in der deutlich auf die Notwendigkeit der Hingabefähigkeit von Sannyasins angespielt wird – gezielt zur Disziplinierung aufmüpfiger Sannyasins eingesetzt wurde. In den letzten Monaten in Oregon scheint Bhagwan in eine Krise geraten zu sein; leider aber benutzte er die Umbruchsituation nicht dazu, seine eigene Rolle in Frage zu stellen, sondern ging lediglich politisch und juristisch mit dem Konflikt um. Nach Sheelas Weggang sprach er in seinen Interviews häufig nicht mehr wie ein spiritueller Mensch, sondern wie ein zynischer Politiker, der andere diffamiert und die Achtung vor dem Leben verloren hat.

Bhagwan hat eine außerordentliche Kraft und eine starke persönliche Ausstrahlung, die sich auch darauf zurückführen läßt, daß er schon in seiner Kindheit in hohem Maße die Fähigkeit entwickelte, allein sein zu können. Genau hierin liegt möglicherweise seine persönliche Tragik begründet. Offensichtlich hinderte ihn diese außergewöhnliche Fähigkeit daran, andere Teile seiner Persönlichkeit zu entwickeln. Genau dies aber wäre nach unserer Auffassung nötig gewesen, um eine integrierte Persönlichkeit zu werden, denn eine vollständige menschliche Existenz umfaßt sowohl die Fähigkeit, alleine zu sein, als auch die Fähigkeit, tiefe gleichberechtigte Bindungen einzugehen.

Je mehr Bhagwan dann für seine Besonderheit anerkannt wurde, desto mehr verschwanden seine unterentwickelten Persönlichkeitsanteile in der Versenkung. Durch diese zunehmende Abspaltung von Teilen seiner Person wurde es möglich, daß er seine überragenden Fähigkeiten nicht mehr einsetzte, um andere Menschen in ihrer Entwicklung zu unterstützen, sondern zunehmend ein angepaßtes Verhalten von ihnen erwartete und sie damit psychisch ausbeutete. Die Einseitigkeit der Gururolle vermittelte ihm wohl im tiefsten Innern keine Befriedigung, mußte er doch wegen ihr auf Teile seiner Person verzichten. Das konnte ihn auf Dauer nur unzufrieden machen, deshalb scheint er dann auch für die Ersatzbefriedigungen des Westens empfänglich geworden zu sein.

Offenbar kann eine Führerrolle einen Menschen nur dann nicht korrumpieren, wenn er sich immer wieder mit sich selbst konfrontiert. Dabei ist es wohl auch sehr wichtig, sich mit seinen Wünschen auseinanderzusetzen, andere beherrschen zu wollen. Je weiter man sich selbst entwickelt hat, desto größer ist offenbar die Versuchung, sich über andere zu stellen und sich zum Guru zu machen. Ein wirklich religiöser Mensch erkennt diese Gefahr und kann zwar ein Lehrer für andere sein, macht sich jedoch nicht zum Guru, da er weiß, daß er genauso von anderen lernen kann wie sie von ihm und andernfalls seine Entwicklung zum Stillstand käme.

Der Prozeß der Veränderung Bhagwans konnte so bruchlos ablaufen, weil er durch den Mythos seiner Erleuchtung jede Kritik von außen, ja sogar von sich selbst abgeschafft hatte. Da seine Definition von Erleuchtung darin besteht, daß ein solcher Mensch vollkommen bewußt ist, eliminierte er damit sein eigenes Gewissen, denn ein vollkommen bewußter Mensch kann ja a priori keine Fehler mehr machen.

12. Wohin geht die Bhagwan-Bewegung?

Die Bhagwan-Bewegung konnte ihr Ziel nicht erreichen, eine religiöse Gemeinschaft aufzubauen, in der die Entwicklung eines neuen Menschen möglich wurde. Dennoch gehören die Sannyasins zu den spirituell Suchenden, die auch nach ihrem Austritt aus der Bewegung die Suche nicht aufgaben, sondern in andere religiöse Gruppierungen überwechselten, etwa zu den Sufis oder in «New Age»-Gruppen. Bhagwan hat es verstanden, tiefe religiöse Bedürfnisse bei seinen Schülern anzusprechen und so ihre inneren Kraftquellen zu aktivieren. Anders ist die enorme Kreativität und Produktivität in Oregon überhaupt nicht erklärbar. In dem Glauben, zu einer positiven religiösen Gemeinschaft unter der Anleitung Bhagwans zu gehören, konnten sie überlange Arbeitszeiten und starke Einschränkungen ihres Privatlebens hinnehmen.

Ihr gemeinsames spirituelles Anliegen und ihr Vertrauen in Bhagwan ermöglichte den Sannyasins, spielerische Formen des Zusammenlebens und -arbeitens zu entwickeln; es hielt sie jedoch davon ab zu durchschauen, welches Spiel Bhagwan und seine Vertrauten mit ihnen spielten.

In der Übertragung des Meister-Schüler-Verhältnisses auf die Organisation einer Massenbewegung – zu der die Bhagwan-Bewegung mittlerweile geworden ist – liegt nach unserer Einschätzung der Hauptgrund für das Scheitern der spirituellen Ziele dieser Bewegung. Denn das Meister-Schüler-Verhältnis mag für den Schüler in dem kleinen überschaubaren Rahmen eines Ashrams, wie er üblicherweise in Indien existiert, durchaus hilfreich und unterstützend sein. Übertragen auf eine Massenbewegung lädt dieses Prinzip jedoch zum Mißbrauch und zum Aufbau eines autokratischen Systems ein. Wenn die direkte Beziehung zwischen Meister und Schüler wegfällt und der Meister nur noch aus der Ferne als Kultfigur verehrt werden kann, kann die Hingabebereitschaft des Schülers nur zu leicht durch «Vermittler» mißbraucht werden.

Durch diesen Mißbrauch ist es auch zu erklären, daß sich wesentliche Prämissen der Bewegung innerhalb weniger Jahre in ihr Gegenteil verkehren und ihr spirituelles Anliegen immer mehr in den Hintergrund treten konnten.

Beschleunigt wurde diese Entwicklung sicher noch durch den Umzug aus Indien in die USA. Während in Indien die Religion das dominierende Element des Lebens ist, wird das Leben in den USA – der Hochburg des Kapitalismus – überwiegend von materiellen Aspekten bestimmt. Viele Menschen haben den Kontakt zu ihren wirklichen Bedürfnissen verloren und verwechseln die Scheinbefriedigung, die der Besitz von Konsumgütern bietet, mit wirklicher Zufriedenheit. Bedauerlicherweise erlag auch Bhagwan den kapitalistischen Verlockungen. So beschreibt die «Rajneesh Times» sein prunkvolles Auftreten beim 4. Weltfestival 1985:

> «Die Rolls-Royce, die Bhagwan teilweise freihändig steuerte, waren Kunstwerke in sich selbst. Geschmückt mit Regenbögen, goldenem und silbernem Glitter in verwirrend schwingenden Mustern und mit Sternen verziert, riefen sie jeden Tag aufs neue Begeisterung hervor. Den originellsten Wagen fuhr Bhagwan am Master's Day. Weiße fliegende Wildgänse zierten die tiefblaue Limousine. Mit bewundernden ‹Ahs› und ‹Ohs› wurden Bhagwans atemberaubende Roben bedacht. Die Stoffe waren reich an Ornamenten, mit Gold- und Silbermustern durchwirkt. Sie glitzerten und funkelten und unterstrichen die Anmut und Würde und Grazie, mit der ER sich bewegt. Die besten Modeschöpfer der Welt hätten keine schöneren Kleider entwerfen können.»[1]

Die Sannyasins selbst strebten zwar weniger nach materiellen Gütern, aber durch die Unterstützung von Rajneeshpuram, die teuren Aufenthalte dort und die Finanzierung ihres eigenen Lebensunterhalts waren sie gezwungen, viel Geld verdienen zu müssen.

Wohl deshalb begannen sie, ihre spezifischen Qualitäten, die sie durch ihre meditative Lebensweise entfalteten, zu vermarkten. So etwa in den Diskos:

«Was wir da machen, ist einzigartig. Diskotheken entsprechen irgendwie am meisten unserem Selbstausdruck: Was diese zehn oder fünfzehn Leute, die jeweils in den Diskotheken arbeiten, da an Fröhlichkeit, Lachen und Tanz hineinbringen, das gibt es nirgendwo sonst. Diskotheken treffen das Sannyas-Gefühl: unsere Feiern, unsere Lebensfreude mit anderen zu teilen... Wo gibt es z. B. Diskotheken, wo um Mitternacht plötzlich alles ‹Happy Birthday› singt, wo Geburtstage jedesmal anders und aus der zufälligen Situation heraus gefeiert werden? Oder wenn jemand einen Ohrring verloren hat, daß dann die Musik unterbrochen wird und alle suchen helfen? Oder nach dem heißesten Rock plötzlich Walzer kommt oder was ganz Komisch-Kitschiges oder ganz Meditatives? Der Körper kommt voll auf seine Kosten – er kann mal explodieren, mal ruhen, und die Atmosphäre ist leicht und prickelnd wie Sekt?»[2]

Aus diesem Zitat wird deutlich, wie die Sannyasinmanager das Lebensgefühl von Sannyasins werbewirksam für ihre Geschäfte einzusetzen verstehen. Die Gefahr eines solchen Vorgehens ist jedoch, daß die Verhaltensweisen von ihrem ursprünglichen spirituellen Gehalt abgetrennt werden und so zum bloßen äußerlichen Spiel wurden. Durch die *Verlagerung von Selbsterfahrung und Meditation auf das Gebiet der Arbeit und der Produktion* konnten auch die schlimmsten Arten von Geschäftemacherei als positiv betrachtet werden, da sie ja einem guten Zweck dienten. Viele Sannyasins, die einen spirituellen Lebenszusammenhang gesucht hatten, erkannten die schleichende Unterwanderung ihrer spirituellen Ziele nicht, weil Bhagwan

> «es verstand, eine auf Seele und Natur bezogene östliche
> Mystik stromlinienförmig an den Kapitalismus als
> Wirtschaftsform zu schmiegen»[3].

In den Centern und Kommunen existierten bald Religion und Geschäft gleichberechtigt nebeneinander, was sich auch äußerlich in der Gestaltung der Räume ausdrückte:

> «Das Büro des Center-Leiters – Couch, Charts, Sessel –
> schmückt eine Glasvitrine, in der, Reliquien gleich, eine
> Wollmütze und ein Pullover des Meisters sowie eine
> Pfauenfeder aus Oregon hinter Glas aufbewahrt werden. Im

Wandregal aber steht das Handbuch des ‹Direct-
Marketing›.»[4]

Auf Grund ihres Vertrauens zu Bhagwan und ihrer Überzeugung,
es sei wichtig, Rajneeshpuram zu unterstützen, konnten und wollten viele Sannyasins nicht wahrhaben, daß Bhagwans Ziele sich immer stärker von spirituellen zu materiellen entwickelten.
Sie selbst halfen durch ihre unermüdliche Arbeit und die Vermarktung ihres Lebensgefühls tatkräftig mit, sich von ihrer Spiritualität
zu entfernen. Sie konnten zwar meditative Elemente in ihre Arbeit
hineintragen; die überlangen Arbeitszeiten und die Anpassung an
die Bedürfnisse der Organisation ließen für ihre eigene spirituelle
Suche jedoch immer weniger Zeit.

Mittlerweile hat sich vieles verändert: Die alten Organisationsstruktu-
ren wurden aufgelöst, statt dessen weist die Bewegung wieder eine
größere Vielfalt auf. Dadurch hat der einzelne mehr Möglichkeiten,
seinen persönlichen und religiösen Bedürfnissen nachzugehen.
Trotzdem werden die Sannyasins nicht so einfach zu früheren Verhältnissen zurückkehren können. Da sind einmal die ökonomischen Realitäten: Das Leben in den Ashrams und Meditationszentren wird auch weiterhin durch harte Arbeit und nicht so sehr durch
Meditation und individuelle Entwicklung bestimmt. Das Versprechen, nun anders zu leben und miteinander umzugehen, ist gar
nicht so einfach zu verwirklichen, weil sich bei den Sannyasins eine
bestimmte ökonomische Rationalität durchgesetzt hat, die nicht
mehr so einfach abgelegt werden kann.
Hinzu kommt, daß die Bhagwan-Bewegung sich mittlerweile zur
Massenbewegung entwickelte, das macht eine Strukturierung und
Hierarchisierung unumgänglich. Bhagwan versucht zwar, die
Macht mehr zu dezentralisieren als vorher, aber klar ist, daß er dabei
ist, die Weltkommune wieder neu zu organisieren und – so wie uns
scheint – letztendlich nach dem gleichen Muster. Schon wieder
beginnt seine persönliche Sekretärin auf seine Weisung hin Einfluß
auf die europäischen Sannyaseinrichtungen auszuüben und schon
wieder fügen sich die Sannyasins. So fragten die Redakteure der
«Rajneesh Times» Hasya, ob sie kritische Leserbriefe in ihrer Zeitung abdrucken könnten, und erhielten als Antwort:

«... all diese blödsinnigen Briefe und Fragen sollten rausgeworfen werden (aus der Rajneesh Times)... und alles, was an negativen und bohrenden Fragen über die Zeitung kommt: Laßt die Leute bei sich selber schauen. Aber wenn ihr es einmal druckt: Meint ihr nicht, daß die Leute, die an der Macht sind, es aufnehmen und lesen? Also schaden wir uns nur selbst, oder?»[5]

Auch die Machtkämpfe zwischen Bhagwan und einzelnen Schülern gehen weiter; in zunehmendem Maße gibt es Auseinandersetzungen mit einzelnen Top-Therapeuten, die in der europäischen Sannyasbewegung an Einfluß gewonnen haben, unter ihnen sein ehemaliger spiritueller Stellvertreter Teertha.

Diese Therapeuten fingen an, sich von Bhagwan unabhängig zu machen und eigenständiger zu arbeiten. Bhagwan reagierte darauf ähnlich diffamierend wie auf Sheela:

> «Man hindert mich von allen Seiten, damit ich nicht arbeiten kann. Und die Therapeuten sind immens glücklich: Plötzlich sind sie spirituelle Meister geworden! Sie haben keine Ahnung von Spiritualität, nicht mal vom Abc...
>
> Sie haben nichts Ursprüngliches zu sagen, nichts, was aus ihrer eigenen Erfahrung kommt, und so können sie nur reden.»[6]

Etwas später forderte Bhagwan über Hasya alle Sannyasins auf, nicht an Therapiegruppen von den Therapeuten, die ihn «verraten» hätten, teilzunehmen. Teerthas Veränderung scheint Bhagwan ganz besonders gekränkt zu haben, denn seine Reaktion auf ihn ist bösartig:

> «Wir sind ausgesprochen erfreut, zu hören, daß Swann Ananda Teertha gesagt hat, daß er nicht gern mit Sannyasins arbeitet, erfreut, weil wir uns Sorgen machen, er würde ihre Psyche vergiften... Bhagwan war sich immer im klaren, daß du kein Jünger bist, sondern ein gerissener Politiker...»[7]

Wenn in einer spirituellen Bewegung Machtkonflikte so im Vordergrund stehen, ist das ein Hinweis auf ihren desolaten Zustand. Eine mögliche Chance, daß die Bewegung zu ihrem spirituellen Gehalt zurückfindet, könnte darin bestehen, daß Bhagwan sich ändert. Dieser Wandel ist jedoch auf Grund seiner bisherigen Lebensgeschichte unwahrscheinlich.

Momentan weiß niemand genau, wie es weitergehen wird.
Wir vermuten, daß ein Teil der Sannyasins Bhagwan weiterhin folgen wird, wohin auch immer dieser Weg führen wird. Wir befürchten, daß die Machtkämpfe in der Bewegung sich noch verstärken könnten, was vermutlich eine zunehmende Zersplitterung zur Folge hätte.

Möglich wäre auch, daß sich immer mehr Sannyasinitiativen von der Bewegung abwenden und ihren eigenen Weg gehen, der sich mehr am Selbsterfahrungscharakter und der spontanen Spiritualität der Poona-Zeit orientieren wird. Schon jetzt gibt es kleinere Gruppierungen von Sannyasins, die kaum Kontakt zur offiziellen Bewegung haben und sehr offen für andere spirituelle Gruppen sind. Andere Sannyasins werden die Bewegung verlassen und sich neu orientieren.

Wenn auch das Ziel der Sannyasbewegung, eine utopische religiöse Kommune aufzubauen, gescheitert ist, *gingen von dieser Bewegung doch wesentliche Impulse aus.* So verwenden Therapeuten und Selbsterfahrungszentren die Meditationen Bhagwans in ihrer Arbeit. Auch die ökologischen Erkenntnisse, die die Kommune in Rajneeshpuram im Laufe ihrer landwirtschaftlichen Entwicklung sammelte, können sicher für andere ökologisch arbeitende Gruppen von Nutzen sein.

Bei aller Kritik an der Sannyasbewegung sollte man berücksichtigen, daß bisher noch alle Versuche gescheitert sind, eine ideale spirituelle Gemeinschaft aufzubauen und daß die Bhagwan-Bewegung darüber hinaus einem ungeheuren Druck von außen ausgesetzt war und ist.

Die Aufgabe der spirituellen Ziele der Sannyasbewegung zeigt uns, daß Spiritualität nicht innerhalb einer Massenbewegung bestehen kann; Spiritualität kann nicht kollektiv entstehen, sondern muß in jedem einzelnen entdeckt und entwickelt werden.

Es zeigt uns auch, daß die Verbindung von Spiritualität und Macht sehr gefährlich ist. Jeder spirituell suchende Mensch sollte sich deshalb seiner machtorientierten Seite bewußt sein und diese auch bei anderen wahrnehmen.

Anmerkungen

Kapitel 1

1 Abkürzung für United Press International
2 RT Nr. 39, 11.1.1985, S. 1
3 siehe Vasant Joshi: Der Erwachte. Essen 1983, S. 115
4 ebenda S. 22
5 ebenda S. 33
6 ebenda S. 35
7 ebenda S. 55
8 ebenda S. 54
9 ebenda S. 36
10 ebenda S. 81
11 ebenda S. 39
12 ebenda S. 40
13 ebenda S. 41
14 ebenda S. 43
15 ebenda S. 51
16 Joshi, a. a. O., S. 59
17 Hrsg.: Swami Ananda Siddhartha: Psychologie der Buddhas. Margarethenried 1978, S. 170
18 Joshi, a. a. O., S. 78
19 ebenda S. 83
20 Das behauptet Sektenpfarrer Haack. Siehe Friedrich-Wilhelm Haack: Die «Bhagwan»-Rajneesh-Bewegung. München 1984, S. 13

Kapitel 2

1 Joshi, a. a. O., S. 100
2 ebenda S. 99
3 Klaus-Peter Horn: Rebellion gegen den Verstand? Eine sozialwissenschaftliche Untersuchung über deutsche Neo-Sannyasins in Poona. Berlin 1982 (Diss. Phil.), S. 99
4 Joshi, a. a. O., S. 102
5 ebenda S. 101
6 ebenda S. 101 f.
7 ebenda S. 102

8 Joshi, a. a. O., S. 155
9 Rajneesh Times Nr. 27, 16. 11. 83, S. 1

Kapitel 3

1 Gandow, Thomas: Jugendreligionen als Therapie? In: Informationsblätter der Gesellschaft für wissenschaftliche Gesprächspsychotherapie 41 (1981), S. 139
2 Bhagwan Shree Rajneesh: Dieser Körper – der Buddha, diese Erde – das Lotusparadies. Poona o. J., S. 2
3 ebenda
4 RT Nr. 38, 30. 11. 84, S. 12
5 ebenda
6 Bhagwan: Dieser Körper... a. a. O., S. 4
7 ebenda S. 5
8 Joshi, a. a. O., S. 166
9 ebenda S. 90
10 Bhagwan: Dieser Körper... a. a. O., S. 3
11 Jörg Andrees Elten (Swami Satyananda): Ganz entspannt im Hier und Jetzt. Hamburg 1979, S. 46
12 RT Nr. 45, 22. 2. 1985, S. 12
13 Bhagwan Shree Rajneesh: Kinder, Kinder! Sannyas Verlag, S. 132
14 Joshi, a. a. O., S. 91
15 siehe Gunther Klosinski: Warum Bhagwan? Auf der Suche nach Heimat, Geborgenheit und Liebe. München 1985, S. 22
16 Michael Mildenberger: Die religiöse Revolte. Frankfurt a. M. 1979, S. 177
17 ebenda S. 175
18 RT Nr. 32, 23. 11. 1984, S. 7
19 Siddhartha, Psychologie der Buddhas, a. a. O., S. 173
20 Joshi, a. a. O., S. 141
21 Elten, a. a. O., S. 86
22 Programmheft der Kölner Kommune, Köln o. J., S. 6
23 Bhagwan Shree Rajneesh: Das Ma-Hari-Buch. Poona o. J., S. 21
24 Siddhartha, Psychologie der Buddhas, a. a. O., S. 57
25 Ma Anand Sheela: Rajneeshismus. Köln 1983, S. 12
26 ebenda S. 13
27 ebenda S. 63
28 RT Nr. 32, 30. 11. 84

Kapitel 4

1 Joshi, a. a. O., S. 105
2 ebenda S. 113
3 siehe Dirk van Gunsteren: Ganz entsetzt im Hier und Jetzt. In: Zero Nr. 17, Herbst / Winter 1980, S. 14
4 Mildenberger, a. a. O., S. 174
5 Joshi, a. a. O., S. 126
6 siehe Horn, a. a. O., S. 95
7 Bernd Fittkau: Poona – eine Meditation... In: Informationsblätter der Gesellschaft für wissenschaftliche Gesprächspsychotherapie 42 (1981), S. 54
8 Joshi, a. a. O., S. 154
9 Süddeutsche Zeitung, 23. 6. 81, S. 3
10 ebenda
11 FAZ, 11. 10. 80, S. 237
12 Süddeutsche Zeitung, 17. 11. 78
13 Berliner Morgenpost, 29. 9. 82
14 Süddeutsche Zeitung, 24. 8. 81
15 Süddeutsche Zeitung, 23. 6. 81, S. 3
16 Rötger / Schwelien, Michael: Baggern für Bhagwan. In: «Zeitmagazin» vom 9. 7. 82

Kapitel 5

1 Rötger / Schwelien, a. a. O.
2 Hrsg.: Rajneesh Foundation International: Fest des Friedens und der Liebe. Dokumentation. O. O. 1983, S. 72
3 ebenda
4 Rötger / Schwelien, a. a. O.
5 Pflasterstrand Nr. 156, 23. 4. 83, S. 15
6 Der Spiegel Nr. 38 / 1981, S. 10
7 Der Spiegel Nr. 28, 12. 7. 82, S. 117
8 RT Nr. 14, 17. 8. 83, S. 8
9 Der Spiegel Nr. 38, a. a. O., S. 196
10 Der Spiegel Nr. 28, a. a. O., S. 118
11 Der Spiegel Nr. 38, a. a. O., S. 196
12 ebenda
13 Volksblatt vom 14. 3. 1982
14 Karin Petersen (Ma Prem Pantho): Ich will nicht mehr von Dir, als Du mir geben magst. Reinbek 1983, S. 206
15 Stern Nr. 5, 24. 1. 1985, S. 170
16 RT Nr. 41, 25. 1. 1985
17 RT, 2. Jahrg. Nr. 22, 14. 9. 1984, S. 14
18 RT Nr. 42, 1. 3. 84, S. 8
19 RT Nr. 13, 10. 8. 83, S. 8

20 RT Nr. 7, 31. 5. 85, S. 14
21 RT Nr. 12/13, 20. 7. 84, S. 16
22 Welt am Sonntag 16. 9. 84
23 TAZ, Samstag, 1. 10. 83, S. 15
24 RT Nr. 40, 16. 2. 84
25 Stern Nr. 5, 24. 1. 85, S. 18
26 ebenda S. 18
27 RT Nr. 28, 4. 11. 85, S. 6
28 RT Nr. 22, 20. 7. 85, S. 7
29 RT Nr. 23, 27. 9. 85, S. 3
30 ebenda
31 ebenda S. 1
32 RT Nr. 24, 4. 10. 85, S. 11
33 RT Nr. 23, 27. 9. 85, S. 3
34 ebenda S. 15
35 RT Nr. 38, 10. 1. 86, S. 5
36 RT Nr. 15, 1. 8. 86
37 RT Nr. 27, 25. 10. 85, S. 2
38 ebenda
39 RT Nr. 7, 6. 6. 86, S. 11

Kapitel 6

1 Süddeutsche Zeitung Nr. 140, 23. 6. 81, S. 3
2 TAZ, 30. 11. 81, S. 13
3 RT Nr. 12, 3. 8. 83
4 RT Nr. 14, 17. 8. 83, S. 4
5 Petersen, a. a. O., S. 199
6 ebenda S. 206
7 ebenda S. 199
8 ebenda S. 198
9 Stern 1983, Heft 7, S. 11
10 RT Nr. 45, 22. 3. 84
11 Die Zeit, 15. 4. 83
12 RT Nr. 52, 12. 4. 85
13 RT Nr. 30, 8. 12. 83
14 RT Nr. 44, 15. 3. 84, S. 1/2
15 RT Nr. 1, 19. 4. 85
16 RT Nr. 25, 11. 10. 85, S. 10
17 RT Nr. 25, 11. 10. 85, S. 11
18 RT Nr. 42, 7. 2. 86, S. 2
19 TAZ, Donnerstag, 3. 10. 85, S. 4

Kapitel 7

1 RT Nr. 20/21, 21. 7. 84, S. 6
2 Stadtzeitung Freiburg Nr. 87, 14. 10. 85, S. 15
3 RT Nr. 18, 11. 7. 83, S. 11
4 RT Nr. 45, 22. 2. 85, S. 9
5 RT Nr. 26, 18. 10. 85, S. 10
6 ebenda S. 16
7 RT Nr. 41, 25. 1. 85, S. 11
8 The Rajneesh Times vol 2 – Nr. 45, Friday, July 6, 1984, S. 3
9 RT Nr. 25, 11. 10. 85, S. 6
10 ebenda
11 RT Nr. 39, 17. 1. 86, S. 12
12 RT Nr. 40, 16. 2. 84, S. 4
13 Stadtzeitung, a. a. O., S. 15
14 ebenda
15 RT Nr. 38, 10. 1. 86, S. 8
16 RT Nr. 39, 17. 1. 86, S. 13
17 RT Nr. 24, 4. 10. 85, S. 11
18 RT Nr. 23, a. a. O., S. 3
19 RT Nr. 24, a. a. O., S. 7
20 ebenda S. 17
21 RT Nr. 23, a. a. O., S. 10
22 RT Nr. 25, 11. 10. 85, S. 11
23 RT Nr. 14, 25. 7. 86, S. 3

Kapitel 8

1 RT Nr. 39, 9. 2. 84, S. 4
2 ebenda S. 5
3 ebenda S. 5
4 Pflasterstrand, a. a. O., S. 14
5 RT Nr. 51, 5. 4. 85, S. 4
6 RT Nr. 12, 3. 8. 83, S. 3
7 Spiegel 31 / 1983, S. 135
8 ebenda
9 RT Nr. 23, 21. 9. 84, S. 17
10 ebenda
11 TAZ, 18. 3. 86
12 RT Nr. 39, 9. 2. 84, S. 11
13 RT Nr. 18, 14. 9. 83
14 ebenda
15 The Rajneesh Times, a. a. O., S. A 10
16 ebenda S. A 12

Kapitel 9

1 Horn, a. a. O., S. 66
2 ebenda S. 216
3 ebenda S. 150

Kapitel 10

1 siehe Interview zu unserer Diplomarbeit Schmidt / Thoden: Motivation für den Beitritt zu religiösen Vereinigungen, untersucht am Beispiel der Bhagwan-Bewegung. Berlin 1984
2 ebenda
3 ebenda
4 siehe Interview im Anhang unserer Diplomarbeit, S. 9
5 siehe Schmidt / Thoden, a. a. O., S. 133
6 RT Nr. 29, 1. 12. 83, S. 3
7 RT Nr. 7, 8. 6. 83, S. 14
8 Schmidt / Thoden, a. a. O., Anhang S. 9
9 ebenda S. 133
10 ebenda S. 135
11 ebenda S. 134
12 siehe Vorinterview zu unserer Diplomarbeit
13 Schmidt / Thoden, a. a. O., S. 135
14 RT Nr. 5, 11. 5. 84, S. 11
15 ebenda
16 RT Nr. 12 / 13, 20. 7. 84
17 ebenda
18 RT Nr. 22, 14. 9. 84
19 RT Nr. 33, 30. 11. 84, S. 4
20 Pflasterstrand Frankfurt Nr. 163, 30. 7. 83
21 ebenda
22 RT Nr. 45, 22. 3. 84, S. 15
23 Pflasterstrand Nr. 163, a. a. O.
24 Schmidt / Thoden, a. a. O., S. 134
25 ebenda
26 Vorinterview aus unserer Diplomarbeit
27 TAZ Berlin, 17. 2. 83
28 ebenda
29 Stadtzeitung Freiburg, a. a. O., S. 13
30 RT Nr. 24, 4. 10. 85, S. 11
31 RT Nr. 23, 27. 9. 85, S. 9
32 ebenda S. 8
33 ebenda S. 8
34 RT Nr. 25, 11. 10. 85, S. 8
35 ebenda

36 Stern Nr. 42, 10. 10. 85, S. 115 f.
37 Stern Nr. 40, 26. 9. 85, S. 24
38 ebenda
39 Stadtzeitung Freiburg, a. a. O., S. 16
40 RT Nr. 29, 1. 12. 83, S. 3
41 RT Nr. 10, 15. 6. 84, S. 5
42 TAZ Berlin, 29. 8. 83, S. 5
43 RT Nr. 24, a. a. O., S. 5
44 Klenkes Aachen 11 / 83
45 Deutsches Allgemeines Sonntagsblatt Nr. 32, 12. 8. 84
46 Klosinski, a. a. O., S. 136

Kapitel 11

 1 RT Nr. 12, 11. 7. 86, S. 13
 2 RT Nr. 25, 11. 10. 85, S. 8
 3 RT Nr. 27, 25. 10. 85, S. 5
 4 RT Nr. 22, 20. 7. 85, S. 7
 5 RT Nr. 35 / 36, 20. 12. 85, S. 8
 6 RT Nr. 26, 18. 10. 85, S. 10
 7 ebenda S. 4
 8 RT Nr. 1, 25. 4. 86, S. 11
 9 ebenda
10 ebenda
11 Der Spiegel Nr. 32 / 1985, S. 92
12 Joshi, a. a. O., S. 36
13 ebenda S. 114
14 RT Nr. 20, 5. 9. 86, S. 4
15 RT Nr. 15, 2. 8. 85, S. 14
16 RT Nr. 12 / 13, 20. 7. 84, S. 16

Kapitel 12

 1 RT Nr. 12 / 13, 19. 7. 85, S. 6
 2 RT Nr. 12, 3. 8. 83, S. 3
 3 Wirtschaftswoche Nr. 22, 24. 5. 85, S. 55
 4 ebenda
 5 RT Nr. 14, 25. 7. 86, S. 2
 6 RT Nr. 3, 9. 4. 86, S. 7
 7 RT Nr. 13, 18. 7. 86, S. 1

rororo
sachbuch
transformation

C 2296/1

transformation

ro ro ro
sachbuch
transformation

C 2296/1 a

rowohlts enzyklopädie

ro
ro
ro

C 2166/6

rowohlts enzyklopädie

ro
ro
ro

C 2166/9 a

rowohlts enzyklopädie

ro
ro
ro

C 2166/9 b